"双一流"高校

国际化人才培养的实践与创新

蒲诗璐 罗 浔 罗 佳◎编著

四川大学出版社
SICHUAN UNIVERSITY PRESS

图书在版编目（CIP）数据

"双一流"高校国际化人才培养的实践与创新 / 蒲诗璐，罗浔，罗佳编著. — 成都：四川大学出版社，2023.8
ISBN 978-7-5690-6309-7

Ⅰ．①双… Ⅱ．①蒲… ②罗… ③罗… Ⅲ．①高等学校—国际化—人才培养—研究—中国 Ⅳ．① G649.2

中国国家版本馆 CIP 数据核字（2023）第 150778 号

书　　名：“双一流”高校国际化人才培养的实践与创新
　　　　　"Shuangyiliu" Gaoxiao Guojihua Rencai Peiyang de Shijian yu Chuangxin
编　著：蒲诗璐　罗　浔　罗　佳

选题策划：侯宏虹　刘　畅
责任编辑：刘　畅
责任校对：于　俊
装帧设计：墨创文化
责任印制：王　炜

出版发行：四川大学出版社有限责任公司
　　　　　地址：成都市一环路南一段 24 号（610065）
　　　　　电话：（028）85408311（发行部）、85400276（总编室）
　　　　　电子邮箱：scupress@vip.163.com
　　　　　网址：https://press.scu.edu.cn
印前制作：四川胜翔数码印务设计有限公司
印刷装订：四川五洲彩印有限责任公司

成品尺寸：170 mm×240 mm
印　　张：13.75
字　　数：262 千字

版　　次：2023 年 8 月　第 1 版
印　　次：2023 年 8 月　第 1 次印刷
定　　价：72.00 元

扫码获取数字资源

四川大学出版社
微信公众号

目　录

第一部分　面向来华留学生的国际化人才培养

第二部分　面向中国学生的国际化人才培养

第一部分

面向来华留学生的国际化人才培养

第一章　来华留学教育发展史

　　来华留学教育事业是我国高等教育的重要组成部分，是促进中外教育交流合作、扩大我国教育对外开放的重要途径。国家对来华留学事业高度重视，新中国成立 70 多年来，随着我国经济、社会全球化进程不断推进，来华留学教育也取得了举世瞩目的成就。新中国成立之初，我国来华留学生仅有来自东欧五国的几十人。经过几十年发展，来华留学生人数逐渐增多，国别不断增加，留学生求学专业也日趋多元化。2018 年，共有来自 196 个国家和地区的492185 名各类外国留学人员在我国 31 个省、自治区、直辖市的 1004 所高等院校学习①，中国已成为世界第三、亚洲最大的留学目的国②。回顾新中国成立以来来华留学教育 70 多年的非凡历程，尤其是改革开放 40 余年来的突出成就，对于加强来华留学教育研究，推动来华留学教育均衡、快速和可持续发展，实现《中国教育现代化 2035》所描绘的宏伟蓝图，都有重要的启发价值与借鉴意义。

一、第一阶段：起步探索时期（1950—1978 年）

　　新中国成立后，中国政府高度重视来华留学工作。当时，由于以美国为代表的资本主义国家对新中国采取了政治孤立、军事敌视的政策，我国的对外交往受到种种限制。为了迅速打开外交局面，到 1949 年底，新中国相继与社会主义阵营的苏联、保加利亚、罗马尼亚、捷克斯洛伐克、匈牙利、朝鲜、波兰、蒙古、阿尔巴尼亚建立外交关系。

　　1950 年 6 月，周恩来总理主持会议，研究捷克斯洛伐克和波兰政府提出

---

　　① 教育部国际合作与交流司，《来华留学生简明统计》，2018 年，第 3 页。
　　② 新华网，《陈宝生：中国已成为世界第三、亚洲最大的留学目的地国》，http://www.moe.gov.cn/jyb_xwfb/xw_zt/moe_357/jyzt_2017nztzl/2017_zt11/17zt11_yw/201710/t20171024_317275.html，检索日期：2022 年 11 月 1 日。

的交换留学生的建议，并责成政务院文化教育委员会、外交部、教育部组成专门小组，与有关国家商谈交换留学生事宜。[①] 1950 年 8 月，我国外交部向罗马尼亚大使馆发出了《关于交换留学生问题备忘录》，中罗双方拟向对方派遣具有本科学历的留学生学习对方国语言、历史与政治，学习期限为四年，第一年学习对方语言，第二年开始学习专业。[②] 同年我国陆续与东欧其余四国波兰、捷克斯洛伐克、匈牙利及保加利亚分别就互换留学生事宜达成相同协议。当年 9 月，清华大学"东欧交换生中国语文专修班"接收了来自罗马尼亚、波兰、匈牙利、捷克、保加利亚等东欧五国的新中国首批来华留学生，共 33 名[③]，由此揭开了新中国来华留学生教育的帷幕。

1954 年万隆会议之后，随着国际形势的发展变化，我国与亚非拉地区国家的关系日益密切，来华留学生的生源地进一步扩大，由单一社会主义国家扩大到亚洲、非洲与中国建立外交关系的国家。到 20 世纪 50 年代末，随着一些西方发达资本主义国家与我国建立外交关系，一些西方国家的学生也相继来华留学，来华留学事业获得长足发展。

随着来华留学生人数的增加，来华留学生教育管理服务在实践中不断探索和完善，相继出台了一些政策和管理措施。1951 年教育部等部门联合制定的《关于加强对东欧交换来华留学生管理工作的协议（草案）》首次涉及对来华留学生的管理工作。1954 年颁布的《各人民民主国家来华留学生暂行管理办法（草案）》初次对管理制度做出规定。1962 年颁发的《外国留学生工作试行条例（草案）》全面系统阐述了来华留学生教育的具体事宜，是我国来华留学教育制度化建设的标志。1963 年教育部颁布《关于接受外国留学生入中国高等学校学习的规定》，其中明确了我国接收来华留学生的类别、条件、选拔与审查手续、费用等内容，为我国接收来华留学生提供了依据。

从招生规模来看，这段时期留学生规模较小，生源国也很有限。由于新中国成立初期我国主要与苏联和前东欧社会主义国家密切往来，这些国家也成了来华留学生的主要生源国。据统计，从 1950 年到 1965 年，中国共接收来自 70 个国家的 7259 名来华留学生，分布在全国 17 个城市的 94 所学校。其中，来自建交国家的留学生有 7090 人，约占全部来华留学生的 97.7%，来自未建交国家的留学生为 169 人。[④] 之后，来华留学工作受"文化大革命"影响，在

---

① 蒙梓，《新中国来华留学教育历程》，载《神州学人》，2019 年第 Z1 期，第 92 - 95 页。
② 于富增、江波、朱小玉，《教育国际交流与合作史》，海口：海南出版社，2001 年，第 28 页。
③ 李滔，《中华留学教育史录（1949 年以后）》，北京：高等教育出版社，2000 年，第 75 页。
④ 李滔，《中华留学教育史录（1949 年以后）》，北京：高等教育出版社，2000 年，第 286 页。

1966—1972 年间，来华留学教育暂停发展，直到 1973 年国务院批准了《关于1973 年接受来华留学生计划和留学生工作若干问题的请示报告》，我国才开始恢复接收外国留学生，但来华留学生的规模很小。据统计，1973 年至 1978年，我国累计接收来自 80 个国家和地区的 2498 名留学生。①

从工作任务上看，这段时期来华留学教育工作带有显著的政治属性和援助属性。1950 年至 1978 年，中国累计接收培养的 9700 余名来华留学生几乎全部由中国政府提供奖学金。我国发展来华留学生教育主要是为了履行国际主义义务，并为建交国家培养人才。

这一时期培养的很多来华留学生在后来成为帮助我国与各国开展友好工作的骨干力量，为推动各国家与中国开展友好交流与合作做了大量工作。其中就包括罗马尼亚、巴勒斯坦、阿尔巴尼亚、马耳他、冰岛等国的前驻华大使或公使，法国汉语总督学、北京歌德学院前院长等文化教育界著名人士，CNN 北京分社社长等著名新闻记者。②

这一时期，发展来华留学教育完全服务于我国国际政治方针，与外交政策保持紧密一致，"为我国持续巩固社会主义制度、抵制西方资本主义国家的敌视，同时争取有利的国际环境发挥了重要作用"③，同时为来华留学教育体系的建立和发展积累了经验，奠定了基础。

二、第二阶段：调整发展时期（1978—1999 年）

1978 年 12 月，党的第十一届三中全会召开，全党的工作重心转移到社会主义现代化建设上来。从此，中国进入新的历史发展阶段，来华留学教育发展的国际国内环境逐渐改善，来华留学成为对外开放的重要内容。

为了进一步恢复和发展来华留学生教育，国家于 1979 年和 1984 年先后召开第二次和第三次全国外国留学生工作会议，确立了"坚持标准，区别对待，创造条件，逐步发展"的来华留学生教育方针，颁布了《外国留学生工作试行条例（修订稿）》和《外国留学生管理办法》，明确了开展来华留学生教育在智力援外、对外工作、增进友谊、维护和平方面的重要战略意义，表明了我国开始自主制定来华留学政策。1991 年国务院颁布《关于普通高等学校授予

① 李滔，《中华留学教育史录（1949 年以后）》，北京：高等教育出版社，2000 年，第 872 – 876页。

② 蒙梓，《新中国来华留学教育历程》，载《神州学人》，2019 年第 Z1 期，第 92 – 95 页。

③ 王英杰、刘宝存，《来华留学生教育政策研究》，北京：人民出版社，2020 年，第 3 页。

来华留学生我国学位试行办法》，提出"促进我国高等教育的国际交流与合作，保证我国普通高等学校授予来华留学生学士、硕士和博士的质量"①。

这段时期来华留学教育的发展目标趋于多元化，由过去单纯的政治和外交需要转向为国家外交、改革开放、经济建设和教育改革服务。1982 年《国务院关于批转教育部、外交部、公安部关于安排外国进修生和研究学者有关问题的请示的通知》中指出，"接受外国留学生和研究学者，对促进我国对外文化教育交流、增进我国人民同各国人民间的友谊，扩大我留学生的派出工作，促进我高等院校学术水平的提高都是有利的"②。这是我国来华留学教育政策的一次重大调整。

这一时期的来华留学生规模持续扩大。一方面，中国政府奖学金生规模持续增长，生源国逐步增多。1978 年，获得奖学金的来华留学生只有 1207 人③；到 1999 年，则达到 5211 人④。1996 年 6 月，国家留学基金管理委员会（China Scholarship Council）正式成立，具体负责获得中国政府奖学金的来华留学生招生及日常事务管理，标志着我国来华留学生教育由政府统一管理转为政府宏观管理、高校自主管理，来华留学教育规范化、制度化。⑤ 另一方面，自费留学生从无到有，人数迅速增长，成为生源的重要构成。1978 年，教育部批准了法国第三巴黎大学东方语言学院 29 名学生到北京语言学院（现北京语言大学）自费短期学习汉语，这批学生被认为是"改革开放初期第一批自费来华留学生"⑥，而该事件也被认为是"我国自费来华留学教育发展的起点"⑦。此后，接收自费来华留学生从短期项目学生拓展到普通进修生和学历学生。1989 年 6 月，国家教委发布了《关于招收自费外国来华留学生的有关规定》，赋予高校自主招收培养自费留学生的权力，并扩大了接收来华留学生的高等院校的范围。这是来华留学教育发展史上具有里程碑意义的重大举措，

---

① 国务院学位委员会，《关于普通高等学校授予来华留学生我国学位试行办法》，1991 年。
② 转引自杨既福，《我国来华留学教育制度溯源、反思与进路》，载《中国成人教育》，2016 年第 24 期，第 72 - 75 页。
③ 于富增，《改革开放 30 年的来华留学生教育》，北京：北京语言大学出版社，2009 年，第 284 页。
④ 王英杰、刘宝存，《来华留学生教育政策研究》，北京：人民出版社，2020 年，第 29 页。
⑤ 陈宇、曲铁华，《我国来华留学生教育政策变迁的路径与特点——基于 1950～2012 年政策文本的分析思考》，载《人民论坛·学术前沿》，2016 年第 24 期，第 103 + 116 页。
⑥ 于富增，《改革开放 30 年的来华留学生教育》，北京：北京语言大学出版社，2009 年，第 71 页。
⑦ 于富增、江波、朱小玉，《教育国际交流与合作史》，海口：海南出版社，2001 年，第 151 页。

为扩大来华留学生规模提供了政策基础。[①] 自费留学生人数从 1978 年的 29 人增长至 1997 年的 39035 人[②]，占当年来华留学生总数的 89.3%。自费留学生的专业分布也不断扩展。20 世纪 80 年代，来华留学生就读专业主要分布在理工科和医科。到 90 年代末，自费留学生中读文科的最多，学习体育和中国艺术的自费留学生也明显增加。[③]

从这一时期开始，我国开始注重对来华留学生开展国情教育。《外国留学生管理办法》要求"对留学生要进行入学教育，介绍我国的有关法律和规章制度，帮助他们了解我国的教育制度，适应我国的生活习惯。结合留学生的思想情况，要经常进行勤奋学习、遵守法纪、团结友好的教育，帮助他们了解我国的政治、历史、文化、经济和风俗习惯，并根据不同对象，介绍我国的政治主张"[④]。

三、第三阶段：全面发展时期（2000—2017 年）

进入 21 世纪，随着中国加入 WTO，中国经济开始快速腾飞，对世界各国人民的吸引力也越来越大。随着中国政府提出"一带一路"倡议，以及中国与多个国家人文交流机制的建立，来华留学教育工作迅猛发展，成为新时期国家对外开放的亮点。

2000 年，教育部、外交部、公安部公布了《高等学校接受外国留学生管理规定》，明确规定高等院校招收留学生名额不受国家招生计划的限制，进一步扩大了高校自主权，来华留学生规模和接收院校的数量迅速增大。[⑤]

从来华留学生规模上看，来华留学生人数从 2000 年的 52150 人[⑥]增长到 2017 年的 489172 人[⑦]，平均年增长率超过 10%，生源地扩大到 180 多个国家和地区。[⑧]

---

① 蒙梓，《新中国来华留学教育历程》，载《神州学人》，2019 年第 Z1 期，第 92 - 95 页。
② 于富增，《改革开放 30 年的来华留学生教育》，北京：北京语言大学出版社，2009 年，第 90 页。
③ 于富增，《改革开放 30 年的来华留学生教育》，北京：北京语言大学出版社，2009 年，第 101 页。
④ 国务院，《外国留学生管理办法》，1985 年。
⑤ 杨既福，《我国来华留学教育制度溯源、反思与进路》，载《中国成人教育》，2016 年第 24 期，第 72 - 75 页。
⑥ 王英杰、刘宝存，《来华留学生教育政策研究》，北京：人民出版社，2020 年，第 22 页。
⑦ 王英杰、刘宝存，《来华留学生教育政策研究》，北京：人民出版社，2020 年，第 35 页。
⑧ 王英杰、刘宝存，《来华留学生教育政策研究》，北京：人民出版社，2020 年，第 24 页。

从专业分布上看，汉语言专业长期"一家独大"的局面有所改变，越来越多的留学生选择汉语言以外的专业学习。汉语言专业的人数在当年来华留学生人数中的占比在 2007 年达到峰值，为 60.9%，随后缓慢下降，到 2016 年下降到 38.2%。相应地，医学、工学和管理学门类下的专业占比上升，来华留学生专业分布日趋多样化。①

在这一时期，随着来华留学生人数的迅速增加和层次类别及专业分布日益丰富，我国及时制定或补充了相应的法规政策。2010 年 5 月 5 日，国务院审议并通过《国家中长期教育改革和发展规划纲要（2010—2020 年)》，提出要进一步扩大外国留学生规模，增加中国政府奖学金数量，重点资助发展中国家学生，不断提高来华留学教育质量。② 为贯彻实施该纲要，教育部同年制定了《留学中国计划》，提出到 2020 年我国要成为亚洲最大的留学目的地国家，培养一大批知华、友华的高素质来华留学毕业生。③ 与此同时，一系列来华留学相关政策相继出炉，使得来华留学教育体系不断完善。

2013 年，国家提出"一带一路"倡议，对于"一带一路"沿线国家和地区的高等教育发展具有十分重要的意义，有效促进了沿线国家高等教育的互联互通，为来华留学教育事业提供了发展的新机遇。2017 年，"一带一路"沿线国家和地区的来华留学生达到 31.72 万人，占来华留学生总数的 64.85%，增幅达 11.58%，高于各国平均增速。④ 越来越多"一带一路"沿线国家和地区的青年学子来到我国求学，且多选择学历学习，学历结构更为优化，"形成了具有'一带一路'效应的中国品牌教育"⑤。

2017 年 6 月，教育部、外交部、公安部联合制定了《学校招收和培养国际学生管理办法》，着重强调高等学校应改进管理、提升质量，增强来华教育的吸引力，对招生管理、教学管理、校内管理、奖学金、社会管理和监督管理等方面提出了明确的要求，对全面提升来华留学质量具有十分重要的意义。

---

① 王牧华、涂毅，《新中国来华留学教育发展的成就及展望》，载《教育史研究》，2020 年第 3 期，第 51－65 页。

② 国家中长期教育改革和发展规划纲要工作小组办公室，《国家中长期教育改革和发展规划纲要（2010－2020 年)》，2010。

③ 中华人民共和国教育部，《教育部关于印发〈留学中国计划〉的通知》，http://www.gov.cn/zwgk/2010－09/28/content_1711971.htm，检索日期：2023 年 2 月 20 日。

④ 人民日报海外版，《去年"一带一路"相关国家来华留学生突破 30 万》，https://www.yidaiyilu.gov.cn/xwzx/gnxw/54402.htm，检索日期：2023 年 2 月 20 日。

⑤ 王牧华、涂毅，《新中国来华留学教育发展的成就及展望》，载《教育史研究》，2020 年第 3 期，第 51－65 页。

四、第四阶段：提质增效时期（2018 年至今）

2018 年 10 月，教育部印发《来华留学生高等教育质量规范（试行）》，对来华留学生教育人才培养目标、入学标准、招生程序、预科教育、师资队伍、教学管理等都做了详细要求。[①] 这是我国政府首个针对来华留学生高等教育制定和实施的全国统一的基本规范，是来华留学生教育转型发展过程中的一项关键性、基础性工作[②]，标志着我国正式建立起来华留学教育质量保障制度[③]，为来华留学生教育质量保障体系的建设建立依据，也为各高校来华留学教育工作提质增效指明了方向。

据教育部发布的统计数据，2018 年共有来自 196 个国家和地区的 492185 名各类外国留学人员在全国 31 个省、自治区、直辖市的 1004 所高等院校学习，其中，中国政府奖学金生 63041 人，占来华留学生总数的 12.81%。[④] 来华留学生所学专业几乎涵盖所有学科门类，来华留学总体规模、生源国别、接收单位、专业结构、培养层次等多项统计指标均创历史新高。

在这一阶段，来华留学质量持续提升，来华留学管理更加规范。高等学校积极建设来华留学质量标准体系，打造"留学中国"国际品牌。2019 年，来华留学学历生比例达到 54.6%[⑤]，2020—2021 学年，在册留学生来自 195 个国家和地区，学历生占比达 76%，比 2012 年提高 35 个百分点。[⑥] 有研究显示，来华留学促进了我国经济增长，对留学生母国经济增长也有正向推动作用，已经成为中国与世界各国分享中国教育红利、经济发展红利的重要途径。[⑦]

---

① 教育部，《来华留学生高等教育质量规范（试行）》，2018 年。

② 蒙梓，《新中国来华留学教育历程》，载《神州学人》，2019 年第 Z1 期，第 92 - 95 页。

③ 刘宝存、彭婵娟，《中华人民共和国成立以来我国来华留学政策的变迁研究——基于历史制度主义视角的分析》，载《高校教育管理》，2019 年第 6 期，第 1 - 10 页。

④ 教育部，《2018 年来华留学统计》，http://www. moe. gov. cn/jyb_ xwfb/gzdt_ gzdt/s5987/201904/t20190412_377692. html，检索日期：2023 年 2 月 20 日。

⑤ 中国教育在线，《教育部：来华留学生结构不断优化，出国学生"回流率"显著》，http://www. moe. gov. cn/fbh/live/2020/52834/mtbd/202012/t20201222_506974. html?ivk_ sa = 1023197a，检索日期：2023 年 2 月 20 日。

⑥ 教育部国际合作与交流司，《党的十八大以来教育国际合作与交流有关情况介绍》，http://www. moe. gov. cn/fbh/live/2022/54849/sfcl/202209/t20220920_662968. html，检索日期：2023 年 2 月 20 日。

⑦ 魏浩、邓琳琳、袁然，《来华留学生与母国经济增长——兼论中国教育对外开放的国际红利》，载《教育研究》，2022 年第 5 期，第 108 - 123 页。

2020 年，新冠肺炎疫情席卷全球。受疫情影响，由于出入境限制等原因，来华留学教育逐渐把质量考核作为留学政策的核心指标，提升高等院校来华留学生人才培养质量成为后疫情时期来华留学教育工作的主要方向。各高校围绕打造"留学中国"教育品牌，集中优势资源，开发高质量线上线下相结合课程，依托线上数字平台，实现来华留学生在虚拟网络平台上的国际和国内双流动。①

新时代的来华留学新形势对来华留学教育和管理提出了更高的要求。"趋同化管理"是来华留学教育管理改革的方向之一。《来华留学生高等教育质量规范（试行）》提出要推进中外学生教学、管理和服务的趋同化，要求高校将来华留学生教育纳入全校的教育质量保障体系中，实现统一标准的教学管理与考试考核制度，提供平等一致的教学资源与管理服务，保障中外学生的文化交流与合法权益。②

以"提质增效"为出发点和归宿点，打造"留学中国"品牌，也是这一时期来华留学教育发展的重要任务之一。聚焦更具国际竞争力的来华留学教育和具有全球影响力的"留学中国"品牌，是服务国家对外开放战略、实现中华民族伟大复兴中国梦和构建人类命运共同体的重要抓手。中国的教育资源和教育市场十分庞大，随着中外加强战略沟通，推进务实合作，促进教育国际交流深度拓展，必将给经济全球化、教育国际化带来更多新机遇。

打造"留学中国"品牌还有更深一层内涵。习近平总书记在党的二十大报告中提出，"坚守中华文化立场，提炼展示中华文明的精神标识和文化精髓，加快构建中国话语和中国叙事体系，讲好中国故事、传播好中国声音，展现可信、可爱、可敬的中国形象。深化文明交流互鉴，推动中华文化更好走向世界"③。

当前，来华留学教育已步入从规模扩张转向内涵式发展的机遇期，打造"留学中国"品牌，提升来华留学生教育质量、效益和国际影响力是这一阶段的重要命题。

---

① 崔博、秦燕，《"留学中国"内涵式发展的历史进程》，载《神州学人》，2022 年第 12 期，第 44 - 47 页。

② 教育部，《来华留学生高等教育质量规范（试行）》，2018 年。

③ 新华社，《习近平：高举中国特色社会主义伟大旗帜 为全面建设社会主义现代化国家而团结奋斗——在中国共产党第二十次全国代表大会上的报告》，http://www.gov.cn/xinwen/2022 - 10/25/content_5721685.htm，检索日期：2023 年 2 月 20 日。

第二章 来华留学教育工作遵循的主要法律法规与政策

　　我国来华留学生教育工作肇始于20世纪50年代。改革开放以后，尤其是新千年以来，我国来华留学生教育事业进入发展快车道并取得了巨大成就，现如今我国已成为世界第三、亚洲最大的留学目的国①。随着来华留学生教育的不断发展，相应法律法规与制度政策也经历了不断发展和逐步完善的过程。一是逐步教育本位化②，改革开放之初及其后较长的一段时期内，来华留学教育政策目的以政治外交为本位，21世纪以来，来华留学教育政策目的逐步向教育本位转变。二是逐步制度化，国家在外国人出境入境、来华留学生招教管育和医疗保险、就业创业等来华留学生教育工作的各个方面出台法律法规和规章制度，把来华留学生教育工作纳入制度化轨道。三是逐步系统化，来华留学生教育政策在改革开放前主要是针对具体问题制定，后逐步发展为从来华留学生教育的整体发展考虑来制定政策，有整体的战略性规划，也有针对来华留学生教育各方面工作的具体政策，制度系统结构合理。

一、来华留学工作整体规划方面的制度

　　涉及来华留学工作整体规划方面的管理制度主要有：2010年中共中央政治局审议并通过的《国家中长期教育改革和发展规划纲要（2010—2020

---

① 新华社，《陈宝生：中国已成为世界第三、亚洲最大的留学目的地国》，http://www.moe.gov.cn/jyb_xwfb/xw_zt/moe_357/jyzt_2017nztzl/2017_zt11/17zt11_yw/201710/t20171024_317275.html，检索日期：2022年11月15日。

② 刘宝存、张继桥，《改革开放四十年来华留学教育政策的演进与走向》，载《西北师大学报（社会科学版）》，2018年第6期，第91–97页。

11

年)》① 和教育部制定的《留学中国计划》②，2015 年教育部、外交部、财政部、公安部、人力资源社会保障部印发的《2015—2017 年留学工作行动计划》，2016 年教育部印发的《推进共建"一带一路"教育行动》③ 和中办、国办印发的《关于做好新时期教育对外开放工作的若干意见》④，2019 年中共中央、国务院印发的《中国教育现代化 2035》⑤，2020 年《教育部等八部门关于加快和扩大新时代教育对外开放的意见》⑥。这些规划对来华留学工作的方向起着引领作用。

（一）国家中长期教育改革和发展规划纲要（2010—2020 年）

2010 年 6 月中共中央政治局审议并通过了《国家中长期教育改革和发展规划纲要（2010—2020 年）》（以下简称《规划纲要》），要求进一步扩大外国留学生规模，增加中国政府奖学金数量，重点资助发展中国家学生，优化来华留学人员结构，实施来华留学预备教育，增加高等学校外语授课的学科专业，不断提高来华留学生教育质量。其中"实施留学中国计划，扩大来华留学生规模"作为重大项目之一组织实施。

（二）留学中国计划

为贯彻落实《规划纲要》，教育部颁布了《留学中国计划》（2010 年），在来华留学发展思路、目标措施和保障机制等方面提出了一系列要求，主要涵盖二十项内容：发展目标、主要任务、指导思想、工作方针、发展思路、政策保障、管理体制、工作机制、宣传推介、招生录取、培养模式、专业课程、师

---

① 国家中长期教育改革和发展规划纲要工作小组办公室，《国家中长期教育改革和发展规划纲要（2010—2020 年）》，2010 年。

② 中华人民共和国教育部，《教育部关于印发〈留学中国计划〉的通知》，http：//www. moe. gov. cn/srcsite/A20/moe_850/201009/t20100921_108815. html，检索日期：2022 年 11 月 15 日。

③ 中华人民共和国教育部，《教育部关于印发〈推进共建"一带一路"教育行动〉的通知》，http：//www. moe. gov. cn/srcsite/A20/s7068/201608/t20160811_274679. html，检索日期：2022 年 11 月 15 日。

④ 教育部，《中办国办印发〈关于做好新时期教育对外开放工作的若干意见〉坚持扩大开放 做强中国教育》，http：//www. moe. gov. cn/jyb_xwfb/s6052/moe_838/201605/t20160503_241658. html，检索日期：2022 年 11 月 15 日。

⑤ 新华社，《中共中央、国务院印发〈中国教育现代化 2035〉》，http：//www. moe. gov. cn/jyb_xwfb/s6052/moe_838/201902/t20190223_370857. html，检索日期：2022 年 11 月 15 日。

⑥ 教育部，《加快和扩大教育对外开放 大力提升我国教育的国际影响力——教育部国际司（港澳台办）负责人就〈关于加快和扩大新时代教育对外开放的意见〉答记者问》，http：//www. moe. gov. cn/jyb_xwfb/s271/202006/t20200617_466545. html，检索日期：2022 年 11 月 15 日。

资建设、质量保障、教育管理、管理队伍、生活服务、社会实践、奖学金体系建设、毕业生联系工作。《留学中国计划》提出"扩大规模，优化结构，规范管理、保证质量"的十六字工作方针，取代教育部 2003 年提出的"扩大规模，提高层次，保证质量，规范管理"的旧"十六字方针"，强调提高来华留学生教育质量将是我们的工作重心。主要目标是：到 2020 年，全年在内地高校及中小学校就读的外国留学人员达到 50 万人次，其中接受高等学历教育的留学生达到 15 万人，使我国成为亚洲最大的留学目的地国家。该目标已于 2019 年提前实现。

（三）2015—2017 年留学工作行动计划

教育部等五部委印发《2015—2017 年留学工作行动计划》（2015 年）（以下简称《行动计划》），制定了"打造来华留学国际品牌"的工作目标，要求"稳步扩大我国高校招收来华留学生规模，大幅优化中国政府奖学金资助布局与结构。高校依法招收和培养来华留学生行为更加规范，教学质量和服务管理水平明显提高，文化交流活动更加丰富深入。来华留学在全球的吸引力得到显著提升"。《行动计划》进一步提出，要深化来华留学管理改革，优化来华留学战略布局，提高来华留学教学水平，加强来华留学质量保障，切实保障来华留学安全，建设和完善全国来华留学管理信息系统。

（四）推进共建"一带一路"教育行动

2016 年教育部印发了《推进共建"一带一路"教育行动》。该文件作为《关于做好新时期教育对外开放工作的若干意见》的配套文件，作为国家《推动共建"一带一路"愿景与行动》在教育领域的落实方案，力争推动教育发展和经贸合作并驾齐驱，发挥教育"软力量"四两拨千斤的作用，实现"一带一路"建设推进事半功倍。《教育行动》提出全面提升来华留学人才培养质量，把中国打造成为深受沿线各国学子欢迎的留学目的地国，为沿线各国专项培养行业领军人才和优秀技能人才。《教育行动》明确要求来华留学要为"五通"提供人才支撑。

（五）关于做好新时期教育对外开放工作的若干意见

中办国办印发《关于做好新时期教育对外开放工作的若干意见》（以下简称《若干意见》），对做好新时期教育对外开放工作进行了重点部署，提出通过优化来华留学生源国别、专业布局，加大品牌专业和品牌课程建设力度，构建来华留学社会化、专业化服务体系，打造"留学中国"品牌；完善中外人文交流机制相关制度，打造一批中外人文交流品牌项目，积极开展国际理解教育，加强人文交流机制建设，积极发挥来华留学人员的宣介作用，积极传播中国理念，以及设立"丝绸之路"中国政府奖学金等。

（六）中国教育现代化2035

党中央、国务院发布了《中国教育现代化2035》（2019年），对到2035年教育现代化建设进程做出全面系统的规划，提出"开创教育对外开放新格局"的战略任务，强调"实施留学中国计划，建立并完善来华留学教育质量保障机制，全面提升来华留学质量"。可以看出，国家层面出台的重大战略规划，始终坚持扩大规模、优化结构和提高质量，强调实施"留学中国"计划，打造"留学中国"品牌，积极培育"知华友华助华"国际人才。

（七）教育部等八部门关于加快和扩大新时代教育对外开放的意见

2020年6月《教育部等八部门关于加快和扩大新时代教育对外开放的意见》明确提出，要"打造来华留学重点项目和精品工程，多措并举推动来华留学实现内涵式发展"，未来"将推动出台来华留学质量认证标准、预科教育标准以及各类专业教育标准……切实保障来华留学教育健康有序发展"。

二、来华留学生综合性管理制度

2000年，教育部、外交部、公安部联合制定了《高等学校接受外国留学生管理规定》①（以下简称"9号令"）。2017年，三部委再次联合印发《学校招收和培养国际学生管理办法》②（以下简称"42号令"）。这两份部颁法令是来华留学工作的指导性和纲领性文件。

（一）高等学校接受外国留学生管理规定

改革开放后，我国来华留学生管理权逐步下放。经过20多年的探索和经验积累，为适应来华留学新形势的需要，教育部、外交部和公安部于2000年

---

① 教育部、外交部、公安部，《高等学校接受外国留学生管理规定（教育部、外交部、公安部令第9号）》，2000年。

② 教育部、外交部、公安部，《学校招收和培养国际学生管理办法（教育部、外交部、公安部令第42号）》，2017年。

联合制定了《高等学校接受外国留学生管理规定》。"9 号令"明确了来华留学生教育工作的管理体制，确定了有关部委及高校的责权，为高校来华留学生招生、教学、校内管理和社会管理、奖学金制度做出了基本规定。"9 号令"赋予了高校更大的办学自主权①，为高校提高来华留学生教育管理水平和发展来华留学生教育事业提供了有力的保障。

（二）学校招收和培养国际学生管理办法

2017 年，教育部、外交部和公安部联合制定了《学校招收和培养国际学生管理办法》，规定了新形势下来华留学生招生管理、教学管理、校内管理、社会管理以及监督管理等方面的具体细则。

"42 号令"是教育部、外交部和公安部三部委联合制定的部门规章，是新时期学校开展来华留学生教育和管理行为的根本依据②，是落实教育规划纲要、提高中国教育国际化的客观要求，是来华留学提质增效，更好地服务于国家发展战略的要求，是实施依法治教的迫切需要，是提高来华留学生质量、完善管理和服务的现实需要。

"42 号令"共分八章 48 条。章名分别为：总则、招生管理、教学管理、校内管理、奖学金、社会管理、监督管理和附则。除总则外，各章节分别就下列内容进行了规定：

第一章（1－6 条）：适应形势，明确管理体制和要求。其中规定国务院和省级外交、公安等行政部门按照职责分工，做好国际学生的相关管理工作，明确由学校具体负责国际学生工作。

第二章（7－14 条）：简政放权，突出高校主体地位。其中规定高等学校在具备相应的教育教学条件和培养能力的条件下，可自主招收国际学生；高等学校按照其办学条件和培养能力自主确定国际学生招生计划和专业，自主制定招生条件和程序招收国际学生，自主规定国际学生转专业条件和程序。

第三章（15－21 条）：强调质量，促进内涵发展。对教学总体要求、生源质量把关、教学环节控制、完善监督措施做出了具体规定。

第四、五、六章（22－40 条）：规范管理，提高服务水平。对校内管理和社会管理提出了明确要求，如提出"国际学生辅导员配备比例不低于中国学

---

① 王英杰、刘宝存，《来华留学生教育政策研究》，北京：人民出版社，2020 年，第 22 页。
② 于兴帅，《分析新时期地方行业院校来华留学教育质量体系建设》，载《智库时代》，2019 年第 36 期，第 138－139＋165 页。

生辅导员比例，与中国学生辅导员享有同等待遇"。

第七、八章（41－48条）：转变职能，加强后续监管。

三、来华留学生招生、教学和校内管理主要制度文件

在涉及招生、教学、校内管理等方面，教育部及有关部门分别下发了《关于来华留学生保留学籍服兵役有关事宜的通知书》《关于加强来华留学生安全工作的通知书》《来华留学生医学本科教育（英语授课）质量控制标准暂行规定》①《高等学校要求外国留学生购买保险暂行规定》②《关于严格规范来华留学招生和管理工作的通知》③《来华留学生高等教育质量规范（试行）》④《关于规范我高等学校接受国际学生有关工作的通知》⑤ 等制度文件。这些文件对来华留学生教育管理工作的相关环节进行了规范，加强了管理服务，提高了培养质量。

（一）来华留学生医学本科教育（英语授课）质量控制标准暂行规定

针对当时个别学校只关注接收留学生带来的经济效益，盲目追求扩大规模，一些学校师资力量不足，教学质量不高，少数高校降低入学门槛，生源质量得不到保证等问题，教育部于2007年颁布了《来华留学生医学本科教育（英语授课）质量控制标准暂行规定》（以下简称《暂行规定》）。

《暂行规定》指出，学校必须有专门的职能机构负责医学留学生课程计划管理，建立课程计划的监察和评估机制，教学质量的督导机制，建立英语授课

---

① 教育部，《教育部关于印发〈来华留学生医学本科教育（英语授课）质量控制标准暂行规定〉的通知》，http://www.moe.gov.cn/s78/A20/tongzhi/guoji/201410/t20141021_178438.html，检索日期：2022年11月17日。

② 教育部，《关于印发〈高等学校要求外国留学生购买保险暂行规定〉的通知》，http://www.moe.gov.cn/s78/A20/tongzhi/guoji/201410/t20141021_178438.html，检索日期：2022年11月17日。

③ 教育部，《严格国际学生申请资格 完善来华留学政策法规——教育部国际合作与交流司负责人就〈关于规范我高等学校接受国际学生有关工作的通知〉答记者问》，http://www.moe.gov.cn/jyb_xwfb/s271/202006/t20200610_464343.html，检索日期：2022年11月17日。

④ 中华人民共和国教育部，《教育部关于印发〈来华留学生高等教育质量规范（试行）〉的通知》，http://www.moe.gov.cn/srcsite/A20/moe_850/201810/t20181012_351302.html，检索日期：2022年11月17日。

⑤ 教育部，《教育部关于规范我高等学校接受国际学生有关工作的通知》，http://www.moe.gov.cn/srcsite/A20/moe_850/202006/t20200609_464159.html，检索日期：2022年11月17日。

教学督导小组。录取工作应严格掌握招生条件，对申请学习者进行入学资格审查、考试或考核，保证生源质量。《暂行规定》强调，学校必须建立留学生学业成绩全过程评定体系，必须进行考试方法的研究。《暂行规定》还对申请来华接受医学本科教育（英语授课）的外国公民基本条件作出了规定。

同时，教育部还公布了招收本科临床医学专业（英语授课）来华留学生的高等学校名单，未列入此名单的学校不能擅自招生。

（二）高等学校要求外国留学生购买保险暂行规定

教育部规定自 2008 年起，各高等学校必须要求来华学习时间超过六个月的留学生（含按原学习计划继续学习超过六个月的学生）在我国大陆购买团体综合保险，作为其办理新学期入学注册手续的必备材料。同时规定，高等学校必须将留学生保险列入留学生管理制度归口管理。文件还对赔付标准作出相应规定。

此后，来华留学生在我国境内学习原则上都必须购买综合医疗和意外伤害保险。

（三）规范高等学校接受国际学生的两个通知

2017 年，针对当时个别高校盲目招生、全权委托中介机构代理招生、对中介缺乏监管、少数留学生非法打工和非法滞留等乱象，教育部专门印发《关于严格规范来华留学招生和管理工作的通知》，要求各地各高校严把入学门槛，对申请来华学习者进行入学资格审查、考试或考核，确保招收学生符合学校入学标准，依法依规加强管理；加强居留和签证管理和学籍管理；完善应急机制等。

近些年，一些来华留学生父母双方或一方为中国公民、本人出生即具有外国国籍，在中国境内接受基础教育，他们以国际学生身份申请进入我高等学校本专科阶段学习，引发社会关注。针对这一情况，教育部在 2009 年颁布的《教育部关于规范我高等学校接受外国留学生有关工作的通知》基础上进行修订，于 2020 年颁布《关于规范我高等学校接受国际学生有关工作的通知》，进一步严格国际学生进入我高等学校本专科阶段学习的申请资格。

（四）来华留学生高等教育质量规范（试行）

2018 年 9 月 3 日，教育部印发《来华留学生高等教育质量规范（试行）》（以下简称《质量规范》），"以人才培养目标为核心，以提高和保障教育质量为宗旨，遵循国内外教育质量保障体系中'学生中心、产出导向、持续改进'的普遍共识，体现'全员性、全过程、全方位、多方式'的全面质量管理理念，实现来华留学生教育中的质量管理全覆盖"①。这是教育部首次专门针对来华留学教育制定的质量规范文件，是指导和规范高校开展来华留学教育的全国统一的基本准则，也是开展来华留学内部和外部质量保障活动的基本依据。

《质量规范》由人才培养目标，招生、录取与预科，教育教学和管理服务与支持四个部分组成（详见表2－1），强调了要提升留学生教育质量，明确来华留学生教育旨在培养深入理解中国、能够熟练使用汉语、具备良好的跨文化与全球胜任能力并能达成一定的学科专业水平的个体。

表2－1 《质量规范》内容

人才培养目标	招生、录取和预科	教育教学	管理与服务支持
学科专业水平 对中国的认识和理解 语言能力 跨文化和全球胜任力	1. 入学标准 2. 招生和录取 3. 预科教育	4. 专业设置和学位授予 5. 学校层次的人才培养目标 6. 培养方案 7. 师资队伍 8. 教学设施和资源 9. 学生指导和课外教育 10. 教学管理 11. 质量保障	12. 管理体制和工作机制 13. 办学资源和条件支持 14. 档案和信息管理 15. 安全教育和保障 16. 移民和出入境事务管理和服务 17. 学生权益保护 18. 校友工作

《质量规范》要求保障生源质量，把好招生、录取的入口环节，确保招收的国际学生具备合格的资历背景和学习能力。来华留学生的入学标准设定采取了"国家统一最低标准、学校自定具体标准"的方式。其中最低标准由最低学历要求和语言能力要求组成。最低学历要求一方面要与我国的基本教育制度保持一致，另一方面要实现与各国教育体系的衔接。

《质量规范》一方面要求要确保中外学生在教育教学中平等一致，趋同管理，另一方面要落实高校的教育质量责任主体地位，加强教育质量保障，对教育质量负责。为保证专业教学质量目标和质量管理的一致性，《质量规范》对招生专业、学位授予学科、修业年限符合国家有关规定、培养方案符合专业教育教学标准和规范、学位论文的审查和答辩符合学校统一要求、中外学生平等

---

① 林健、陈强，《引领内涵发展的来华留学生教育国家标准——〈来华留学生高等教育质量规范（试行）〉研制、解读与实施》，载《清华大学教育研究》，2019年第6期，第20－26页。

一致地使用教学设施和资源、中外学生在同一课程中采取相同的考试考核方式等作出了要求。

《质量规范》既强调了对在华留学生群体的严格管理，也提出了对招收留学生的院校加强自身建设与管理。招收留学生的院校应加强校园基础建设、教师团队以及机构与制度建设，以提高自身全球化发展水平；应当建立健全来华留学生管理和服务内部监督检查制度，严格依照法律法规和国家政策规范办学行为。

《质量规范》要求高等学校应当在入学和日常教育中有计划地对来华留学生进行中国法律法规、校规校纪和安全教育；应当及时向来华留学生提供安全信息，预防违法犯罪，防范不法侵害。高等学校应当要求来华留学生遵守中国法律法规、校规校纪，依法依规预防和惩处来华留学生的违法违纪行为。

四、来华留学生社会管理法律法规和政策

在社会管理和安全方面，全国人大和国家有关部门分别颁布了《中华人民共和国出境入境管理法》《中华人民共和国外国人入境出境管理条例》[①]《中华人民共和国境内外国人宗教活动管理规定实施细则》[②]《在华外国人参加演出活动管理办法》[③]《外国人参加广播影视节目制作活动管理规定》[④] 等法律法规和部门规章，对规范来华留学生的校内外日常行为起到了十分重要的作用。

（一）中华人民共和国出境入境管理法

现行《中华人民共和国出境入境管理法》自 2013 年 7 月 1 日起施行。这部法律"对于进一步规范出入境管理，维护我国主权、安全和社会秩序，具有重要意义"[⑤]。其中涉及来华留学生的重点法条包括以下内容：1. 加强外国人停留居留管理，涉及第 29、30、32、37、38、39、45 条，规范来华外国人停留居留证件办理、查验和住宿登记等制度，以及招收外国留学生的单位，应

---

① 中华人民共和国中央人民政府，《中华人民共和国外国人入境出境管理条例》，2013 年。
② 国家宗教事务局，《中华人民共和国境内外国人宗教活动管理规定实施细则》，2000 年。
③ 文化部，《在华外国人参加演出活动管理办法》，1999 年。
④ 国家广播电影电视总局，《外国人参加广播影视节目制作活动管理规定》，1999 年。
⑤ 池州市公安局，《〈中华人民共和国出境入境管理法〉解读》，https://www.chizhou.gov.cn/OpennessContent/showAll/1119120.html，检索时间：2022 年 11 月 15 日。

当按照规定向所在地公安机关报告有关信息；2. 规范外国人在华工作管理，规定外国人在中国境内工作，应按照规定取得工作许可和工作类居留证件，并明确对非法就业的界定，外国留学生违反规定超出规定的岗位范围或者时限在中国境内工作的，属于非法就业；3. 规定了调查、遣返"三非"人员的措施和法律责任，规定了对外国人非法居留和非法就业的处罚措施。

（二）中华人民共和国外国人入境出境管理条例

《中华人民共和国外国人入境出境管理条例》（以下简称《条例》）于2013年9月1日起施行。这是为了落实《中华人民共和国出境入境管理法》而制定的配套法规。涉及来华留学生的部分主要是：1. X系列签证分为X1字（长期学习）和X2字（短期学习）两种，X1字签证发给申请在中国境内长期学习的人员，X2字签证发给申请在中国境内短期学习的人员；2. 办理居留需注意时限，留学生所持签证上注明入境后需要办理居留证件的，应当在入境后30日内向拟居留地县级以上地方人民政府公安机关出入境管理机构申请办理，按规定提供相应的证件、照片和申请事由的相关材料；3. 外国留学生需要在校外勤工助学或者实习的，经所在学校同意后，应当向公安机关出入境管理机构申请在居留证件上加注勤工助学或者实习信息；4. 招收的留学生因为毕业等原因离开原招收单位的，应当及时向所在地县级以上地方人民政府公安机关出入境管理机构报告。

（三）中华人民共和国境内外国人宗教活动管理规定实施细则

《中华人民共和国境内外国人宗教活动管理规定实施细则》于2000年9月26日由国家宗教事务局发布。规定中国政府尊重和保护在中国境内的外国人的宗教信仰自由和正常的宗教活动，外国人可以根据自己的宗教信仰在依法登记的寺院、宫观、清真寺、教堂参加宗教活动，外国人在中国境内进行宗教活动应当遵守中国的法律、法规，不得以任何方式干涉中国的宗教事务，不得在中国境内进行的传教活动作出了具体、明确的规定，等等。

（四）在华外国人参加演出和广播影视节目制作活动的有关规定

1999年文化部颁布的《在华外国人参加演出活动管理办法》和同年广播电影电视总局颁布的《外国人参加广播影视节目制作活动管理规定》对包括来华留学生在内的在华外国人相关活动进行了规范。比如规定了留学生不得参加营业性演出或者在营业性歌舞娱乐场所参加演出活动；学校因教学或者研究需要，邀请留学生参加非营业性演出，由所在学校批准；原则上外国留学生不得在公园、广场、街道等公共场所自行组织演出活动；原则上外国留学生不得参加广播影视节目制作活动，因节目制作需要邀请外国留学生参加临时性广播影视节目制作的，制作单位应事先征得学生所在学校同意，等等。

五、来华留学生奖学金制度

中国政府奖学金设立于 20 世纪 50 年代，是我国首个来华留学生奖学金。直到今天，中国政府奖学金依然是影响力和吸引力最大的来华留学生奖学金，对中国来华留学事业发展和高等教育国际化发展起到了举足轻重的作用。为了更好地发挥中国政府奖学金的作用，先后建立并完善了奖学金制度。

2000 年颁布的"9 号令"就明确提出中国政府为留学生来华学习设立"中国政府奖学金"，并规定了高等学校接受留学生的奖学金类别、计划和评审制度等。同年，颁布了《中国政府奖学金生年度评审办法》。2009 年，教育部发布《教育部关于对中国政府奖学金本科来华留学生开展预科教育的通知》[1]。2015 年发布《关于完善中国政府奖学金资助体系和提高资助标准的通知》[2]。2020 年教育部办公厅印发了《中国政府奖学金工作管理办法》。2021 年教育部和财政部共同发布《关于加强中国政府奖学金管理工作的通知》。

（一）中国政府奖学金年度评审办法

2000 年教育部对原《外国留学生奖学金年度评审暂行办法》进行了修改，更名为《中国政府奖学金年度评审办法》，正式实施中国政府奖学金年度评审制度，并委托国家留学基金管理委员会（CSC）负责组织实施。按照规定，凡在华学习期限超过一学年以上者，或原定学习期限结束后申请延长奖学金期限的奖学金生均须参加每年的奖学金年度评审，每位参加评审的学生应由本人填写《中国政府奖学金年度评审表》。各高校要按时提交评审报告。评审报告内容应包括：评审工作总结（评审工作的组织实施、评审办法和评价标准）、评审结果（应参加评审的学生数、实际参加评审的学生数、建议评审合格的学

① 教育部，《教育部关于对中国政府奖学金本科来华留学生开展预科教育的通知》，http://www.moe.gov.cn/srcsite/A20/moe_850/200903/t20090313_89013.html，检索日期：2022 年 11 月 19 日。

② 财政部、教育部，《财政部、教育部关于完善中国政府奖学金资助体系和提高资助标准的通知》，http://www.moe.gov.cn/jyb_xxgk/moe_1777/moe_1779/201502/t20150204_185609.html，检索日期：2022 年 11 月 19 日。

生数、建议评审不合格的学生数）、评审工作中遇到的问题及处理情况等。学校对于建议评审不合格的学生，要在评审报告中详细说明不合格的原因。评审结束后，评审合格学生的《中国政府奖学金年度评审表》存入学生的档案材料中。

（二）教育部关于对中国政府奖学金本科来华留学生开展预科教育的通知

为提升来华留学生培养质量，提高中国政府奖学金使用效益，教育部于2009年发布《教育部关于对中国政府奖学金本科来华留学生开展预科教育的通知》，要求自2010年9月1日起，对中国政府奖学金本科来华留学生新生在进入专业学习前开展预科教育。预科教育的总体目标是使学生在汉语言知识和能力、相关专业知识以及跨文化交际能力等方面达到进入我国高等学校专业阶段学习的基本标准。预科学习原则上为1~2学年，预科教育课程必须包括语言类、文化类、专业知识类和语言实践类，采用强化教育方式，实行语言教学与专业知识教学相结合。该通知对学生在完成预科教育后应达到的各项要求作出了明确规定，如文学、历史学、哲学及中医药等学科学生汉语言水平不得低于HSK六级，其他学科学生不低于HSK三级。

（三）关于完善中国政府奖学金资助体系和提高资助标准的通知

为进一步推动来华留学生教育事业发展，并综合考虑社会经济发展、物价变化和高校培养成本等因素，2015年教育部、财政部共同发布《关于完善中国政府奖学金资助体系和提高资助标准的通知》，进一步完善中国政府奖学金资助体系。要求所有奖学金生应按规定接受奖学金资格年度评审，评审工作由高校按有关要求进行，未通过评审的将中止或取消奖学金资格。

（四）中国政府奖学金工作管理办法

2020年教育部办公厅印发了《中国政府奖学金工作管理办法》，文件对奖学金申请、资格认定、在学管理、监督管理等方面内容作出规定，进一步规范中国政府奖学金管理，推进完善相关工作机制，保障奖学金生培养质量。如，文件规定了申请人的年龄、语言能力和应提交的申请材料；规定了奖学金申请受理机构的评审内容，要求奖学金院校制定入学标准，实施考试考核奖学金；规范了奖学金领取程序，授课语言，学籍管理，要求奖学金院校实施年度评审，制定应急管理预案；特别强调"严禁任何奖学金申请受理机构通过招生牟利或托中介机构招收奖学金生"。

（五）关于加强中国政府奖学金管理工作的通知

2021 年教育部和财政部共同发布《关于加强中国政府奖学金管理工作的通知》，旨在落实《八部门意见》，加强中国政府奖学金管理工作。该通知要求奖学金院校做好以下工作：1．发挥引领作用，培养知华友华高素质人才；2．规范招生管理，优化招生结构，做好招生宣传，组织好招生考试考核；3．提升培养质量，保证教学质量，开设特色课程，提升学生对中国文化的情感认同；4．加强资助管理，做好生活费、综合医疗保险和国际往返旅费的资助；5．强化经费统筹，规范、合理、高效使用经费；6．注重项目衔接，与政府、高校和企业设置的奖学金项目有效衔接；7．建立考评机制，定期开展绩效考评工作；8．完善信息管理，建立并规范信息和数据工作；9．促进校友合作，建立海外校友组织，保持长期联系；10．重视风险防控，建立完善应急预案，预防潜在风险，及时妥善处置突发事件。

还有其他一些政策文件中也涉及来华留学生奖学金。这一系列政策制度的制定和实施，对来华留学生奖学金工作各方面进行了规范，完善了制度，加强了管理和服务，提高了培养质量。

六、来华留学生勤工俭学和就业创业政策

随着我国教育水平的不断提升，来华留学生的数量也在逐年增加，关注其在华就业创业的需要，成了当前来华留学教育工作中面临的一个问题。近年来，我国政府部门也出台了多项政策，允许留学生在华就业创业，为其营造良好的个人发展环境。2017 年国家发布《关于允许优秀外籍高校毕业生在华就业有关事项的通知》[①]，2019 年国家移民管理局出台政策，在全国范围内推广复制促进服务自贸区建设 12 条移民与出入境便利政策[②]，2022 年教育部等部

---

① 人力资源和社会保障部就业促进司，《人力资源社会保障部外交部教育部关于允许优秀外籍高校毕业生在华就业有关事项的通知》，http://www. mohrss. gov. cn/SYrlzyhshbzb/jiuye/zcwj/gaoxiaobiyesheng/201701/t20170111_264214. html，检索日期：2022 年 11 月 21 日。

② 国家移民管理局，《国家移民管理局在全国范围内推广复制促进服务自贸区建设 12 条移民与出入境便利政策》，https://www. nia. gov. cn/n794014/n794021/c1076430/content. html，检索日期：2022 年 11 月 21 日。

门印发《高等学校国际学生勤工助学管理办法》①，为来华留学生在华勤工俭学和毕业后就业创业提供了政策依据。

（一）关于允许优秀外籍高校毕业生在华就业有关事项的通知

2017 年 1 月，人力资源和社会保障部、外交部、教育部联合发布《关于允许优秀外籍高校毕业生在华就业有关事项的通知》，允许部分优秀外籍高校毕业生毕业后可直接在华就业，对象包括在中国境内高校取得硕士及以上学位且毕业 1 年以内的国际学生，以及在境外知名高校取得硕士及以上学位且毕业 1 年以内的外籍毕业生。符合平均成绩不低于 80 分或 B + /B 以上，有确定的聘用单位等条件即可申办外国人工作许可。

相较于以前的政策，该通知最大的突破在于取消了国际学生在华就业必须具备两年及以上工作经验的限制②，对于达到硕士及以上学位、专业对口的优秀外籍毕业生，不再有两年相关工作经历要求，允许其直接在华就业。

（二）国家移民管理局在全国范围内推广复制促进服务自贸区建设 12 条移民与出入境便利政策

2019 年 8 月起，国家移民管理局在前期工作基础上将其中鼓励、支持、便利外籍人才、外国优秀青年和外籍华人来华在华创新创业、投资兴业、学习工作的 12 条政策推广复制，在全国范围内实施，涵盖四个方面。其中涉及来华留学生的有两个方面：一是扩大外国人才申请永久居留对象范围，对外籍高层次人才、有博士学历或长期在国家重点发展区域工作的外籍华人、有重大突出贡献以及国家特别需要的外国人才、符合工资性年收入标准和纳税标准的长期在华工作的外国人，提供申请办理在华永久居留便利；二是扩大外国人才引进对象范围，为外国优秀青年在华创业创新提供服务，对在国内重点高等院校、国际知名高校毕业的外国优秀学生在华创新创业、国内知名企事业单位邀请来华实习的外国学生，提供办理签证和居留许可政策支持和便利服务。

（三）高等学校国际学生勤工助学管理办法

为规范高等学校在华国际学生勤工助学管理，进一步做好来华留学提质增

---

① 教育部办公厅、公安部办公厅、人力资源社会保障部办公厅、国家移民管理局综合司，《教育部办公厅等四部门关于印发〈高等学校国际学生勤工助学管理办法〉的通知》，http://www.moe.gov.cn/srcsite/A20/s7068/202201/t20220121_595550.html，检索日期：2022 年 11 月 21 日。

② 苗绿、曲梅，《国际学生来华留学与发展》，北京：中国社会科学出版社，2022 年，第 125 页。

效工作，教育部、公安部、人力资源社会保障部、国家移民管理局联合制定了《高等学校国际学生勤工助学管理办法》（以下简称《勤工助学管理办法》），成为来华留学生在我国境内从事勤工助学活动的重要政策依据。

《勤工助学管理办法》对国际学生从事校内外勤工助学应满足的自身条件、工作岗位、地域范围、工作时长、报酬取得、办理程序做出了明确规定，还明确了学生、用人单位、学生所在院校和公安部门的责任和权利。

《勤工助学管理办法》的颁布实施有助于规范高等学校在华国际学生勤工助学管理，进一步做好来华留学提质增效工作，提升教育对外开放水平。

七、来华留学生信息化管理制度

进入 21 世纪以来，国家不断加强来华留学生信息化建设。为适应外国留学生教育的发展，保证留学生教育质量，维护国家学历制度和学历证书的严肃性，教育部决定自 2001 年起改革外国留学生学历证书的管理办法，颁布了《教育部关于改革外国留学生学历证书管理办法的通知》，要求外国留学生高等学校本科、专科毕业证书由学校自行印制、颁发，并详细规定了毕业证书应具有的内容。

2004 年，根据当时我国来华留学工作的发展实际和需要，为完善外国留学生教学与生活管理制度，进一步促进我国来华留学管理工作制度化、规范化、信息化建设，教育部办公厅发布了《教育部办公厅关于启用全国来华留学生管理信息系统的通知》[①]。信息系统具备来华留学工作日常管理、采集教育管理质量评估数据、留学生数据库、留华毕业生档案、留学生数据统计等五项功能，涵盖来华留学工作中招生、教学、生活服务和管理、留华毕业生工作等四个基础环节，是做好来华留学管理工作必须使用的系统。

2007 年，为适应我国留学生教育发展的需要，加强普通高等学校留学生招生行为监督管理，教育部颁布了《关于普通高等学校外国留学生新生学籍和外国留学生学历证书电子注册的通知》[②]，明确规定了新生学籍电子注册办法、外国留学生学历证书电子注册办法、学历证书发放办法，对普通高等学校

---

① 中华人民共和国教育部：《教育部办公厅关于启用全国来华留学生管理信息系统的通知》，http://www.moe.gov.cn/jyb_xxgk/gk_gbgg/moe_0/moe_1/moe_162/tnull_2265.html，检索日期：2022 年 11 月 21 日。

② 教育部办公厅，《关于普通高等学校外国留学生新生学籍和外国留学生学历证书电子注册的通知》，http://www.gov.cn/gzdt/2007-11/30/content_821796.htm，检索日期：2022 年 11 月 21 日。

外国留学生接受学历教育的新生学籍和外国留学生学历证书统一实行电子注册，建立外国留学生学历生从入学到毕业的完整信息，供外国留学生和有关机构网上查询。

2011年，教育部印发《教育部办公厅关于进一步做好外国留学生学历证书管理和电子注册工作的通知》①，对外国留学生学历证书的制发及备案、外国留学生学历证书的电子注册做出详细规定，进一步完善了外国留学生高等教育学历证书管理和学历电子注册制度，方便各高校颁发外国留学生学历证书，满足留学生对学历电子注册信息即时查询的需求。

此外，《行动计划》中也提出要"建设和完善全国来华留学信息管理系统，实现来华留学生录取审批、学习培养、毕业生联络等各环节信息的有效采集与管理"。

---

① 教育部办公厅，《教育部办公厅关于进一步做好外国留学生学历证书管理和电子注册工作的通知》，http://www.moe.gov.cn/srcsite/A20/moe_850/201104/t20110427_119907.html，检索日期：2022年11月21日。

第三章 来华留学内涵式教育、管理和服务助力高校国际化人才培养

在来华留学生教育工作中，学生管理是指高等学校通过非学术性事务和课外活动对学生施加教育影响，以规范、指导和服务学生，丰富学生校园生活，促进学生成长成才的组织活动，包括招生管理、校内和社会管理、教学管理、突发事件应急管理，等等。学生服务是要求学生事务管理以服务学生为宗旨，向学生提供一系列服务项目以满足学生多样化的需要。[①] 管理侧重于"任务"的完成，服务强调对"人"的满足。[②] 管理通常以命令、控制等刚性手段来实现目标任务，服务通常以沟通、柔性手段来满足"人"的需求。"管理"和"服务"既矛盾又统一。管理与服务是来华留学教育工作的两项重要职能，在来华留学教育工作中有着重要作用。来华留学教育管理和服务是一个广泛而综合的体系，既有学校对来华留学生的管理及服务，也有政府对学校、政府对来华留学生的管理及服务，还有社会各界对营造有利于来华留学生培养的社会环境而提供的服务。我国高校是培养高层次"知华友华"国际人才和社会精英的阵地，在来华留学教育领域扮演了极其重要的角色，因此，高校来华留学生管理及服务在来华留学教育事业发展中具有举足轻重的作用。

2014年，习近平总书记在全国留学工作会议上作出重要指示，来华留学工作要适应国家发展大势和党和国家工作大局，努力开创留学中国新局面，为实现"两个一百年"奋斗目标、实现中华民族伟大复兴的中国梦不断做出新的贡献。[③] 中央和政府部门非常重视来华留学管理和服务工作，相继制定实施了一系

---

① 蔡国春，《高校学生事务管理概念的界定——中美两国高校学生工作术语之比较》，载《扬州大学学报（高教研究版）》，2000年第2期，第56-59页。

② 麻宝斌、贾茹，《管理与服务关系的反思与前瞻》，载《上海行政学院学报》，2016年第1期，第39-45页。

③ 习近平，《适应国家发展大势和党和国家工作大局 培养更多优秀人才开创留学工作新局面》，载《人民日报》，2014年12月14日第1版。

列制度和规范。2010 年《留学中国计划》在"扩大规模，优化结构，规范管理，保证质量"的十六字方针中，明确了"管理"的重要地位，也强调了服务的重要性，将来华留学服务体系作为来华留学工作发展目标之一，提出要建立与我国国际地位、教育规模和水平相适应的来华留学工作与服务体系。2017 年，教育部、外交部、公安部联合印发《学校招收和培养国际学生管理办法》，作为学校开展来华留学生教育和管理的根本依据，标志着新形势下的来华留学教育，从强调扩大规模到注重提质增效、走内涵式发展道路的战略性转变新阶段[①]。同年出台的《国家教育事业发展"十三五"规划》对来华留学管理及服务也提出了明确的要求，要"加强来华留学管理与监督，提升来华留学服务水平，稳步扩大来华留学规模"。2018 年，教育部制定学校开展来华留学生教育基本准则的《来华留学生高等教育质量规范（试行）》（以下简称《质量规范》），对管理和服务多加强调。统计《质量规范》全篇，"管理"出现 82 次，"服务"出现 32 次，"管理和服务"并举 17 次。可见，政府指导来华留学教育工作，充分强化管理及服务在来华留学教育中的重要性，二者缺一不可。

因此，建立健全具有中国特色的来华留学管理和服务机制，刚性管理与柔性服务相结合，是来华留学教育实现提质增效和内涵式发展的必由之路。

一、趋同化管理

趋同化管理是针对管理留学生而提出的一种留学生管理模式，是指对外国留学生在生活、教学、研究等各方面以管理本土学生的方式为参考依据进行管理，趋同管理模式通常被用于外国留学生教育中。[②]

教育部 2018 年印发的《质量规范》是"新中国成立以来首个针对来华留学生高等教育制定和实施的全国统一的基本规范"[③]。其中明确提出了要推进中外学生教学、管理和服务的趋同化，要求高校将来华留学生教育纳入全校的教育质量保障体系中，实行标准统一的教学管理与考试考核制度，提供平等一致的教学资源与管理服务，保障中外学生文化交流与合法权益。与此同时，教

---

① 周波、佐斌，《来华留学事业发展的政策导引和制度保障》，载《国际学生教育管理研究》，2020 年第 1 期，第 13 - 20 页。

② 周磊，《来华留学政策执行研究》，北京：首都经济贸易大学出版社，2019 年，第 159 页。

③ 教育部，《质量为先 实现来华留学内涵式发展——教育部国际司负责人就来华留学相关问题答记者问》，http://www.moe.gov.cn/jyb_xwfb/s271/201907/t20190719_391532.html，检索时间：2023 年 2 月 10 日。

育部国际合作与交流司负责人在接受媒体采访时也提出，"趋同化并不意味着等同化，既要对中外学生一视同仁，也要看到国际学生风俗习惯和语言、文化存在的差异，以合理、公平、审慎为原则，帮助他们了解中国国情文化，尽快融入学校和社会。教学方面，建立有效的教学辅导体系，向来华留学生提供学业帮扶；管理服务方面组织和引导他们参加健康有益的课外教育活动，促进中外学生文化交流和互相理解"[①]。

（一）趋同化管理的内涵

结合上述两方面的要求，来华留学生趋同化管理的内涵即教学、管理和服务的趋同化，既要对中外学生一视同仁，"去异求同"，也要考虑到实际情况，尊重不同文化习俗，做到"同中存异"，要把握好两者的辩证关系。

所谓"去异求同"，是体现趋同化管理的本质要求。在管理上，中、外学生同属于学生身份，要最大限度地忽略来华留学生的国别和文化差异性，一视同仁、平等对待，遵守相同的规章制度和学业标准，共享教学资源。这不仅是学术公平、社会公正的体现，也是保证来华留学生教育培养质量的内在要求。

所谓"同中存异"，是因为来华留学生的文化背景、宗教信仰、风俗习惯各不相同，加上学历生、语言生等层次的多样性，使得来华留学生群体的文化知识、思想品质参差不齐，目标追求、个性特征、道德规范、生活习惯各不相同。高校要尊重这种多样性，运用跨文化管理理念，在不违背教育公平的前提下，结合不同特点的留学生人群因材施教，开展学业指导和帮扶；同时还要鼓励、支持、推动来华留学生积极参与各类认识和了解中国和中国文化的活动，逐渐把"异多同少"转变为"去异求同"。

要很好地把握"趋同"和"存异"的辩证关系。我国高校国际化水平和留学生事务管理水平还有待提高[②]，我们不能效仿欧美高校实施完全趋同化，而是要结合我国高校来华留学生教育工作实际，既要避免将中外学生完全"一视同仁"，忽视中外学生在语言、文化等方面的差异，也要避免"不趋同"或"假趋同"，向来华留学生提供超出实际的优待。在"去异求同"的同时，尊重并包容"同中有异"，合理、公平、审慎、规范地开展来华留学生管理和

① 郭淼，《教育部：将进一步推动来华留学生与中国学生的管理和服务趋同化》，https://baijiahao.baidu.com/s?id=1639627122479193988&wfr=spider&for=pc，检索时间：2023年2月10日。
② 井铭、马夕婷，《高校来华留学生事务趋同化管理的实践困境与应对策略研究》，载《大学》，2022年第10期，第54-59页。

服务工作，促进中外学生文化交流和双向互动，实行"双向趋同"①，使留学生尽快与学校、社会、中国文化相融合，也让国内学生更懂包容，尊重多元文化。

（二）"趋同化"管理的实施路径

在来华留学生教育管理上，要注重顶层设计，在组织结构、管理制度和文化建设上按照国家有关要求，在教育教学和日常管理服务中逐步与中国学生趋同，又充分尊重来华留学生多元文化的特点。"趋同化"管理的实施路径包括以下几个方面。

1. 做好顶层设计

高校应认识到趋同化管理是高校来华留学生教育的一项关键举措，完善相应制度，在来华留学生培养目标设定、招生录取、学籍学历管理、纪律管理、教学管理、考试考核、毕业就业等方面按照国家相关标准和规定健全制度，并严格执行，在制度上实现趋同。留学生管理部门、相关职能部门，以及学院等教学单位既有分工又有合作，要明确各自的工作职责，梳理相关工作中的运行流程，从管理体制上实现趋同。

2. 建立并优化来华留学生管理和教育队伍

建设具备良好跨文化交流能力的留学生管理队伍和教学队伍是实现趋同化的重要保证。高校应按照教育部的有关要求配足国际学生辅导员，努力打造专业师资队伍，提升行政管理和后勤服务队伍的整体素质。校院两级管理制度已是我国高校内部治理的基本框架②，应将来华留学生教育管理纳入校院两级管理，与中国学生趋同，充分发挥国际学生辅导员"上面千条线，下面一根针"的定点管理和服务的职能③。

---

① 邱洋海，《来华留学生趋同化管理的困境与突破》，载《神州学人》，2020 年第 1 期，第 25 - 28 页。
② 刘丽伟、崔秀梅，《高校校院两级管理体制改革：现状与对策》，载《江西理工大学学报》，2019 年第 6 期，第 65 - 69 页。
③ 罗浔，《探索适合我国高校的留学生趋同化管理模式》，载《外国留学生工作研究》，2018 年第 3 期，第 94 - 98 页。

3. 保障来华留学生基本权益

学校在来华留学生教育管理和服务工作中要体现中外学生平等一致，注重来华留学生权益保障，确保来华留学生与中国学生一样按照平等一致的制度、标准和条件使用学校的教室、图书馆、实验室、网络信息资源，以及校内生活、文化和体育设施。在日常校园管理工作中，要在法律法规允许的范围内，充分尊重来华留学生的生活习惯和宗教习俗。

4. 进行来华留学生思政教育

来华留学生思政教育不同于中国学生的思政教育，而是以"趋同化"管理为指导，利用好第一课堂和第二课堂，以来华留学生能够接受的方式，开展中国法律法规、中国国情和中国文化教育，帮助留学生们客观了解中国社会发展情况，消除他们对中国的片面和错误认识。

5. 推动中外学生跨文化交流合作

文化隔阂是"趋同化"管理的重大阻碍。学校要打破原有的设置，创造中外学生交流互动的场所与条件，让中外学生在自身文化背景被尊重的前提下去互相认识和交流，促进跨文化交流。同时，这样可以帮助来华留学生尽快转变角色，让他们在华生活更有归属感。也帮助中国学生拓展国际视野，感受多样化的文化，促进"双向趋同"。

二、招生管理

招收和培养高质量留学生是各高等教育强国建设的基本共识。近年来我国出台了一系列政策措施，推动来华留学事业快速发展，如国家中长期教育改革和发展规划纲要（2010—2020 年）、留学中国计划、推进共建"一带一路"教育行动、教育部等八部门关于加快和扩大新时代教育对外开放的意见等。在国家宏观政策激励下，来华留学生人数增长迅速。根据教育部统计显示，2010年各级各类来华留学生共 26.5 万人，来自 194 个国家[①]；到了 2018 年，各级

---

① 教育部，《2010 年在华学习外国留学人员总数突破 26 万人》，http://www.moe.gov.cn/jyb_xwfb/gzdt_gzdt/s5987/201103/t20110302_128437.html，检索日期：2023 年 1 月 25 日。

各类来华留学生达 49.2 万人，来自 196 个国家和地区①。我国已成为世界第三、亚洲最大的留学目的国。

在此背景下，2020 年 5 月，教育部在《学习贯彻习近平总书记给北京科技大学全体巴基斯坦留学生重要回信精神的通知》中强调，不盲目追求国际化指标和来华留学生规模，不断完善规章制度及管理办法，严格招生审核、过程管理和评审制度，建立规范的管理体系和工作流程。②

招生录取作为留学生教育的源头，是整个留学生教育的基础，它发挥着重要的作用。其核心在于保障生源质量，确保招收的国际学生具备合格的资历背景和学习能力，是提升人才培养质量的基础和起点。③ 来华留学生的招收和录取工作还涉及教育公平和秩序，社会关注度极高，需要有公正透明的制度。

2018 年颁布实施的《质量规范》对来华留学生招收录取工作做出了具体要求。来华留学生的入学标准设定采取了"国家统一最低标准、学校自定具体标准"的方式。国家统一的最低标准由最低学历要求和语言能力要求组成，是招生录取工作的底线。在此之上，"高校应当根据自身实际情况，具体规定本校的来华留学生入学标准，涵盖学历背景、学术水平、语言能力、身份资格和经济能力等各个方面"④。

（一）国际学生流动的基本理论

外国学生到中国的大学来学习，和中国学生到外国大学去学习一样，都属于国际学生流动。从欧洲中世纪大学出现以来，就一直存在着学生在不同国家大学间国家流动的现象。著名的高等教育研究学者菲利普·阿特巴赫（Philip Altbach）曾说："大学是国际化的机构。知识是没有国界的，大学历来欢迎来自众多国家的人来学习和任教。实际上，大学从起源上来讲就是国际的……留学生是世界高等教育体系的一个重要组成部分。"⑤ 一个学生选择到特定国家、

---

① 教育部，《2018 年来华留学统计》，http://www.moe.gov.cn/jyb_xwfb/gzdt_gzdt/s5987/201904/t20190412_377692.html，检索日期：2023 年 1 月 25 日。
② 中共教育部党组，《中共教育部党组关于学习贯彻习近平总书记给北京科技大学全体巴基斯坦留学生重要回信精神的通知》，http://www.moe.gov.cn/srcsite/A20/s7068/202005/t20200522_457897.html，检索日期：2023 年 1 月 25 日。
③ 林健、陈强，《引领内涵发展的来华留学生教育国家标准——〈来华留学生高等教育质量规范（试行）〉研制、解读与实施》，载《清华大学教育研究》，2019 年第 6 期，第 20 - 26 页。
④ 林健、陈强，《引领内涵发展的来华留学生教育国家标准——〈来华留学生高等教育质量规范（试行）〉研制、解读与实施》，载《清华大学教育研究》，2019 年第 6 期，第 20 - 26 页。
⑤ ［美］阿特巴赫，《比较高等教育：知识、大学与发展》，人民教育出版社教育室译，北京：人民教育出版社，2001 年，第 219 页。

特定城市和特定大学去学习，一定是诸多原因综合作用的结果。目前，国际上学界普遍公认较有代表性的理论有推拉理论、人力资本理论和教育服务贸易理论，为我们开展留学生招收工作提供了一定的理论指导。

1. 推拉理论

推拉理论（Push-Pull Theory）是目前世界上被用来解释国际学生流动的一个典型理论框架。学者麦克马洪（McMahon）首次将推拉理论引入了国际学生流动领域，用"拉力"和"推力"来研究20世纪中后期18个发展中国家学生向发达流动的现象。"拉力"模型强调了输入国的经济发展水平、世界经济的参与程度、对教育的重视程度，以及国家提供的教育机会；而"推力"模型表明输出国与输入国经济发展水平的对比、输出国与输入国之间的经济联系，以及输入国对国际学生的经济援助（例如奖学金）的影响。[①]

推拉理论在解释国际学生流动时主要关注学生的个体选择，从微观角度解释学生选择时的"推力"因素和"拉力"因素。"推力"因素主要是指留学生输出国对学生本人的各种助推其离开本国的因素，如本国高等教育质量不佳、就业前景黯淡、经济和社会不稳定等；"拉力"因素是指留学生输入国吸引留学生前往的各种因素，如优质的高等教育资源、良好的就业前景、稳定的社会与经济状况等。[②]

菲利普·阿特巴赫认为，国家间人才流动不是盲目的，而是有规律的，学生流动一般都是从发展中国家流向发达国家。他将此现象总结为发达国家的七种拉力和发展中国家的八种推力，对留学生个体产生综合影响，如表3-1所示。

表3-1　影响发展中国家学生决定出国留学的因素[③]

祖国（推力因素）	接收国（拉力因素）
1. 获得留学奖金的可能性	1. 提供给国际学生奖学金的可能性
2. 较差的教育设施	2. 优质教育
3. 缺乏研究设备	3. 可获得先进的研究设备
4. 缺乏适当的教育设备和（或）未能进入当地大学	4. 有适当的教育设备，并可能被录取

① Mary E. McMahon. "Higher Education in a World Market: An Historical Look at the Global Context of International Study", *Higher Education*, 1992 (24), pp. 465-482.
② 王英杰、刘宝存，《来华留学生教育政策研究》，北京：人民出版社，2020年，第115页。
③ ［美］阿特巴赫，《比较高等教育：知识、大学与发展》，人民教育出版社教育室译，北京：人民教育出版社，2001年，第233页。

续表

祖国（推力因素）	接收国（拉力因素）
5. 不适宜的政治气候	5. 适宜的政治气候
6. 国外学位（在市场中）增值	6. 适宜的社会经济和政治环境
7. 歧视少数民族	7. 有机会获得国际生活经验
8. 认识到现存的各种传统教育的不足	

随着对推拉理论研究的深入，国内学者进一步发展了该理论，将微观的内在因素与外在的宏观因素结合起来，进行了推力和拉力双向作用分析和内外因相互作用分析。[①] 从目前理论发展来看，该理论认为影响留学生做出留学选择的因素是多元的，留学生的输出国不但有助推留学生出国的"推力"，也有吸引学生留在本国的"拉力"；留学生输入国既有吸引留学生前往的"拉力"，也有排斥留学生的"推力"。

2. 人力资本理论

人力资本理论首次由美国经济学家舒尔茨（Schultz）于 1960 年在其著作《人力资本投资》中做出系统阐述，他认为人力资源的提高对经济增长的作用，远比物质资本的增加重要得多，从而证明了投资教育的收益会比投资其他方面的收益要高。而教育投资是人力投资的主要部分，即人们通过获得学位、获取知识、掌握技能，相应地获得经济上和社会地位上的回报。从个人角度来说，人们愿意在高等教育上投资时间和金钱，以提高其在劳动力市场上的竞争力。但是当一个国家的高等教育资源无法满足本国公民的需要时，部分公民可能会为了获取更加优质的教育资源而选择流动到其他国家，以实现自己的人力资本投资，也就是以支付当前投资成本来获取未来收益为目标的投资行为。随着经济全球化的深入发展，教育资源在全球范围内进行自由配置，使得国际学生流动成为可能，乃至必然。

从现实来看，人力资本理论也得到了印证。有留学经历的学生相比没有留学经历的学生具有明显的语言优势和国际视野，在就业市场上更具优势，并且有海外学习经历的学生在国外就业的可能性要高于没有海外经历的学生。[②] 更

---

① 李梅，《高等教育国际市场：中国学生的全球流动》，上海：上海教育出版社，2008 年，第 65－67 页。

② 岳芸，《国际学生流动动因的理论解释：一个综述》，载《外国教育研究》，2017 年第 2 期，第 81－91 页。

多的高中毕业生将高等教育的选择范围扩大到本国之外，尽可能地选择具有良好国际声誉、排名靠前、地理位置优越的优质大学，希望借此获得更多的就业机会和更加良好的职业发展平台，提高"投资回报率"。

3. 教育服务贸易理论

教育服务贸易理论认为，国际学生的跨国流动是高等教育作为国际贸易产品的一种形式。接收国际学生的国家利用本国高等教育的优势从国际学生教育中获得经济、政治和外交利益，而派出国能缓解本国高等教育资源不足的问题，也从学生的跨国流动中获益。[①]

教育服务贸易理论以市场供需解释国际学生流动现象，用市场竞争分析教育国际市场，通过对参与教育国际贸易的主体（国家和教育机构）取收益进行分析，研究国际学生流动的驱动力，为在国家层面制定跨国教育策略提供理论依据。

在上述三种理论中，推拉理论对于"推力"和"拉力"的分析都是针对外部环境，对留学生本人主观因素未做研究；人力资本理论对投入与产出能做出较好的解释，但同样对留学生个人主观因素未做解释；教育服务贸易理论更多地关注宏观层面，对微观层面考量不足。中国现在已经是留学大国，我们需要积极开展研究，结合来华留学工作的实际，构建有中国特色的留学生教育理论，从而更好地指导包括招生录取工作在内的各项工作。

（二）招生宣传

招生宣传工作是吸引来华留学生的重要手段，做好招生宣传工作有助于吸引到优质的生源，提升学校的国际形象，增强在国际学生市场的竞争力，还能够提高招生效率。

1. 招生宣传工作的准备

（1）组织准备。

来华留学生的招生宣传工作并不只是学校招生部门或来华留学生管理部门的工作，为吸引更多优质生源，需要相关部门和教学单位联动配合。例如，学院要清楚针对来华留学生的特点和就业前景开设专业，教务主管部门要制定好教学方案，后勤管理部门要提供清晰详实的校园服务信息等；相关学院的教师

---

① 艾昕，《国际学生流动的影响因素及策略研究——以"双一流"建设为背景》，天津：天津大学出版社，2018年，第27页。

应积极参与对外招生宣传，以便及时回答学生提出的涉及学习专业的问题。

（2）对来华留学生国际市场的调研和分析。

高校要有针对性地设计来华留学生人才培养目标，设置具体课程。借用市场营销的概念，在此之前要充分了解国际社会，特别是来华留学生生源国对高等教育需求的情况，来华留学生招生市场竞争情况，学生主要流动方向等因素，力求实现来华留学教育的培养对象——来华留学生具有符合需求的就业能力和创新能力，使来华留学生的就业能力与社会需求相匹配。[①] 因此，需要对来华留学生国际市场进行调研和分析，可以主要从以下几个方面着手。

◇ 根据生源国情况对全球市场进行细分，这样可以有的放矢，把招生宣传的主要精力放到主要市场中去，如加拿大阿尔伯塔大学就把全球市场分为三个等级。[②]

◇ 调研各主要生源国有效的宣传渠道，分析市场最容易接受的宣传方式，从而优化宣传策略。对非主要生源国留学市场情况，要调研其国际学生的主要去向和需求，寻求开拓市场的机会。

◇ 调研主要生源国一般家庭收入情况，优化奖学金投放方式，提高奖学金使用效率，更好地发挥奖学金在招生中的"拉力"效应。

◇ 了解在校学生专业需求和偏好，有针对性地调整专业设置。

◇ 对近年来生源数量和国别的数据进行统计分析，对未来发展做出前瞻性判断，及时扩大优势，弥补不足。

◇ 调研学生毕业去向和就业情况，听取校友的意见和建议，优化培养方案。

◇ 了解学生选择学校和所在城市的原因，挖掘其中的共性和特性，在后续宣传时突出宣传。

◇ 及时了解国家有关对外经济和外交政策，紧密配合国家战略，如把招生工作的重点放到"一带一路"沿线国家。

（3）信息化的招生平台。

来华留学生在线服务系统对于学生的招生和管理十分必要。仅就招生工作来说，能大大提高招生信息处理的实效性，不仅帮助招生工作者节约大量收集和处理材料的时间，更有助于招生信息的保存、调阅和分析，便于进一步实现

---

① 秦洪雷，《整体营销：新时期来华留学生招生工作的营销理念》，载《中山大学学报论丛》，2006 年第 8 期，第 191 - 194 页。

② 钱明才，《新媒介在国际学生招生中的运用及其对我国高校的启示——以加拿大阿尔伯塔大学为例》，载《世界教育信息》，2017 年第 12 期，第 36 - 39 页。

精细化管理。①

2. 通过多种途径做好招生宣传工作

在国际留学生市场竞争日益激烈的今天，要更加积极主动开展来华留学生招生宣传工作，多主体参与，多平台投放，多渠道开展，提升招生宣传影响力，吸引潜在生源，筑牢招生品牌。

（1）多主体参与。

在对外招生宣传工作中，主要有各级政府、各级教育主管部门、国家留学基金委、教育部中外语言交流合作中心、我驻外使领馆、境外合作机构等多个宣传主体。各级政府和教育主管部门会通过政策鼓励和拨款资助的形式助力招生宣传，组织开展对外教育展，积极协助宣传和交流。驻外使领馆会帮助发布留学信息，提供招生咨询服务等。境外合作机构会根据高校的需要积极宣传。高校应依托政府及其他招生宣传主体，同各方面形成合力。

（2）多平台投放。

当前，全球媒介生态已普遍步入 Web3.0 时代，微信、微博、抖音、Tiktok、YouTube、Facebook、Twitter 等互联网应用已全面进入移动互联领域，移动数字化生存成为新常态。对于新媒介认知欲较强的青少年群体，其认知及行为改变已全方位发生。因此，将新媒介运用到来华留学生招生宣传工作中是时代的必然要求。

① 建设一个综合性的和用户友好的官方网站或网页，站在"客户"的角度去思考他们想看的内容，做到页面简洁、条理清晰、内容完整、指向明确、发布及时，可以帮助吸引来自世界各地的潜在学生。

② 建立健全新媒介平台。充分利用移动互联网技术，针对境外的潜在来华留学对象，建立微信、微博官方账号，按需在社交媒体平台上注册，常态化发布招生相关信息，系统调整宣传内容的语言风格、表现形式，优化用户浏览体验，用生动、形象的语言和图文并茂的方式表达招生宣传内容。

③ 充分利用国家级宣传平台，如国家留学基金委、来华留学服务网等网站平台，及时更新相应招生信息。

④ 根据主要生源国民众接受信息的习惯，采用当地人民喜闻乐见的宣传渠道，发布招生宣传广告。

---

① 万晓旻、吕黄艳，《从招生角度提高高校来华留学生生源质量的策略探析》，载《大学》，2021年第30期，第56－58页。

（3）多渠道开展。

来华留学生招生宣传渠道众多，高校要根据自身来华留学生教育工作特色和现有资源开展相应宣传工作。

① 参加国际教育展。参加国际教育展是一个常用的渠道，提供了一个与来自世界各地的学生和教育工作者联系的机会，并向全球观众宣传自己。在展会上除了接受现场咨询外，通常还要发放印制精美的招生宣传材料和各种小礼品。印制各类宣传资料是开展招生工作的应然之举，目的是根据自身情况突出亮点，吸引学生。一份好的宣传资料应是注重视觉信息传递，而不是文字的堆砌。当宣传资料能抓住留学生的"眼球"时，还用担心他/她不会去主动了解学校的信息吗？

② 开拓海外宣传代理。海外宣传代理的优势在于他们更懂得当地民情和学生的需求，可以有针对性地帮助向潜在的学生宣传高校，并在整个申请过程中提供支持。但要注意要符合教育部要求，规范中介合作，不得委托或授权任何中介机构或个人代替学校招生。①

③ 拓展校际交流项目。通过与境外高校和机构建立学生交流项目，毫无疑问可以增加本校优质的生源。除一般意义上的交流学生或交换学生外，还可建立联合培养模式。

④ 与企业合作。与企业合作有两层意思，一是欢迎企业向高校推荐优质的生源，二是可以与企业建立联合培养模式，学生毕业后去企业工作，实现学校和企业的双赢。

⑤发挥校友的积极作用。如留学教育成熟的高校那样，鼓励或委托境外的校友积极宣传推介母校，并向母校推荐优秀的学生，是一种非常有效的方式。

⑥组织好线上线下来校参访或校园开放日活动。境内外潜在的学生来到校园亲身体验，通过宣讲会、场所参观、教育体验等环节让申请者对可能面临的大学生活有直接的感受和较深入的了解。这对目前中国高校而言还不多见，但作为一种宣介模式，可以创新在线上开展。

3. 做好顶层设计

能否招到优质的国际生源，最根本的还在于学校的教学科研水平和国际声誉。一个学校有世界级的科研大师、优秀的教师队伍、先进的教学科研设备、

---

① 中华人民共和国教育部，《教育部关于规范我高等学校接受国际学生有关工作的通知》，http://www.moe.gov.cn/srcsite/A20/moe_850/202006/t20200609_464159.html，检索日期：2023 年 1 月 26 日。

现代化的管理及人性化的服务，都会成为吸引外国留学生的亮点。①

所以，一所高校要想提升来华留学教育水平，招收到优质的生源，最根本的还是在于要有好的顶层设计，一切为培养人才，提升教学质量，优化管理和服务，不断提高科研水平和国际声誉。当然，这是一个长期的过程，不是一蹴而就的。就目前而言，高校应统筹做好来华留学生"招—教—管—育"培养链上各项工作，以提质增效为核心，以培养"知华友华"国际人才为目标，切实做好各项工作。

（三）来华留学生招生的主要考核模式

来华留学生录取考核方式主要是指来华留学生在入学前要达到的学校准入门槛以及通过何种方式达到学校的准入门槛。高校要根据自身实际情况选择适合自己的考核模式。以本科生为例，来华留学生入学考核方式主要可以分为三种，即留学生入学考试模式、"申请—审核"模式和免试模式。还有一种模式比较特殊，是来华留学生预科教育，如中国政府奖学金 A 类中的本科生。这类学生在到中国之前已经经过选拔，被预录取，学生在进入专业学习之前需要在指定的预科院校进行为期 1～2 年的预科教育，预科教育结束后直接进入大学学习。

各高校对于硕士研究生和博士研究生的招生审核一般都是采用"申请—审核"模式。

1. 入学考试模式

实行入学考试方式是指对通过资格审核的来华留学生开展在国家层面的考试选拔。我国为保证留学生的生源质量，曾经在 20 世纪 80 年代组织实施过国家统一的留学生入学考试，后来因为条件过严、报考留学生太少以及扩大招录留学生的趋势等原因，便取消了统一考试制度。② 目前，包括北京大学在内的部分高校认为留学生入学考试对其基本专业素质的把关至关重要，因此继续实行入学考试制度。在该模式下，考核标准主要是语言成绩以及相关专业考试。以北京大学为例，北京大学从 1997 年开始，率先实行留学生入学考试制度，提出了与中国高考相似的"3＋综合"的改革方案。"3"指语文、英语、数学，是每个考生必考科目；"综合"分为文科综合、理科综合。文科综合包括

① 刘海涛，《关于来华留学生招生工作的思考》，载《理论界》，2011 年第 5 期，第 216－217 页。
② 程家福，《来华留学生教育结构历史研究：1950—2010》，上海：同济大学出版社，2012 年，第 89 页。

中国概况和历史，理科综合包括中国概况、物理、化学、生物。①

2. "申请—审核"模式

"申请—审核"模式是目前国际上较为通用的选拔方式。② 学校事先设定入学标准，符合申请资格的国外学生递交上申请后，学校再对申请人进行全面考查。主要考查内容有申请人的语言水平（如考查 HSK、托福、雅思成绩）、高中阶段全部学业成绩及排名或其他国际通行考试（SAT/IB/GCE A-LEVEL/ACT/STPM/GED/UEC）成绩、推荐信、个人陈述，以及参与课外研究或学习的情况、参与社会活动情况、所获得的奖励情况，通常还要组织面试。目前以清华大学为代表的高校正在采用此种方式进行留学生招录③。

3. 免试模式

免试模式，即免笔试模式，高校主要审核申请人的资料是否齐全，语言、身体健康和学习能力是否达到要求，然后对申请人的综合素质进行打分排序，必要时可安排面试，最后择优录取。有调查认为目前我国高校多数采取的是此模式。④ 这种模式的好处在于简化了学校招生过程，降低了招生成本，但有可能会导致生源质量不达标。

4. 预科教育升学模式

来华留学生预科教育升学给予学生 1~2 年语言、专业基础知识与文化方面的教育，学习结束后考核合格就可以正式录取进入专业学习。教育部委托若干重点大学对中国政府奖学金 A 类来华留学生开展预科教育，有的地方政府为地方政府奖学金留学生开展类似预科教育，还有些高校也自行设置了预科项目。

5. 新的趋势

除了上述情况，还有部分高校采取"审核＋专业学能测试＋面试"的复合模式。申请本科的来华留学生通过资格审核后如果能提供如 SAT 等国际通

---

① 史明，《留学生（本科）入学考试制度的改革与探索》，载《中国大学教学》，2005 年第 3 期，第 41－42 页。

② 孙志远、陈小红，《来华留学研究生考试招生制度改革路径研究——基于中美比较的视角》，载《教育探索》，2019 年第 3 期，第 120－125 页。

③ 熊丙奇，《反思清华大学招收国际生实行申请—审核制引发的争议》，载《上海教育评估研究》，2017 年第 2 期，第 29－32 页。

④ 李秀珍、宋善英，《来华留学生选拔制度的现状、问题及改善策略》，载《教育学术月刊》，2019 年第 3 期，第 75－81 页。

行考试的成绩并达到学校规定的分数线，则不需要进行学能笔试，只需评审其材料，并参加面试；如学生没有参加国际通行考试或成绩不达标，就要参加学校组织的线上/线下命题考试，考试科目一般是语文、数学、英语、物理、化学、生物、中国概况等，成绩达到学校设定的及格线后再进入个人材料评审和面试程序。

随着近年来来华留学生心理健康问题和心理危机事件逐渐增多的趋势，高校也越来越重视心理健康测评，一些高校把心理测评前置，在招生审核阶段要求申请人参加心理健康测评。

（四）招生和录取的实施

1. 招生渠道

各高校招收留学生形式多样，概括起来主要有官方和民间两种途径。官方途径是指我国政府和国外官方机构根据双边或多边协议接收留学生的渠道，通过此类渠道接受的留学生称为中国政府奖学金生。中国政府奖学金项目对我国来华留学生事业的发展起到了引领和示范作用。我国每年接收一定数量的中国政府奖学金生，分配到有接收资格的高等院校。从整体来看，中国政府奖学金生规模较小，以 2018 年为例，当年中国政府奖学金生人数占来华留学生总数的 12.8%。[1] 民间途径是指高校依照国家有关规定自主接受留学生的渠道，有学生个人申请、通过境内外留学服务机构、校际交流、合作办学、校友推荐等多种形式。

2. 学生申请

（1）申请方式。

根据各高校要求的不同，来华留学生申请方式主要有三种，在线申请、现场报名申请、邮寄申请。报名时间因不同的高校和具体专业而不同，以秋季学期招生为例，可以设置在当年 3—6 月，也可以提前到前一年的 10 月或 11 月开始，至当年 2 月或 3 月结束。

（2）申请材料。

申请人一般需要提供以下各类材料：

①有效普通护照；

②语言能力证明（如 HSK、托福、雅思的成绩单）；

---

[1]　王英杰、刘宝存，《来华留学生教育政策研究》，北京：人民出版社，2020 年，第 53－54 页。

③最高学历证书（原件或复印件的公证件），应届毕业生提交本人所在学校出具的预计毕业证明原件，中、英文以外文本还需提供公证过的翻译件；

④最高学历教育阶段全部课程的成绩单（原件或复印件的公证件），中、英文以外文本还需提供公证过的翻译件；

⑤可证明学习能力和综合素质的文件，如获奖证书、荣誉证书、论文、授权专利等；

⑥各类国际考试的成绩单（如有）；

⑦两封推荐信，硕士或博士学位申请人的推荐信应由教授或副教授撰写；

⑧个人陈述；

⑨无犯罪记录证明的公证件；

⑩个人经济能力证明或经济担保证明；

⑪其他必要的资料。

3. 高校对申请人资料审核评价的主要内容

教育部在《质量规范》中，详细列举了评价来华留学生质量的五项标准，包括学历背景、学术水平、语言能力、身份资格、经济能力等。招生过程中需要综合考虑学生的上述因素，以确保生源质量和选拔质量。

（1）身份资格。

对申请人身份资格的审查主要是对其外国人身份、年龄、对华态度、有无违法经历等进行审核。

需要特别指出，根据《中华人民共和国国籍法》和教育部有关规定（教外函〔2020〕12号），父母双方或一方为中国公民并定居在外国，本人出生时即具有外国国籍的，不具有中国国籍；其作为外国留学生申请者，应持有有效的外国护照或国籍证明文件4年（含）以上，且最近4年（截至入学年度的4月30日前）之内有在外国实际居住2年以上的记录（一年中实际在外国居住满9个月可按一年计算，以入境和出境签章为准）。

申请人提交申请后，在开展任何审核或审查工作前应及时把申请人个人信息按要求提交到"全国来华留学信息管理平台"进行前置审核，审核通过后再按流程开展后续工作。

（2）学历背景。

学历背景是来华留学生招生考核中的第一道门槛。《质量规范》对申请本科学历项目的申请人要求"高中毕业或具有同等学历（参照'成功完成《国际教育标准分类法（ISCED 2011）》3级或4级且通向高等教育'的要求）"；对申请硕士学历项目的申请人要求"获得学士学位或具有同等学历（参照

'成功完成《国际教育标准分类法（ISCED 2011）》6 级或 7 级课程'的要求）"。

来华留学生学历和学位证书的验证，是核定申请者资质的基础。但生源国众多，各国教育体制不尽相同，出具的学历证书各不相同；即使在同一个国家，不同认证体系出具的证书也可能不同，这给学历背景的认定增加了很大的困难。一些国家的学历学位证书可在国外相关官网进行验证；对于无法找到验证官网的，比较稳妥的做法是要求申请人出具学历学位证书公证件。还可多方面打听、验证，如向中国驻外使领馆问询、向在校留学生或校友问询、与同一国家同类证书进行同质比较等。

在工作中需要不断积累经验，对不同国家的学历学位证书类型、样式进行归类整理，不断增加甄别能力，把好招生审核的"入口关"。

（3）语言水平。

教育部《质量规范》明确规定："来华留学生入学标准中，以中文为专业教学语言的学科、专业的中文能力要求应当至少达到《国际汉语能力标准》四级水平。对于以外语为专业教学语言的学科、专业，高等学校在来华留学生入学标准中应当明确规定应有的外语能力要求。"高校可按此规定制定细则。以中文授课本科专业为例，北京大学免笔试申请人要求达到 HSK6 级 210 分（含）以上[1]，复旦大学要求达到 HSK5 级 210 分以上或 HSK6 级 180 分以上[2]。以英文授课本科专业为例，浙江大学要求非英语母语申请人雅思 6.0 以上，单科不低于 5.0，或托福网考不低于 75，单项不低于 15[3]；四川大学要求非英语母语申请人雅思 6.0 以上，单科不低于 5.0，或托福网考不低于 80，单项不低于 15。

（4）学术水平。

高校应坚持并加强对来华留学生的学能水平要求，这既是留学生顺利完成学业的基本保障，也是高校能更加充分利用我国高等教育资源、促进高校内涵建设的一大举措。申请人在上一阶段学习的学习成绩、学能水平、科研素质等是决定是否录取的关键因素之一。无论对申请人采取何种入学考核模式，认真

---

① 北京大学国际合作部留学生办公室，《2023 年北京大学（校本部）外国留学生本科生免笔试招生简章》，http://www.isd.pku.edu.cn/undergraduate/program/detail/7913.html，检索日期：2023 年 2 月 1 日。

② 复旦大学外国留学生工作处，《2023 年复旦大学外国留学生本科生招生简章（统一入学考试）》，https://iso.fudan.edu.cn/3c/f5/c16062a474357/page.htm，检索日期：2023 年 2 月 1 日。

③ 浙江大学国际学生招生网，《浙江大学 2023 年国际学生（本科生）招生简章》，http://iczu.zju.edu.cn/admissions/2022/1019/c68714a2649024/page.htm，检索日期：2023 年 2 月 1 日。

评估和鉴定其学术能力都是十分必要的。

① 本科生。

学习成绩是评估学习能力的重要指标之一，学习成绩反映了申请人在课堂上的学习效率和学习水平。一些学生参加过国际上的标准化考试或其本国的统一考试并获得成绩，如 SAT、ACT、A-LEVEL、IB、STPM、UEC、HSC 等，也可作为衡量申请人学习能力的重要参考指标。如果申请人在本国已经参加过大学入学考试，甚至已经被大学录取，同样可以作为重要参考。

推荐信也是重要内容之一，如学校要求申请人提供推荐信，可通过推荐信了解学习能力、学习态度和个人特点。

申请人招生面试过程中的表现也可以反映出学习能力、学习态度和个人特点。

② 研究生。

对于招收硕士和博士研究生而言，一般采取"申请—审核"制，由来华留学生招生管理部门负责审核申请人材料是否完整，申请人是否符合申请条件，由研究生导师或院系的教授委员会（学术委员会、招生工作小组等）对申请人进行学术水平评估。评估一般包括以下几个方面。

◇ 了解申请人在上一个学习阶段所修课程的绩点、学分和同专业排名，了解他们是否具有必要的知识、技能。

◇ 阅读发表过的学术作品，如科研论文、发明专利等。借此评估申请人的学术能力和思考方式。

◇ 阅读学术推荐信。由于推荐信是由两位对申请人比较了解的教授/副教授写的，对于评估申请人的学术潜力非常有用。如果还想对申请人的学术能力了解更多，可直接联系推荐人。

◇ 了解申请人所在大学的整体情况，参考申请人所在大学的整体水平、专业水平和大学排名、国际声誉等，这有助于了解申请人的整体背景。

需要指出的是，我国到目前为止还没有针对来华留学研究生设置类似于 GRE、GMAT、LSAT、MCAT 等的标准化学能考试。

（5）入学动机。

学习动机的考察，通常从"为何选择来华学习""为何选择本校/本专业"等角度出发。判断申请人的入学动机首先要对其学习背景有准确判断，通过学习背景能够洞察申请人的学习能力、对本专业的兴趣和理解，从而反映入学动机。申请人的个人陈述和推荐信是评估入学动机的重要参考。个人陈述和推荐信相结合可以看出他人评价与自我评价是否一致，反映出申请人的学习目的、职业规划和人生志向等。对于那些已有在华学习经历的申请人，更应从对专业的认识理解和未来规划的角度详细考察其入学动机。

如有必要可以要求申请人提交动机信，要求陈述申请动机、学业和职业规划等内容。通过动机信了解申请人对学校、专业和专业课程的认识，以及职业生涯规划，从而判断申请人是否有明确的求学目的。

由于申请人提交的资料不可能过于详细，在面试中可针对一些细节问题提问，更详细地了解学生的表达能力、思维特质，以及对专业的理解，进而判断入学动机。

（6）综合素质。

综合素质的考察包括多个方面，其中需要重点考查的内容包括对中国的认识和对华情感、过往经历。

申请者应对华友好，并对中国的国情和中国文化有一定程度的了解。如有对华不友好的言行，应坚决拒绝录取。

申请者应具备良好的道德品质，应如实提供申请材料和经公证的无犯罪证明。如发现申请资料造假或过往有不道德乃至违法行为的，应坚决拒绝录取。

在查阅申请人资料时，要注意查看个人简历、自述信、推荐信等内容，积极挖掘体现申请人综合素质的内容，如较为突出的爱好及特长、奖励和荣誉、实习实践、创新创业、志愿服务、培训锻炼等能体现能力优势或优良道德水平的经历。

（7）经济能力。

除了受全额奖学金资助的学生，对一般的申请人要特别注意经济能力是否足以支撑其完成在华学习。这关系到学生在华期间能否全身心投入学习，避免出现因经济原因影响学习，甚至非法工作等情况。在招生阶段，高校要结合所在城市一般生活水平，要求申请人提供银行存款证明、父母收入证明等经济能力证明文件，确认其家庭收入能支持学生在华日常学习和生活。

为便于读者对生源国教育情况、来华留学生教育背景和高中阶段的学制、学历有一个直观的了解，根据教育部《来华留学生简明统计 2018》数据[①]，选取 2018 年生源人数前十名的国家的普通高中进行简要介绍，分别是韩国、泰国、巴基斯坦、印度、美国、俄罗斯、印度尼西亚、老挝、日本和哈萨克斯坦。相关内容附于本章结尾处。

---

① 教育部国际合作与交流司，《来华留学生简明统计 2018》，2019 年，第 5 页。

4. 面试

通过面试，高校可进一步对申请人进行了解，从语言水平、学习态度、学习能力、抗压能力、价值观念、对华态度等角度综合考核申请人的才能、品质等综合素质。

面试主要分为以下几类。

（1）问题式面试。

面试人员按照事先拟订的提纲对申请人进行发问。其目的在于考察申请人在特殊环境中的表现，考核其知识水平，判断其解决问题的能力。

（2）压力式面试。

面试人员有意识地对申请人施加压力，就某一问题或某一事件作一连串的发问，详细具体且追根问底。此方式主要考察申请人在特殊压力下的反应、思维敏捷程度及应变能力。

（3）自由式面试。

面试人员与申请人海阔天空、漫无边际地进行交谈，气氛轻松活跃，无拘无束，面试人员与申请人自由发表言论，各抒己见。此方式的目的于于闲聊中观察应试者谈吐、举止、知识、能力、气质和风度，以便对其做全方位的综合素质考察。

（4）情景式面试。

面试人员事先设定一个情景，提出一个问题或一项计划，请申请人进入角色模拟完成，其目的在于考察其分析问题、解决问题的能力。

（5）综合式面试。

面试人员综合使用上述几种方式考察申请人的综合能力和素质。

在实际面试过程中，面试人员可根据具体需要采取一种或同时采取几种面试方式。但无论采用哪种方式都是为了更多了解申请人，所以事先准备好面试大纲和题目十分必要，可做到有的放矢。比如针对本科生，可能更多需要考察其综合素质和个性能力，需要从不同侧面去提问；而针对研究生的面试更多涉及专业领域的问题，这可以让导师更好地判断申请人的学术背景和学术能力。

5. 录取

（1）录取标准。

各校选拔人才的侧重点和培养人才的理念、方式不同，很难有一个放之四海而皆准的录取标准。一般来说国际学生的录取主要从以下三个方面进行考量。

①硬性材料。对于本科生申请者而言，成绩单、成绩排名、GPA、笔试成绩等是最直接的硬性指标；对于研究生申请者而言，学生所展现出来的对专业的理解、热爱和之前的研究成果更为重要。

②软性材料。班级排名、日常表现、特长才能，以及在面试中的表现这类非学术因素，往往体现一个人的综合素质，是录取来华留学生的重要参考。

③重要材料。个人简历、个人陈述、推荐信等总结性文件，可以反映申请者的性格特点，展示申请者的人格特质。

高校根据不同的录取模式对上述十几个"因子"进行取舍，尤其实行"审核"制的，还要对多个"因子"分别赋予权重，分别打分后计算加权平均分。总的来说，要以综合的、全面的衡量标准为参照，更多注重对来华留学生潜在能力的考察，不能只以语言水平、学习成绩等单一因素来做决定。

（2）录取方式。

①集中录取。

集中式录取是由学校内具体负责招生的专职人员或机构进行，通常是来华留学生的主管部门。

②下沉式录取。

下沉式录取类似于欧美高校的录取模式，即把决定权交给负责教学的学院学术导师，由相关导师审查申请者资料、实施面试并自行选拔，其中招生办公室的人员也会参与其中，但主要是整理申请材料，确保招生录取过程中的公平和公正，提供服务型保障。[①]

③混合式录取。

混合式录取综合上述两种模式，学术导师和专职招录人员对学生的招生录取都拥有相关的决定权。部分专业的录取由专职招生人员决定，对于一些专业性或特殊人才的招录则由特定的学院学术导师决定。

6. 其他需要注意的方面

在招生录取工作过程中，凡是中国政府奖学金学生和国际中文教师奖学金（孔子学院奖学金）学生，要根据国家留学基金委员会和教育部中外语言交流合作中心的要求及时做好信息收集、录入、上传和更新。

学生入学后，学校还要对其资格和入学条件进行复核。对不符合入学条件的，取消其入学资格；或根据学生自身情况对其学习专业进行调整，以免学生

---

① 杨丹，《地方高校来华留学生招录机制研究》，华东政法大学硕士论文，2021年，第7页。

入学后产生不稳定因素，努力防患于未然。如果是中国政府奖学金学生和国际中文教师奖学金（孔子学院奖学金）学生，还要将异动情况及时上报国家留学基金委员会和教育部中外语言交流合作中心。

（五）招生录取过程中的监督保障和申诉机制

在"依法治考"理念的影响下，来华留学生招生程序质量保障政策能够维护招生的正义，也是确保招生程序公平、提高来华留学生源质量的有效途径[①]。

高校要遵循来华留学生招生程序公开透明的原则，全面公开来华留学生招生信息，实现程序公平。

一是要帮助申请人了解申请、材料审核、考试、录取整个过程的程序机制，使来华留学生能够在掌握充分信息的情况下选择学校和专业。来华留学生针对招生政策或方案进行咨询时，高校应及时解答，尤其当来华留学生对录取结果有异议时，高校应该解释拒绝留学申请的原因。

二是建立来华留学申请人投诉和申诉机制。在来华留学生招生公告中，明确告知来华留学申请者投诉和申诉的流程。

三、新生入学教育

来华留学生新生入学教育是留学生进入中国大学学习的第一课，是学校对新生所进行的适应性教育。作为来华留学生进入学校的"第一课"，入学教育对他们了解中国国情、适应校园生活，以及增强对中国文化的认知具有基础性作用，是新生对学校、我国高等教育甚至是中国进行了解、理解与认同的重要契机，对来华留学新生的适应性成长和实现国际人才培养目标具有重要意义[②]。好的开始是成功的一半，来华留学生新生入学教育意义重大，但部分高校不太重视这项工作，通常只举行一次开学典礼或新生见面会就匆匆结束，或者发放一些留学生手册等相关文字资料给来华留学生自学。

相较而言，欧美高校则非常重视新生入学教育，他们认为新生学前适应活动（入学教育）的作用是促进新生成功过渡到大学，让学生了解高等教育，

---

① 张艳臣，《基于政策文本分析视角的来华留学生教育质量保障政策研究》，东北财经大学博士论文，2021年，第135页。

② 江宇辉、袁浩歌、邹楠，《创新工作载体 探索国际本科新生入学教育新模式——以清华大学为例》，载《北京教育（高教）》，2020年第2期，第62－65页。

融入校园环境，以及帮助学生在入学教育过程中认识校园、了解校园服务，并与其他同学建立联系、获得安全感、实现与朋友和家人交流。[①] 因此，来华留学生入学教育不应仅仅停留在规章制度的宣讲上，而应以学生为中心，设置长期有效规范的入学教育课程，切实帮助留学生尽快适应环境。

来华留学生新生入学教育可以分为生活适应教育、学习适应教育、心理适应教育和文化适应教育四个方面。要根据不同的教育内容采取针对性的教育形式，以达到良好的教育和帮助效果。相关工作的组织者主要包括来华留学生主管部门和学院等教学培养单位，其他相关部门予以必要的支持和帮助；重要参与者是公安局出入境管理部门、交管部门和辖区派出所，中外高年级学生志愿者。

（一）生活适应教育

生活适应教育是为了帮助来华留学生到达中国后快速了解在华生活环境，快速适应新的环境，从而顺利进入来华留学生角色而采取的一系列教育帮助措施。

留学生初来中国，对自己即将长时间生活的校园及所在城市还很不了解，迫切需要知道校园和所在城市与衣食住行有关的信息介绍，从而方便自己的生活。出于安全和健康的需要，他们应该了解就医和医疗保险信息，以及出现意外情况时如何求救等。留学生主管部门要准备一些必要的宣教资料，通过新生说明会、中外学生结对帮扶等措施，对报到、住宿、奖学金、餐饮、交通、银行、购物、就医、签证、医疗保险、学生社团、学生活动等内容进行较为详细的介绍。为增加直观了解，通常可组织新生由高年级中外学生带领参观校园乃至校园附近的社区，介绍如何使用校内外公共设施和服务等。为增强学生的安全意识和应急能力，还可组织开展应急演练和急救常识教育。

对来华留学生新生开展以法律法规和校纪校规为主要内容的法制和安全宣教是新生入学教育非常必要的内容，主要涉及出入境法规、交通法规、刑事法规、宗教政策、民事纠纷、学籍管理制度、纪律处分制度、奖学金制度等。可开展专题讲座，乃至设置一门专题课程，以必修课或选修课的形式贯穿一个学期。公安局出入境管理部门、交管部门和辖区派出所是新生入学教育法律法规宣教的主要参与者，他们通过在校内举办讲座、在出入境办证中心现场解说等

---

① ［美］张乃建等，《伦兹高校学生事务实践（第四版）》，游敏惠、王凤译，成都：四川大学出版社，2019年，第258、269页。

多种方式，开展法律法规宣讲，结合真实案例介绍违法违纪后果和处理情况，教育效果要比学校老师的宣传好得多。

（二）学习适应教育

如何学习才能顺利优质地完成学业是所有新生共同关注的问题。由于中外教育体制、教学方法、学生学习习惯的不同，来华留学生在学习方面需要适应的内容也很多。为了帮助留学生尽快适应在中国的学习，需要围绕专业介绍、教学管理和教学方法进行学习适应教育。

学习适应教育的组织者主要是学院等教学培养单位。学习适应教育组织形式多种多样，以专门的说明会和讲座为主，通常由学院领导和教师在学院开学典礼或说明会上对专业进行简要介绍，使新生对本专业的特点、课程设置、专业发展前景及教学要求等形成一个宏观的初步认识。但几十分钟的介绍还不足以让学生对专业有一个明晰的认识，需要在平时继续对学生予以指导。可实施青年教师学业班主任制度，让青年教师与来华留学生定期接触，结合自己的教学和科研经历，向来华留学生介绍和讲解学习方法，解读专业上的重难点等。还可安排高年级学生开展经验交流活动，既能帮助新生尽快认识专业和课程，又能促进新生尽快融入校园生活。近年来，一些高校对创新学习适应教育方式进行了有益探索，如清华大学，在新生开学季组织连续多天的"高中—大学"中文和数学系统化衔接课程，帮助来华留学新生尽快熟悉大学课程的教学重点和模式，适应我国高校教学课程体系。[①]

（三）文化适应教育

文化适应教育的内容主要包括中国国情和中国文化介绍，校情校史教育，是帮助来华留学生避免"文化冲突"，尽快完成"文化整合"，培养来华留学生知华友华情感，增进归属认同的重要工作。

在中国国情和中国文化教育方面，可开展系列专题讲座，并结合实地参观考察，让来华留学生新生直观感受到当地的风土人情，还要开展相关文化体验活动，鼓励新生积极参与。在校情校史教育方面，可为来华留学新生开展国情、校史讲座，组织参观校史馆、展览馆、博物馆等，加深新生对中国国情的认识以及校情校史的理解。

---

① 刘清伶、邹楠、杨静，《趋同管理背景下的国际本科新生入学教育课程设置研究——以清华大学国际本科新生拓展营为例》，载《国际学生教育管理研究》，2021年第1期，第27-34页。

以"趋同化"管理思路为引导，让来华留学生与中国学生一起深度融入校园生活，会更有助于开展文化适应教育。中外学生共同参加开学典礼、新生指导会、迎新演出（晚会、舞会等），共同参加所在院系的集体活动，增进中外学生跨文化交流，提升留学新生的融入感、归属感和文化适应能力。

（四）心理适应教育

来华留学生刚到中国，面临着生活环境的巨大改变，他们内心或多或少会产生一定的紧张和焦虑，容易形成心理问题。

心理适应教育工作一方面要开展心理筛查，来华留学生主管部门和心理健康教育部门密切配合，选取合适的测评工具，在来华留学生新生入学教育阶段对其进行心理筛查，对筛查出的对象给予特别关心和关注。另一方面综合运用教育教学和第二课堂帮助新生尽快完成心理适应过程。除了开展心理健康讲座，还可以多组织文体活动和参观体验活动，多关心关注学生日常学习和生活，帮助他们解决问题，克服困难。对那些已经出现明显心理异常或自诉需要心理帮助的学生，及时与学校心理健康教育部门联系，以获取专业帮助。

四、校内管理

来华留学生校内管理按管理功能可分为教学管理、住宿管理、班级管理等。本节主要阐述班级管理和宿舍管理，教学管理的内容在其他小节另行讨论。

（一）班级管理

国外高校的学生管理体系中大多没有等同于中国高校的行政班制。以美国高校为例，美国高校实行彻底的学分制，学生选课和上课十分自由，每个人都有自己的教学计划，即便是相同专业的学生所上的课也未必完全相同；教师上课只针对选修此课的学生，同一个教学班的学生未必属于同一专业[1]。

众所周知，学生班级管理是我国高校学生管理的特色和优良传统。学生从进校起就成为一个特定班集体的一员，在这个集体中学习知识、开展活动、提升素质。对那些教学培养和中国学生在一起，完全趋同于中国学生的来华留学

---

[1]　孙小龙、沈红艳、江玲玲，《国际视野下高校学生事务管理发展研究》，北京：中国书籍出版社，2019 年，第 90 页。

生，要鼓励他们积极融入班集体。对那些教学培养不和中国学生一起的，尤其是成建制招收培养的来华留学生，可以借鉴中国学生的班级模式，结合国际学生辅导员的工作内容，构建并指导来华留学生班集体，开展趋同化管理。

1. 管理机制

来华留学生班级毕竟不同于中国学生班级，主要靠学生自觉自愿，主动参加，相关工作要以学生为中心，以服务学生为导向，管理工作要民主化。国际学生辅导员要组织并指导学生制定班级公约，以"契约"来凝聚班集体，在班级公约的基础上制定班干部的选举办法和考核评价办法。

2. 班干部队伍建设

一个优秀的班集体需要一支素质良好、能辅助辅导员开展工作的班干部队伍。班级学生干部的作用尤为重要，他们对学生工作的理解力和执行力对班级整体建设在一定程度上起到决定性作用①。班干部的选举既要充分尊重学生的意愿，体现民主的精神，也要考虑到学生不同国别人数等实际情况。由于一个班往往学生国别众多，学生都倾向于选择自己国家同学，难以选出一个服众的学生干部。一般情况下可采用"学生议会"的组成形式，即由学生以国别为单位选举产生代表，代表们共同组成班干部集体。国际学生辅导员要讲究团队合作，分工协调，根据每个人的性格优势和特长，在共同协商的基础上合理分配工作内容。

3. 班级管理内容

（1）学风建设。

学习是学生的首要任务，学风建设是班级建设的灵魂。要将来华留学生班级建设成为实现留学生学习、生活、成长与发展之"家"，并且将这一目标内化为留学生班级成员的共同愿景。在这个留学生之家里，形成明确的学习目标，明确努力的方向。在班干部和其他优秀同学的示范带动下，逐步形成留学生之间"比、学、赶、帮、超"的良好风气。国际学生辅导员要指导班干部增强责任意识和表率意识，在班级上积极营造良好的学习氛围。

（2）文化建设。

班级文化是"以校园文化为背景，以辅导员、班主任、任课教师和全体学生组成的班级成员为主体，在工作、学习、生活等各个领域中具有班级特色

---

① 郭南、姚惠迎，《新时代00后高校新生班级建设的"突破法"》，载《北京教育（德育）》，2019年第Z1期，第54－57页。

的活动方式和活动结果，是班级所有成员共有的信念、价值观、态度的复合体"①。

国际学生辅导员要充分组织、广泛动员来华留学生参与班级文化建设。班级文化建设要体现每个学生在班级中的主人翁作用，让每个学生都有机会展现自我，使学生既是参与者，也是管理者，实现班级自我教育、自我管理、自我服务，通过设计班级活动，塑造班级形象。

文化活动是班级文化的载体，可以通过各种渠道、各种形式提高留学生班集体活动的文化品位，以留学生的兴趣和爱好为载体，在活动中融知识性、趣味性于一体，不断加强留学生班级活动的感召力和影响力，使班级成员乐于参加，并且在多次的班集体活动中形成良性循环，不断提高班集体的凝聚力。在文化活动中可以将中国国情和中国文化教育融入其中，开展中外学生的交流，推动国际理解教育。

（二）宿舍管理

为了便于学校更有效地处理来华留学生群体的日常事务，便于开展和组织一些具有留学生特色的活动，我国高校一般建有独立的来华留学生宿舍（公寓）楼（以下统称留学生宿舍），集中安排留学生住宿。宿舍是高校后勤工作的重要阵地，也是来华留学生管理的重要组成部分，直接影响留学生在校期间的体验感和满意度，是反映高校综合实力和国际化水平的重要指标。② 来华留学生每天大概有三分之一的时间是在宿舍度过的，足可见宿舍管理的重要性。

1. 软硬件条件

留学生宿舍最根本的任务是为居住于此的来华留学生提供一个有利于学习和个人成长的安全可靠的环境。根据马斯洛需求层次理论，人类有五个层次的基本需求，即生理、安全、归属和爱、尊重，以及自我实现。留学生宿舍要能满足最基本的安全和归属的需要，为此需要提供一系列软硬件条件支持。

（1）按要求，中国政府奖学金学生的生均生活用房建筑面积要达到《普通高等学校建筑面积指标》（建标〔2018〕32 号）③ 标准要求。留学生宿舍应

---

① 冯刚，《新时代高校辅导员培训教程》，北京：人民出版社，2022 年，第 357 页。

② 张赟、韩超然，《浅析高校留学生宿舍管理——以楼层长制度为例》，载《高校后勤研究》，2020 年第 4 期，第 28 - 30 页。

③ 教育部办公厅，《教育部办公厅关于贯彻执行〈普通高等学校建筑面积指标〉的通知》，http://www.moe.gov.cn/srcsite/A03/s3012/201804/t20180428_334589.html，检索日期：2023 年 1 月 15日。

按要求安装完备的消防设施并定期检查。出于安全考虑，留学生宿舍要有适当的安防设备和监控设施。

（2）留学生宿舍管理和服务人员是直接与来华留学生打交道的一线工作人员，他们的服务意识和跨文化交流能力直接关系到来华留学生对学校管理和服务水平的评价。学校要对宿舍管理和服务人员开展常态化培训，提升服务意识，并配备能与留学生用外语进行日常交流的工作人员。

（3）与中国学生宿舍一样，留学生宿舍还应提供智能化服务，通过互联网技术给留学生享受校园生活提供便利。

2. 规范化和人性化的管理与服务

（1）留学生宿舍要按法律法规和学校制度的规定切实履行好相应的管理职责。如果是当地公安机关批准的可办理外国人住宿登记的地点，要及时登记并上传来华留学生入住信息；如果不是公安机关批准的外国人住宿登记点，要及时告知并引导留学生在规定时间内到当地辖区派出所办外国人住宿登记手续。

（2）要对入住的来华留学生开展法律法规和校纪校规宣讲和安全教育，明确告知他们的权利和义务。比如对于有宗教信仰的学生，要让他们知道在宿舍公共区域内从事宗教活动是不被允许的。要定期组织来华留学生开展防火防盗等安全教育和应急教育，比如通过开展消防演练活动让留学生掌握消防知识，通过开展医学急救演练活动让留学生掌握急救常识。

（3）留学生宿舍是各国学生的汇聚区，他们来自世界各地，宗教信仰和生活习惯差异极大，彼此之间有着较大的"文化距离"。跨（国）境者对彼此社会文化认知有差异，因而产生文化距离，可以说，文化距离是各国不同文化特征的差异程度。[①] 宿舍管理和服务人员要熟悉基本的国际政治、文化和宗教知识，充分认识文化差异，同时更要尊重和承认这种差异，可以结合留学生生源国家的文化特点，合理安排学生的室友，针对性地制订留学生宿舍的特殊管理规定。

3. 鼓励来华留学生自我管理，开展文化建设

来华留学生主管部门和留学生宿舍管理人员可充分调动来华留学生的主动性和积极性，在宿舍成立来华留学生自我管理组织，根据在住来华留学生的国

---

① 覃玉荣、周敏波，《东盟留学生跨境适应研究——基于文化距离的视角》，载《复旦教育论坛》，2013 年第 4 期，第 80－85 页。

别分布情况，招募具有代表性国家的留学生作为自我管理组织中的成员，在来华留学生主管部门的指导下制定宿舍的管理制度，协助宿舍管理人员开展安全管理、卫生管理、宿舍文化建设，起到自我管理和自我监督的作用。

开展学生宿舍的文化建设，是我国学生工作的优良传统。可以借鉴中国学生宿舍文化建设的做法，定期开展来华留学生宿舍文化建设和竞赛活动，加强人文关怀，突出文化交流与文化交融。可以结合留学生生源国家的文化特点，有针对性地开展文化建设工作，如在宿舍中允许学生开展特色文化交流活动，同时把中国文化的宣传融入其中。通过这种方式开展国际理解教育，促进文明交流互鉴。

4. 留学生宿舍常见违纪行为的处置

来华留学生在宿舍内的违纪行为时有发生，似乎难以杜绝，但是可以通过各种有效的教育和治理措施，减少违纪事件的发生。正如《质量规范》所要求的，高等学校应当建立健全宿舍或公寓管理制度，满足当地教育行政主管部门和公安机关的管理要求。

（1）违规使用电器。

出于消防安全的需要，高校可能会对学生宿舍内用电器的功率进行限制，但是有的来华留学生缺乏安全意识，违规使用大功率电器，造成安全隐患。

为此来华留学生主管部门和留学生宿舍要建立宣传教育、日常巡检和重点检查相结合的预防措施。首先要建立健全相应管理制度，在来华留学生到校报到时、入住时和日常管理时加以宣传普及，在宿舍宣传布告栏或其他显要位置张贴管理条例；来华留学生入住时应将管理条例发放给学生，要求他们在阅读后签字确认知晓。其次，重视日常巡检，宿舍管理员要对宿舍进行常态化巡检，一经发现宿舍内有违规电器，有权即时收缴。再次，在重大节假日前要组织人员对所有学生房间进行违规用电器的检查。对于违反有关制度和规定的学生，依据管理制度和纪律处分条例给予相应处理。

检查违规用电器和处罚学生只是权宜之计。从实践经验上看，来华留学生所使用的违规用电器主要是电磁炉、电饭锅、电炒锅等。学校既要考虑到消防安全，也要考虑到学生的实际需求，建设好公共厨房配套设施，要求学生到公共厨房进行烹饪。

（2）晚归。

晚归是指未经学校批准，学生在规定时段内没有回到留学生宿舍。来华留学生晚归带来的安全隐患需要引起留学生管理部门的重视，要从规范留学生宿舍管理、加强对学生的教育和引导、加强人文关怀等方面减少晚归事件的发生。

对于来华留学生晚归，究其原因，有的是因为在教室学习或在实验室工作到太晚，有的是因为参加娱乐活动缺乏自控力导致晚归，还有少数情况是遇到不可抗力因素，如交通原因等。对于来华留学生晚归，重点还是在于加强教育，并设置相应制度，如与学生评优评奖挂钩，对于达到一定次数晚归的奖学金学生，予以奖学金年度评审不合格的处理；严重者可勒令其搬出留学生宿舍。

（3）学生间冲突。

来华留学生低年级学生一般十八九岁，自我调控意识和能力还显不足，加之对法律法规和校纪校规不够熟悉，往往习惯于按照自己本国的文化习俗处理事情，遇到矛盾容易感情用事，引发学生间的冲突。

对此，学校管理人员要及时处理这类违规行为，积极协调当事人，必要时请公安机关介入。要从根本上杜绝这类事件的发生，一是要加强法律法规和校纪校规的宣传教育；二是对违法违纪学生及时依法依规处置；三是重视学生的文化背景，尽可能满足他们的合理诉求。

（三）其他校内管理

参照班级管理和宿舍管理的模式，趋同于中国学生，做好来华留学生学生会和学生社团的组建和管理工作，协助教师做好校园内来华留学生的管理和服务，使之成为学校、教师与各国学生联系的桥梁。

五、社会管理

来华留学生社会管理的主要内容包括签证和居留、停留管理，住宿管理，校外勤工助学和实习管理，保险等。

（一）常规管理工作

根据《中华人民共和国出境入境管理法》和《中华人民共和国外国人入境出境管理条例》等法律法规和国家政策要求，持 X1 字签证的来华留学生应当在入境 30 日内到居留地出入境管理机构办理学习类外国人居留证件；持 X2 字签证入境的不需办理居留证件，如需延长在华学习时间，由本人向所在高校提出申请，经同意后到所在地出入境管理机构办理学习类外国人居留证件。来华留学生申请延长居留期限的，经高校同意后应当在居留证件有效期届满前

30 日向居留地县级以上出入境管理机构提出申请。

随着来华留学生规模不断扩大，在校外住宿的留学生不断增加。高校要与当地政府和公安部门紧密配合，实现高校和政府安全工作管理部门优势互补，形成完整的管理网络，共同做好来华留学生居住管理。高校受理来华留学生社会住宿申请后，要建立校外住宿留学生动态台账，掌握校外住宿相关信息。学生需在入住后 24 小时内到所在辖区派出所办理住宿登记手续，辖区派出所做好外国人住宿登记。高校协助来华留学生居住地街道办（乡，镇）和社区（村组）依法实行社会管理。

来华留学生入学时应按相关规定到所在地区出入境检验检疫机构办理《外国人体格检查记录》确认手续或进行体检。体检发现患有《中华人民共和国出境入境管理法》规定的严重精神障碍、传染性肺结核或者有可能对公共卫生造成重大危害的其他传染病的，由公安部门依法处理。

来华留学生在校外从事勤工助学活动，须持协议书、学校证明函件及相关材料，按照有关规定于十日内向学校所在地公安机关出入境管理部门申请居留证加注工作单位、期限等勤工助学相关信息。持用未加注勤工助学相关信息的居留证的来华留学生不得进行校外勤工助学活动。如有变更校外勤工助学单位、期限，或取消、中止勤工助学活动的，也要及时到所在地公安机关出入境管理部门申请变更加注信息。

高校要依照"42 号令"实施来华留学生的全员保险制度，按学生经费来源，分别由奖学金资助方或学生个人购买综合医疗保险。

（二）校地配合，消除来华留学生"三非"问题

来华留学生的"三非"问题指来华留学生在华学习期间发生概率最高的三类典型违法行为，即非法就业、非法驾驶和非法居留。[①] 高校和地方行政部门及公安机关要配合联动，进行系统化管控，才能逐渐控制和消除来华留学生"三非"问题。

第一要严格执法。面对来华留学生非法就业、非法驾驶和非法居留，公安机关要有法必依，执法必严，维护法律的公平和尊严。高校对违法学生依校纪校规给予恰如其分的纪律处分。对有违法记录的同学，高校和公安机关出入境管理部门在学籍注册、评优评奖、证照延期和其他外国人权利（如办理创业

---

① 王倩，《高校留学生管理中的"三非"问题及应对措施》，载《文化学刊》，2016 年第 9 期，第 137 - 140 页。

类私人事务居留许可）等方面予以限制或从严把控。

第二要加强教育。学校除了通过多种途径以多种形式开展中国法律法规教育宣讲，还可以联系公安机关，请公安人员进入校园，结合真实的留学生案例，宣讲法律条文，并向来华留学生普及居留、交通、勤工助学和就业等方面的知识和要求来规范其行为。

第三要校地配合，加强社会化管理。高校要与政府外事和教育管理、公安、卫生、交通、海关、社区、街道等部门或机构分工协作。尤其对于散居于社会面的来华留学生，需要与社区、街道、辖区派出所和物业管理公司信息共享，做好共同管理。在新冠疫情防控期间，社区网格化管理的实践证明这也是一个行之有效的涉外管理办法。

六、教育教学管理

在来华留学生教学、管理和服务工作中，管理和服务是保障，教学是培养"知华友华"国际人才的核心。"42 号令"和《质量规范》对专业设置、培养目标、培养方案、教学计划、课程安排、教学管理、师资配备、学籍注册、质量保障等教育教学工作的各个方面作出了要求。当前，来华留学教育已进入提质增效阶段，教育教学要紧密围绕人才培养目标这一根本问题，对标"42 号令"和《质量规范》，做好教育教学各项工作。本科教育是高等教育的基础和核心，本章主要探讨本科阶段的教育教学工作。

（一）专业设置

《质量规范》明确规定，"高等学校应当依照国家有关规定设置和调整招收来华留学生的专业。高等学校来华留学生教育的修业年限应当符合国家高等教育基本制度规定"[①]。

高校设置来华留学生专业，要密切配合国家战略，如积极培养"一带一路"沿线国家需要的人才，也要切合国际留学市场的需要。有调查发现，中国吸引来华留学生的主要因素是中国的快速发展及良好的前景，其中来自发达国家的学生多数是为了从事与中国相关的学位学习或者非学位的汉语言学习，

---

① 中华人民共和国教育部，《教育部关于印发〈来华留学生高等教育质量规范（试行）〉的通知》，http://www.moe.gov.cn/srcsite/A20/moe_850/201810/t20181012_351302.html，检索日期：2022年11月16日。

而来自亚洲、非洲等发展中国家的学生主要选择学位学习，希望在中国拿到学位后回国，增加未来就业的机会。[①] 近年来来华留学生的实际情况也印证了这一点，从 2013—2018 年来华留学生统计数据来看，尽管来华留学专业选择日趋多元化，但结构尚不合理，汉语言、医学、工科、经济、管理等专业的人数较多。[②] 以 2017 年为例，选择科学（Science）、技术（Technology）、工程（Engineering）和数学（Mathematics）（简称 STEM）领域的仅占全体来华留学生的 13.5%，而选择汉语言和医学的来华留学生人数超过 50%。[③]

　　虽然近几年工科学生数量增长迅速，但与美国、德国等发达国家的国际学生专业分布相比，我国来华留学生专业结构还有待优化，这也是我国来华留学生教育提质增效的内在动力之一。"一带一路"沿线国家是最主要的来华留学生来源地，也是来华留学发展最快速的地区。这些国家的基础设施建设和人文交流等对人才有着广泛的需要。高校在设置来华留学生专业时要响应国家号召，积极调研"一带一路"沿线国家和其他发展中国家高等教育的需求。同时，也要充分尊重国际留学市场的需要，结合本校实际，开发具有较大吸引力的特色优势专业，打造品牌专业和品牌课程，以增强在国际留学市场的竞争力。

（二）人才培养目标

　　每一所高校的办学历史、学科优势、文化传统都各不相同，高校应根据自身办学特色和教育理念，挖掘自身优势，有针对性地开展来华留学生教育。高校还要考虑到来华留学生的文化差异和教育水平差异而制定合理的培养目标。来华留学生生源国众多，他们有着不同的社会制度、文化背景、生活习俗，教育发展程度也不尽相同，他们来华后的学习目标、学习动力、学习能力存在差异，高校需要根据生源特点、学科特点和学生个人生涯规划等因素制定有针对性的培养目标。

　　个性是建立在共性的基础上的，来华留学生人才培养目标有着一些共性的基本要求。首先在学科专业水平上要符合我国高等教育的基本要求；其次要坚持"知华友华"传统，体现中国教育和中华文化特色；最后要突出跨文化、

---

　　① 马佳妮，《留学中国——来华留学生就读经验的质性研究》，北京：社会科学文献出版社，2020 年，第 104 - 105 页。

　　② 苗绿、曲梅，《国际学生来华留学与发展》，北京：中国社会科学出版社，2022 年，第 45 页。

　　③ 王英杰、刘宝存，《来华留学生教育政策研究》，北京：人民出版社，2020 年，第 63 - 64 页。

国际化的特点，为未来的全球竞争做好充分准备。① 具体而言可以分为以下四点。

（1）学科专业的要求应是趋同于中国学生的，不因中外学生而有明显差异，这是保证来华留学生培养质量的根本要求。

（2）来华留学生应当普遍具备基本的汉语能力，在入学和毕业时汉语能力应达到《质量规范》规定的要求。

（3）以"知华友华"为人才培养目标，一是了解中国国情和中国文化，包括了解中国历史、地理、社会、经济等中国国情和文化基本知识，中国现行政治制度和外交政策，中国社会主流价值观和公共道德观念；二是对华友好，了解并尊重中国道路、中国制度、中国文化，尊重并友好对待中国人民。

（4）在本学科领域中有一定的国际视野，具备一定的参与国际交流、竞争和合作的能力，体现我国高等教育在国际化人才培养方面的成果。

（三）培养方案

培养方案是实现人才培养的纲领性文件，是为了落实人才培养目标而制定的学习的基本要求，是教师指导学生学习和学生选课的依据，也是进行学生毕业资格审查和学位授予的依据。② 培养方案应明确编制理念、依据、程序，编制的技术和方法，对培养目标、培养规格、学制、学分、学时、课程设置（必修课与选修课的比例，基础课、专业基础课与专业课的比例，实训课程，毕业论文/设计等）、人才培养模式、主要课程说明、学业考核要求与考核方式等进行清晰的规划和描述，同时附具有执行意义的《教学计划进度表》。按照"趋同化"管理的要求，来华留学生在学位论文撰写和评审，以及毕业论文答辩的要求上应与中国学生一致，确保培养质量。

香港中文大学原校长金耀基曾说："大学应该是'时代之表征'，它应该反映时代之精神，但大学也应该是时代的定针，有所守，有所执着，以烛照社会之方向。"③ 落实到来华留学生专业培养方案上，就是要以"趋同化"培养为指引，中外学生的培养方案在基础课程、核心课程、学分要求、毕业要求上要一致，同时要体现来华留学生教育教学的特色和特殊要求。

---

① 林健、陈强，《引领内涵发展的来华留学生教育国家标准——〈来华留学生高等教育质量规范（试行）〉研制、解读与实施》，载《清华大学教育研究》，2019 年第 6 期，第 20-26 页。

② 张波，《我国大学本科教学管理制度问题研究》，青岛：中国海洋大学出版社，2015 年，第 145 页。

③ 金耀基，《大学之理念》，北京：生活·读书·新知三联书店，2001 年，第 24-25 页。

1. 满足来华留学生的培养需要

高校要结合我国的对外发展需要，比如开设对"一带一路"沿线国家学生具有吸引力的专业，并参考学生所在国教育主管机构、行业协会、专门委员会等的具体要求，修改教学大纲和教学进度表，增设相应课程，适当使用国外优秀外文原版教材。由于来华留学生学习背景和基础水平并不完全一致，培养方案要更有针对性，更加灵活，更有弹性。如通过选修课的形式，使留学生可以根据自己的发展目标来选择课程，实行弹性学分制。此外，来华留学生在毕业后职业选择差异很大，有的希望留在中国，有的希望回自己国家或去往其他国家，培养方案还要与来华留学生的职业规划相结合，要有针对性地设置实习实践环节，以适应国际化人才培养的需要。

2. 符合我国来华留学生教育培养要求

高校要落实"42号令"和《质量规范》有关要求，安排充足、适用的汉语课程和中国概况类课程。在这类课程中要通过精心的课程设计，以春风化雨的方式，让留学生对中国国情和中国文化的认识内化于心，增进国际理解，培养"知华友华"情结。

当前，思想政治教育成为趋同教育研究的新焦点[1]，越来越多的留管干部和研究人员开始关注和研究来华留学生"课程思政"。"课程思政"不仅仅是落实在汉语课程和中国概况类课程中，而是需要所有授课教师把该理念以显隐结合的方式融入课堂教学和实践教学中，贯通于第一课堂和第二课堂，注重对学生的思想价值引导，引导留学生正确理解我国社会制度和思想理念，加强留学生思想道德与品质的培养，最终助力我国来华留学生教育培养目标的完成。

（四）师资队伍

教师是学校中传递人类文化知识技能，进行思想品德教育，培养人才的专业人员。《质量规范》对来华留学生的教师队伍作出了纲领性的规范，要求高校应当有建设高水平教学师资队伍的总体规划和具体措施，满足保障来华留学生教育质量和推动人才培养国际化的要求。具有较高专业水平和跨文化交流水平的师资队伍是长期稳定开展来华留学生教育的基础，所以建设一支优秀的教学师资队伍是首要任务，要注重教师培养与引进两手抓。

---

[1]　张知倞、温广瑞、王美玲、赵安平，《来华留学生"课程思政"实施现状与展望初探——基于高校教师视角》，载《陕西教育（高教）》，2022年第12期，第10-12页。

1. 对标"42号令"和《质量规范》，配备一支合格的来华留学生教师队伍

把培养现有教师和引进优质人才相结合，按照"42号令"和《质量规范》的要求，一方面积极选拔那些有一定学术水平和跨文化交流能力，愿意积极从事来华留学生教育工作的教师，另一方面在学校总的人才引进的规划中，完善相关激励政策，对引进人才从事来华留学生教育的予以激励保障，如科研平台的搭建、职称评聘、职位晋升、家属安置等。

2. 注重顶层设计，打造一支高素质的来华留学生教师队伍

高校要不断拓展培训渠道，加强对来华留学生教师的专业培训，开阔其国际化教育视野，更新其国际化教育观念，提升教师的国际化教学和科研水平及跨文化交流能力。

在进修培训方面，提供各类境内外培训和进修机会，提高教师专业能力，如外语培训、大学生心理健康工作培训、高等教育教学法进修等。

在互鉴互助方面，组织教师共同备课并互相听课、评课，发挥优秀教师的教学示范作用，促进教学经验的交流。

在工作环境方面，为优秀教师提供良好的发展平台和通道，投身留学生教育事业，建立公平公正的工作评价和业绩考核机制。

在评价考核方面，建立多种形式、层次丰富的激励制度，既有物质奖励，也有精神激励，鼓励教师积极开展来华留学教育教学工作的研究。对于参加来华留学生教育培养的教师，教学工作量计算方面应相应地给予一定的政策倾斜。

（五）教学运行管理

教学运行管理主要包括课堂教学管理、实践教学管理和学籍学历管理。对于来华留学生教学管理而言，要建立健全相关管理制度，逐步实现"趋同化"管理。

1. 课堂教学管理

高校应当建立健全来华留学生教学管理制度，符合国家教育教学标准和相关规定，逐步实现中外学生教学管理的趋同。

在教学方式实施上，采用"趋同化＋差异化"，提高留学生学习投入与教学质量。教师课堂教学的思路要清晰，重点要突出，详略要得当，语言要准确，还要使用适合的教学方法。有调查发现，来华留学生对中国高校的授课方

式和课堂氛围的满意度非常低。[①] 教师在教学中要着眼于培养留学生实际知识运用的能力，紧密围绕教学内容，针对来华留学生思维活跃的特点，除讲解外，还要多引入生动的案例，积极创造问答、讨论等交流环节，培养学生发现问题、提出问题和联系实际解决问题的能力，调动学生的学习积极性。尤其在讲解晦涩难懂的知识时，更应该注重运用生动的案例教学。

2. 实践教学管理

实践教学环节包括实验、实习、社会实践和毕业论文（设计），是理论联系实际，帮助学生更好地理解理论学习的重要手段。高校要制定实习实践实习管理规定，规范各专业实习教学管理，并且为学生开展课外科研活动和社会实践提供条件，培养学生的实践能力与创新精神。

实践教学要注意与来华留学生第二课堂相结合，以培养来华留学生对中国的认识和理解能力、较强的动手能力、一定的创新能力、良好的表达和沟通能力为目标，鼓励学生积极参与课外实践活动，如参加教师的科研项目，参加各级各类比赛竞赛，各种文体艺术表演、社会实践、创新创业等，充分发挥第二课堂在来华留学生培养过程中的重要作用。

3. 考勤制度与考试考核

无论是课堂教学还是实践教学都涉及学生的考勤管理和考试考核。

在考勤管理方面，要做到"宽严结合"。所谓"严"，即高校对中外学生出勤率有着明确且一致的规定，并对跨越"红线"的学生依规处分；所谓"宽"，即允许学生在一定程度上自主学习、自主研究、自主探索。同时还要加强师资队伍建设，提高教师队伍的外语水平、跨文化交际能力和授课水平，通过提升教师能力把学生"留"在课堂。教学反馈机制也很重要，教师应当关注课后自主学习与交流环节，根据留学生的学习基础和能力，灵活布置课后作业，鼓励学生自主思考和协作完成作业，促进学生掌握课堂学习内容，进而提高来华留学生上课的积极性。对于考勤不达标学生，学校应根据实际情况向上级教育行政主管部门以及所在地的移民和出入境管理部门按时报告。

中外学生在同一课程中采用相同的考试考核方式，这是"趋同化"管理的基本要求。在具体考试考核管理实践中，应尊重彼此间的主观个性差异，将过程性评价与结果性评价有机地结合起来，建立过程监督与考试成绩并重的考评体系。据调查，大多数来华留学生最喜欢通过写论文来检验自己的学习效

① 陈琪，《高校来华留学生教学管理问题及对策研究》，南昌大学硕士论文，2021年，第34页。

果，所占比例达到 52%，而绝大部分留学生都不喜欢传统的考核方式——笔试。[①] 可以优化考核方式，加强日常学习中对来华留学生的教学管理，强化考勤，设置多次随堂测试，增加如期中考试等的阶段考核，将理论和实验分开进行考核等多种考试考核方式。

4. 学籍学历管理

为适应我国来华留学生教育发展的需要，加强高校对来华留学生招生行为的监督管理，教育部办公厅于 2007 年发布《普通高等学校外国留学生新生学籍和外国留学生学历证书电子注册试行办法》[②]，明确规定了新生学籍电子注册办法、外国留学生学历证书电子注册办法、学历证书发放办法，要求对普通高等学校外国留学生接受学历教育的新生学籍和外国留学生学历证书统一实行电子注册，建立外国留学生学历生从入学到毕业的完整信息，供外国留学生和有关机构网上查询。

为进一步完善来华留学生高等教育学历证书管理和学历电子注册制度，方便各高校办理来华留学生学历证书，满足来华留学生对学历电子注册信息及时查询的需要，教育部办公厅于 2011 年印发《教育部办公厅关于进一步做好外国留学生学历证书管理和电子注册工作的通知》[③]，对外国留学生学历证书的制发及备案、外国留学生学历证书的电子注册做出详细规定。

（六）质量保障

来华留学生教育质量保障指政府、高校、社会等相关主体为维持和提高来华留学生教育质量而实施的有计划、有组织、有系统的质量持续促进活动。[④] 此处仅就高校层面的来华留学生教育质量保障开展讨论。

1. 建立来华留学生教育质量保障机构

高校应建立由主管本科教学的校领导和主管外事工作的校领导为组长（主任），教务处、来华留学生主管部门、关心下一代工作委员会和相关学院为成员的来华留学生教学督导组（指导委员会）。主要任务是对学校和学院教

---

① 叶淑兰，《留学生教育与中国文化软实力》，天津：天津人民出版社，2020 年，第 129 页。
② 教育部办公厅，《关于普通高等学校外国留学生新生学籍和外国留学生学历证书电子注册的通知》，http://www.gov.cn/gzdt/2007 - 11/30/content_821796.htm，检索日期：2022 年 11 月 21 日。
③ 教育部办公厅，《教育部办公厅关于进一步做好外国留学生学历证书管理和电子注册工作的通知》，http://www.moe.gov.cn/srcsite/A20/moe_850/201104/t20110427_119907.html，检索日期：2022 年 11 月 21 日。
④ 王英杰、刘宝存，《来华留学生教育政策研究》，北京：人民出版社，2020 年，第 236 页。

学改革、教学建设及教学管理中的重要问题进行审议、监督，对学院的教学工作进行监督、检查、评估和指导，保障有关教学管理规章制度的贯彻执行。学院层面也可以成立相应机构，建立和完善学院听课、巡课制度，以及教学反馈制度，保障学生课堂教学效果。还要建立和完善来华留学生评课评教制度，支持和引导学生对授课教师进行评课评教，并将评课评教的结果与建议反馈给相关教师。

2. 制定符合本校实际的来华留学生教育标准

高校可积极参与教育主管部门、专业机构和社会组织实施的来华留学生教育质量保障活动，通过参与相应活动，不断认识和了解全国性的来华留学生教育质量标准，并以此为指南，制定本校来华留学生教育的各项标准，包括准入、评估、审查、退出等标准，既要体现我们的培养要求，又要与国际通行的教育标准相衔接。

3. 建立健全来华留学生教学管理机制

高校要建立健全来华留学生教育的准入、评估、审查、退出等的机制。尤其对当前来华留学生教学和管理方面的痛点和难点，如考勤管理、课堂纪律管理以及学业预警方面，积极开展研究，完善教学管理机制与规章，做到管理有章可循、有理可依。重点要落实教学管理的细节内容，例如教学计划管理、运行管理、课程管理、考试管理、实践教学管理、教材管理、教师管理、学生学籍管理等。[①]

4. 建立健全教学质量评价体系

来华留学生教育有其自身的独特性，在培养目标、教学方式和教育需求等方面与本土学生有一定的差异。在制定教育评价体系的过程中，应该充分考虑评价客体的实际情况，制定符合其特点、有针对性的评价体系。

高校要结合自身实际和专业机构的反馈完善来华留学生教学质量评价体系并持续改善工作。一是对管理体制机制的评估，二是对人才培养目标、毕业要求等的评估，三是对教学计划、教学设计、教学大纲、课程、教材的评审修订，四是对教师和学生的综合评估，五是对考试考核方式和试题试卷的评审。

高校要根据评价结果采取措施改进相关工作。提升教师的国际化水平和跨文化教学能力，完善教师选拔、考核和持续培养制度，为教师提供各方面培

---

① 马艺、罗浔、胡琼等，《三位一体，落实规范——软件学院留学生培养质量提升的探索与实践》，载《世纪之星》（交流版），2022年第12期，第163-168页。

训。根据相关评审意见，对教学进行改进，比如修订人才培养目标、毕业要求、课程体系、教学模式等。参考国际认证，培养国际化"知华友华"人才。

七、档案和信息管理

《质量规范》要求高校应当为每名来华留学生建立文书档案，如实记录招生录取、学习成绩、日常表现、学历和学位证书、离校和校友联络等入学、在校、离校全过程中的重大事项，收录有关重要文件，并妥善归档保存，还规定应当及时、准确、完整地采集来华留学生相关业务信息，依照法律法规和工作规范要求进行信息报送或备案。

近年来，高校来华留学生规模不断增长，来华留学生学历层次、经费办法多样化，生源途径不断丰富，学制弹性大，学生流动性大，这些特点决定了档案材料的收集和管理具有较大的难度，对各类学生信息采集、保存和上报的要求较高。

（一）来华留学生档案和信息管理的功能

来华留学生档案管理主要有教学管理、生活管理、凭证管理、科研参考等几个功能。[1] 来华留学生信息管理系统能为本校日常学生管理、教务管理、毕业管理等带来便利，提高管理效率。

学生档案和网络信息管理系统最基本、最核心、最重要的功能就是记录学生的基本信息，便于管理人员和教师及时了解学生的背景。学生学习成绩、在校表现、毕业去向的记录能反映学生在校期间学习情况，为因材施教提供教学管理指导，也可以成为科研数据，辅助科研实践。在来华留学生生活管理方面，特别是住宿管理方面，需要利用档案和信息管理系统记载的个人饮食习惯、生活习惯和民族宗教等信息，做到人性化和规范化管理。

（二）档案和信息管理的内容

1. 档案管理内容

招收培养来华留学生的高校都有自己的留学生档案管理制度，但因各校招生管理制度不同，档案管理制度也有所不同。有的高校来华留学生档案由一个

---

[1] 赵秀梅，《高校外国留学生档案管理工作存在的问题及对策》，载《内蒙古师范大学学报（教育科学版）》，2013年第1期，第163－164页。

部门统一建立和管理,而有的高校则由不同部门根据各自负责的内容分别管理①。

以四川大学为例,四川大学来华留学生在校期间的档案管理由留学生主管部门负责,在学生离校后汇合学院的有关档案材料一起提交给学校档案馆管理和保存。来华留学生档案所需保存的文档分为两类,一类是趋同于中国学生的档案材料,包括新生入学登记表、奖励或处分材料、毕业生登记表、在校期间全部成绩单、授位决定书、学籍异动材料、学生科研训练计划、省级以上的学习竞赛活动等成果的鉴定材料、创新教育学分认定资料等②。还有一类是来华留学生特有的材料,包括护照复印件、来华留学生录取通知书、JW201/202表、体检表复印件、各类奖学金年度评审材料、住宿登记表复印件、签证和居留证件复印件等。

2. 网络信息管理系统需要录入的信息

与国内学生相比,来华留学生信息管理需要采集的信息种类更多,涉及个人基本信息、新生注册、体检、保险、签证、住宿和居留证件、财务、出勤、成绩、奖惩、学籍状态等多项内容,学生离校后还要收集离校登记表和校友信息等,往往成绩单、授位决定书以及毕业证和学位证的扫描复印件也会上传到系统中。

（三）档案和信息管理流程

1. 来华留学生入学前的档案和信息管理

来华留学生经过学校审查录取,在入学前就应及时将学生的申请资料建立档案,并把学生个人信息和所有申请材料上传或录入网络信息管理系统。

2. 来华留学生报到入学时的资料收集

在来华留学生报到入学时应及时收集留学生本人的相关信息,上传或录入网络信息管理系统,及时丰富留学生档案内容。将以下内容及时上传和复印归档——新生入学登记表、来华留学生录取通知书、JW201/202表、护照及签证或居留证件、辖区派出所办理的外国人住宿登记表、检验检疫局办理的健康证明等。

---

① 黄廷义,《做好留学生档案管理 促进留学生教育发展》,载《兰台世界》,2007年第9期,第37页。

② 党跃武,《四川大学档案管理服务手册》,成都:四川大学出版社,2014年,第129页。

3. 来华留学生在校期间和毕业时的资料收集

来华留学生在学习期间和毕业时会形成很多材料，涉及留学生学习、生活的各个方面。在日常工作中要根据学历生和非学历生的不同，有区别地收集整理，做好归档和录入网络管理系统的工作。

4. 来华留学生离校后的资料和档案保存

来华留学生毕业或结业离校后将离校学生的档案材料交由专门机构妥善保管，按照毕业年份、学历与非学历等标准归类保存，以便做好各种统计上报工作，要注意确保纸质材料与电子名单一致。

八、做好校友工作

（一）来华留学生校友工作的重要意义

来华留学生群体是一个较为特殊的群体，经过在华期间较长时间的学习和生活之后，他们是其母国中对中国社会了解较为深入的人群，其中的许多人回国后担任较为重要的职务，并且大多数来华留学生对中国亲切友好，这是发展其母国与中国友好关系的重要力量。[①]

来华留学生校友工作具有传播学意义。来华留学生是跨文化交流的实践者，是国家间人文交流的载体。他们了解中国和中国文化，具有贯通中外的优势，能够把有关中国的文化、信息、评价向本国同胞传播，且更具有说服力，更能在国外公众心目中树立中国的国家形象，提高中国的国际影响力，对讲好中国故事、传播好中国声音、促进中外理解具有重要意义。

来华留学生校友工作具有外交意义。来华留学生校友是公共外交的一员，"既是公共外交的对象，也是公共外交的行为主体，是集外交、技术、经济、人文等多种价值为一体的资源"[②]，这是有别于一般校友资源的地方。

来华留学生校友工作具有提升高校教育国际化水平的意义。来华留学生校友活跃在不同国家和不同领域，具备一定的学术背景，了解国际前沿学术动态，更重要的是他们了解母校，心系母校，可以发挥他们的能量，帮助母校搭建科学研究与师资队伍建设的国际化平台，促进母校国际交流与合作，提高母

[①] 董泽宇，《来华留学教育研究》，北京：国家行政学院出版社，2012年，第169页。

[②] 羊隽芳、范晓芸、刘栋、布和、费建武，《对来华留学生校友资源价值的再认识》，载《神州学人》，2021年第5期，第46-49页。

校国际影响力。

所以，来华留学生校友是一种资源，是校友拥有的财力、物力、信息和社会影响力等资源的总和。① 因此，开展并加强来华留学生校友网络的建设工作，建立完善校友组织，建立一套完善而先进的来华留学生校友数据库，定期开展校友活动，保持校友与母校的长期关系十分必要。

（二）开展来华留学生校友工作的途径

（1）实行校友全周期管理，在学生进校时就要有校友工作的意识，提高来华留学生教育服务质量，培养未来校友的母校认同感。学生对校园文化、教育理念、培养方式的认同能够使他们在将来对母校的感情得以长期维持，也是以后与母校合作以及回馈母校的基础。

（2）校友工作主管部门要建立并完善信息平台，准确记录并及时跟踪和更新其个人信息、联系方式及学业、事业发展情况等，同时发布学校校友新闻动态，招生信息及各类通知，宣传优秀校友事迹并为校友提供免费的学校电子资源阅览、电子邮件等终身服务。

（3）对留学生校友实行分类管理，有针对性地投入时间、人力及物力与其保持联系，发布或邮寄必要的刊物，维持好与各类校友的良好关系。

（4）建立和强化海外校友会职能。对于已成立的海外校友会组织，可鼓励来华留学生校友积极参与，对那些还没有建立海外校友组织的国家或地区，可以由来华留学生校友牵头成立。学校主管部门做好顶层设计，对于组织章程、管理人员结构等进行宏观管理，对于校友会管理人员的背景事先要做充分了解。海外校友会的职能众多，如保持与母校的联系，定期开展校友聚会，宣传母校，为母校发展献力献策等，校友会最根本的职能是服务校友，通过校友会，为本地校友生活、工作、学习提供服务和支持，让校友会成为本地来华留学生校友的"娘家人"。

（5）积极组织来华留学生校友活动。不仅针对来华留学生校友本人组织参观、聚会、研讨、论坛等活动，还可以针对校友的子女开办参观、游学、体育等活动或短期教育项目，同时邀请校友及其家人参加，加深来华留学生校友的荣誉感与自豪感，巩固校友乃至其下一代人对母校的情结。

（6）为留学生校友提供培训及深造机会。为毕业不久的来华留学生校友

---

① 胡艳娥，《高校校友资源的开发与管理浅析》，载《理工高教研究》，2009 年第 5 期，第 78 - 80 页。

在就业指导、人生规划、跨文化交流等方面举办讲座和培训，鼓励校友返校继续深造等。有条件的高校还可以依托学校各方面资源，为来华留学生校友的创业和事业发展提供咨询服务。

九、突发事件应急管理

突发事件，是指突然发生，造成或者可能造成严重社会危害，需要采取应急处置措施予以应对的自然灾害、事故灾难、公共卫生事件和社会安全事件。[①]

来华留学生突发事件是指与我国高校中来华留学生有关的，在事先没有明显预兆的情况下突然发生的，有一定的破坏力及负面影响力，造成或可能造成人员伤亡、财产损失、生态环境破坏，危及高校稳定，严重危害社会，乃至可能已经涉及外交问题、国家间关系的紧急事件[②]，是"应当立即采取措施控制事态发展，组织开展应急救援和处置工作，并立即向上一级人民政府报告，必要时可以越级上报"[③] 的事件。

高校的来华留学生是一个较为特殊的群体，来华留学生的教育管理工作与国家的政治外交等各方面紧密相连。随着来华留学生规模的不断扩大，相关突发事件的发生似乎不可避免，需要在工作中以"提质增效"和依法治校为引领，制定相关工作预案，积极妥善应对，并总结经验和教训，积极加强来华留学生法制教育和安全教育，未雨绸缪，防患未然。

（一）来华留学生突发事件应急管理机制

留学生突发事件应急管理是一项系统工程，发达国家高校留学生培养历史较长，管理经验丰富，形成了成熟的留学生危机应对管理模式，如美国高校形成了围绕"危机缩减和预防、危机预备、危机应对与恢复"为核心的学生危机管理模式；日本的大学将学生危机管理过程分为三个阶段：事前危机教育、事中应急处理和事后的恢复。[④] 我国高校应针对应急管理的保障、应急管理的

---

① 全国人大常委会，《中华人民共和国突发事件应对法》，2007年。
② 于书诚、沃国成、顾建政，《来华留学生突发事件处置与预防》，天津：天津大学出版社，2019年，第1页。
③ 全国人大常委会，《中华人民共和国突发事件应对法》，2007年。
④ 刘润，《美日高校学生危机管理的启示》，载《高校辅导员学刊》，2018年第6期，第67-72页。

预防、应急管理的处置和应急管理的善后工作的需要，建立完备的来华留学生突发事件应急方案，明确针对各类突发和紧急情况的处置预案。

具体而言，来华留学生突发事件应急管理机制应包括应急管理保障机制、应急管理预防机制、应急管理处置机制和应急管理善后机制。

1. 应急管理保障机制

高校来华留学生突发事件的应急保障主要是指高校为了应对来华留学生突发事件所提供的人力、物资、资金、技术等各方面的应急保障。

（1）组织和人员保障。

以某高校为例，该高校成立了来华留学生突发事件应急处置工作领导小组，由主管学生工作和主管外事工作的校领导担任组长，来华留学生主管部门、学校党政办、宣传部、保卫处、学生工作部、研究生院、财务处、后勤保障部、国际合作与交流处、校医院等相关职能单位，各学院，各留学生宿舍（公寓）共同参与，形成合力应对来华留学生突发事件。还设立了来华留学生突发事件应急处置工作管理办公室，隶属于来华留学生主管部门，负责学校来华留学生突发事件应急处置的日常工作。

国际学生辅导员、留管干部和宿管人员积极服从本单位的安排，严格执行学校的突发事件应急预案，密切配合，具体处置各类来华留学生突发事件。当事人的同学、朋友，班级负责人，本国学生中的负责人等也要作为重要成员临时性纳入工作小组。

（2）物资和资金保障。

高校应提前备好预防或处置来华留学生突发事件可能需要的物资，如消防物资、防灾物资、防疫物资、防爆物资等；还可设立留学生突发事件应急处置资金，保障相应工作及时顺利开展。

（3）社会支持保障。

要与公安和出入境管理部门、辖区派出所、留学生人数较多的社区等建立长期紧密的联系，在应急处置中争取得到他们的支持和帮助。要重视来华留学生保险投保工作，实行全员投保，确保人人投保，为来华留学生突发事件的处置提供保险保障。

2. 应急管理预防机制

对突发事件最好的处置就是尽可能不让突发事件发生，及早发现可能引发突发事件的因素，对这些因素进行干预，将可能出现的突发事件消灭在萌芽状态。

（1）做好来华留学生基础数据收集整理工作。

学生的基础数据是其在华学习各方面情况的第一手资料，要确保学生过往经历、护照信息、签证（居留许可）信息、本国家庭住址电话、在华担保人、在华居住地和电话等信息的完整性和准确性。加强留学生宿舍（公寓）管理，建立与校外住宿留学生所在社区的常态化联络。

（2）做好法律法规和人身安全方面的教育工作。

在学生入学和学习过程中，充分利用融媒体进行宣传，并为他们开设安全及法律法规相关的各类课程和讲座，还可积极邀请公安干警深入校园，开展消防安全、交通安全、法律法规、校规校纪等方面的入学教育和经常性教育。

（3）协同配合，多渠道获取学生动态信息。

一线辅导员、留管干部、任课教师、研究生导师、宿舍管理员形成信息网，对学生的动态信息进行观察、研判，关注重点人群，对发现的异常情况及早进行干预。积极培养来华留学生学生干部，在开展相关工作时学生干部能提供协助。

（4）重视留学生宿舍（公寓）安全。

定期巡视巡检来华留学生宿舍（公寓）的安防设施和消防设施等，定期开展学生房间安全检查，消除学生违规使用电器、违规使用明火等安全隐患。

（5）做好预案。

制订来华留学生突发事件应急处置预案有助于提前做好相应各项准备工作，做到未雨绸缪。

3. 应急管理处置机制

突发事件发生后，高校要按照事先制订的应急预案，果断采取有效措施，调动各类资源处置突发事件，力求尽快结束突发事件，尽最大可能降低甚至消除对学生财产和生命安全、学校教学秩序、社会稳定、国家声誉等带来的影响，将突发事件带来的影响和损失降到最低。

（1）来华留学生主管部门要第一时间了解事件详细信息，按照"七何要素"（何时、何地、何人、何事、何原因、有何损害、何结果），特别是事件发生地点及时间，主要灾害情况，波及人群及潜在危险因素，事件发生的原因，采取的应急处置措施、现状和发展趋势等判断事件的性质、严重程度和可能造成的影响，根据响应级别判断是否上报学校领导。若事件重大或敏感，则需第一时间上报校领导和有关部门。

（2）成立来华留学生突发事件应急处置工作领导小组，启动应急处理预案，做出应急决策。根据获取的突发事件详情作出应急响应，启动来华留学生突发事件应急管理预案。例如，发生治安事件，立即通知学校保卫部门或向事发地公安机关报警；留学生突发疾病或出现意外人身伤害事故，立即拨打120；出现后勤保障系统水、电、气及二次供水安全事故，立即通知来华留学生主管部门、宿舍（公寓）负责人和其他管理人员，组织人员迅速采取应急措施，疏散人员，根据事故情况切断水、电、气源，进行抢修，控制事态。

（3）处置突发事件过程中，需要注意以下几点。

① 对于来华留学生死亡或重伤的事件、群体性事件、政治敏感事件、涉事留学生身份特殊等重大突发事件，要及时上报或通报教育部国际合作与交流司、学校所在地的省级地方教育行政部门、学校所在地和事发地省级地方政府外事部门、学校所在地和事发地公安机关出入境管理部门；涉事留学生为中国政府奖学金生时，还要向国家留学基金管理委员会报告，各部属院校同时向所属部委汇报。

② 当遇到重大情况时，要在现场积极协助外事、公安、消防、卫生等部门进行事件处置。

③ 视情况向学生家属（监护人）和保险公司通报情况。如家属或所属国使领馆工作人员前来，应做好相应接待工作。

④ 要关注事件相关的其他来华留学生的思想动态。

（4）突发事件应急处置结束。在来华留学生突发事件应急处置结束后及时将突发事件处置情况形成文字报告，上报或通报教育部等有关部门。

4. 应急管理善后机制

突发事件处置结束后，要采取一系列措施降低突发事件对学校秩序、学生群体、社会稳定等各方面产生的影响。主要工作有对相关学生进行心理抚慰和疏导、恢复学校正常教学秩序、协助学生所在国驻华使领馆、学生或学生家长处理后事或进行保险理赔、关注其他学生状态、关注网络舆情等。还要完成事件处置过程的记录、总结、存档等工作，为今后的突发事件处置工作提供参考。

（二）突发网络舆情应急管理

涉及来华留学生的突发网络舆情是一种特殊的来华留学生突发事件，既可因各类突发事件处置不当而产生，也可由其他任意事件诱发。因其负面影响较大，往往成为高校的热点和难点问题，需要高度关注。

舆情，是由个人以及各种社会群体构成的公众，在一定的社会空间内，对自己关心或与自身利益紧密相关的各种公共事务所持有的多种情绪、态度和意见交错的总和。① 突发网络舆情事件是指在高校这一特殊场域内突然发生且经过互联网表达和传播的、公众对于该所高校所持有的多种情绪、态度和意见交错的总和。②

随着中国经济的快速发展和国际地位的不断提升，来华留学生规模也呈现快速扩大的趋势，据教育部统计，2018 年共有来自 196 个国家和地区的 492185 名外国留学人员在全国 31 个省份的 1004 所高校学习。③ 来华留学生是一个比较特殊的学生群体，容易受到社会各方面的关注，近几年涉及来华留学生的网络舆情时有发生。

1. 来华留学生突发网络舆情的特点

来华留学生突发网络舆情与高校其他突发网络舆情相比，既具有共性，又有其自身特点，主要有以下几个方面。

（1）舆情全民全速传播。

网络的应用与发展使当今社会进入了全民传播时代，每个人既是信息的接收者也是信息的发布者，来华留学生突发网络舆情在短时间内更容易吸引各方面的兴趣，参与舆情的客体不仅包括涉事高校师生及网络中的其他网民，还可能包含微博"大 V"、自媒体用户及官方媒体，引发极大关注，以更快的速度进行传播。

（2）舆情全域全渠道传播。

来华留学生突发网络舆情事件社会影响极大，很容易吸引全社会乃至境外媒体和自媒体的关注。伴随着微信、抖音、Tiktok 等音视频传播平台兴起，传播具备了及时性。不同平台上可以几乎同时爆发舆情事件，或者舆情事件先在某平台爆发以后，短时间内迅速地在不同社交媒体平台，乃至境外社交媒体平台上传播扩散。

（3）舆情内容复杂。

来华留学生突发网络舆情事件涉事主题较多。境内媒体、自媒体和公众往往关注来华留学生"超国民待遇"、入学门槛低、个人素质偏低、不遵守我国法律法规等话题，境外媒体和自媒体更多关注中国学校和社会对来华留学生的"歧视性"政策和待遇等。这些不同类型的风险事件一旦通过网络舆情的方式

---

① 刘毅，《略论网络舆情的概念、特点、表达与传播》，载《理论界》，2007 年第 1 期，第 11 - 12 页。

② 张洪泰，《高校突发网络舆情事件的发展演化与治理研究》，南京大学硕士论文，2021 年，第 10 页。

③ 教育部国际合作与交流司，《来华留学生简明统计》，2018 年，第 3 页。

展现出来，不仅成为高校在实际管理中的难点，也为高校引导与治理来华留学生突发网络舆情事件带来了极大的困难。

（4）舆情内容共振。

网络舆情发生后，大量人员聚集在社交平台和网络社区频繁交流讨论，产生大量与本舆情话题有关或无关的"碎片化"信息，意见、情绪通过不断累积和叠加，易产生共振效应，引发更多相关或不相关的舆情话题。

（5）舆情传播主体去中心化。

不同于一般突发事件有着明确的事件中心主体，网络舆情中因舆情的共振和叠加，越来越多的网民参与进来。这些网民所发表的意见和看法使舆情的讨论不再单纯地限制在原本的范围之内，逐渐去中心化。

2. 应对来华留学生突发网络舆情

危机传播，是指在危机事件的发生前期、中期和后期，实现组织和其受众群之间的沟通对话，对话需详细说明组织采取的战略和策略，从而将危机造成的损失降到最小。[①] 以危机传播相关理论为指引，当来华留学生突发网络舆情发生后，为消除或降低相关舆情给高校带来长期性负面影响，避免成为社会公众认知中的负面符号，高校要积极研究舆情热点背后的公共政策与社会心态，把好舆情传播的延续关，在舆情处置和舆论引导中做好相关工作。

（1）了解事实，防范舆情恶化。

任何舆论引导都离不开事实的支撑，脱离事实的舆论引导将成为空谈。当来华留学生突发网络舆情发生，要做的第一件事情就是要快速地核实事情真相。核实真相后，要把解决问题放在第一位，及时根据实际情况进行必要的调整、修正和弥补。有些舆情通过这样"釜底抽薪"的手段就能得到消除；即使不能完全解决问题或不能完全消除舆情散播，也能在一定程度上防止舆情恶化。

（2）充满温度，消解舆论诉求。

个人或群体推动舆情扩散，其推动力的核心是他们的诉求，或是他们的情绪。消解公共舆论的诉求和情绪，就是要在合情合理合法的基础上充分尊重公共意见，厘清公众舆论的诉求，与现实加以对照，给出相应目标期待和实现路径，以消解和降低公共舆论诉求。其中，体现高校的人文关怀很重要，要让舆情推动的主体感受到温暖。

---

① ［美］凯瑟林·弗恩－班克斯，《危机传播——基于经典案例的观点（第4版）》，陈虹等译，上海：复旦大学出版社，2013年，第2页。

（3）真诚应对，重构高校形象。

重构高校形象就是要将在舆情传播中处于消极、负面的形象通过处置结果和其他相关举措的落实重新建构起来，摆脱舆论旋涡，消除网络舆情所带来的负面影响，赢得公众信任、理解和支持。高校可以增强共情，与公众真诚交流，找准意见共识，借助媒体力量，有效开展网络舆论引导，如挖掘来华留学生在促进中外人文交流和"讲好中国故事"方面的亮点，积极宣传正面和积极的事迹。

（4）查缺补漏，总结事件得失。

突发网络舆情处置结束后要及时针对引发网络舆情的问题原点进行分析解决。有必要对整个处置过程进行评估，对整个事件的开头、发展过程和结尾进行复盘，分析处置过程的得与失，总结经验和教训，以便完善应对突发网络舆情机制。同时，还要重视队伍能力建设，对舆情处置部门和留学生管理部门进行媒介素养培训，使其更加了解媒体的运行规律和网络舆论生态特点，提高政务回应、舆情预警、研判、应对及舆论引导能力。

3. 来华留学生突发网络舆情的预防

应对和治理来华留学生突发网络舆情最根本的办法是通过科学有效的体制机制，不让舆情事件发生，从引导、服务、管理三方面入手，加强来华留学生管理和网络舆情监控。

（1）贯彻落实趋同化管理。原则上，高校应把留学生"趋同化管理"落实到留学生教学和管理各方面，严格按照学校规章制度对中外学生一视同仁。

（2）关心关爱学生，了解他们思想动态。关心关爱学生，做好服务工作，提供人文情怀，积极帮助来华留学生解决语言障碍和适应障碍等问题，帮助他们良好地适应在华学习；了解学生的背景，与学生交朋友，掌握学生思想动态。

（3）加强中外学生交流和校地交流。可多开展同时面向中外学生的文体交流活动，增进彼此的了解，促进文化交流。还可以与地方政府合作，组织来华留学生到社区服务，与市民开展互动，增进市民对留学生的认识了解。

（4）开展来华留学生普法教育工作。可为来华留学生开设难度适中的法律知识课程，或开设系列讲座，对来华留学生普及法律知识并加以考核，有利于促进他们熟悉中国法律法规，培养他们知法守法，并懂得用法律武器保护自己。

（5）构建网上网下相结合的舆情研判体系。建立相关部门定期会商制度，定期研判线上线下搜集的来华留学生和中国学生所关注的焦点、热点词汇，关心他们在日常学习生活中存在的问题与困难，研判分析其中可能存在的一些苗头和倾向。对网上的舆情信息，相关部门要有高度的政治敏锐性，具有发现问题和分析问题的能力。要运用好大数据研判分析的优势，对关键词汇、敏感词汇进行跟踪分析。一旦监测到舆情之后，力争在苗头阶段解决。

附：

部分国家高中学制和学历信息简介

1. 韩国①

韩国高中的学制为 3 年，以普通高中为例，学生学习的主要课程有韩语、数学、英语、社会、科学、体育、艺术、技术、汉字、教养、体验活动（志愿服务、职业体验、社团活动等）和第二外语等。学校根据学生教学科目和体验活动综合判定是否具有毕业资格，没有毕业考试制度。学生经判断可以毕业，颁发毕业证书（CERTIFICATE OF GRADUATION）。

2. 泰国②

泰国普通学校的高中是 4-6 年级，课程分为必修课和选修课。必修课主要有泰语、理科、数学、社会学、体育与健康、艺术等，高中阶段的学生必须选择自己的主修科目，数学、科学或某种语言。学生修完所有必修课学分，至少 36 个选修课学分，并出勤率不低于 80%，可以从高中毕业。学生高中学习结束时还要参加泰国国立教育测试服务局举办的普通国民教育考试（Ordinary National Education Test，O-NET），考试成绩作为申请进入泰国高等院校的依据之一。

3. 巴基斯坦③

巴基斯坦普通高级中等教育学制为 2 年，学生选择医学方向、工程方向、人文社科方向中的一个学习，最后通过所有课程考试的学生被授予高级中等学校证书（Higher Secondary School Certificate，HSSC）。该证书可以细分为工程、

---

① 杜修平，《图解国别中高等教育制度》，北京：东方出版社，2020 年，第 5-6 页。

② Rachel Michael, Stefan Trines, "Education in Thailand", https://wenr.wes.org/2018/02/education-in-thailand-2，检索日期：2023 年 2 月 1 日。

③ Robert Hunter, "Education in Pakistan", https://wenr.wes.org/2020/02/education-in-pakistan，检索日期：2023 年 2 月 1 日。

医学和人文社科。

4. 印度①

印度高中学制为2年，分为理科、文科和商科3个方向，其中理科分为物理、化学、数学组和物理、化学、生物组，文科课程主要有政治、历史、地理、经济学、社会学等，商科课程主要有会计学、管理、计算机应用、商业研究等。学生参加不同考试委员会组织的毕业考试，通过考试后获得的最终毕业证书包括中央中等教育委员会（CBSE）颁发的全印度高中证书（SSSC）和德里高中证书，或者印度学校证书考试委员会（CISCE）颁发的印度学校证书（ISC）以及国家颁发的高中证书（HSC）。

5. 美国②

美国高中学制有多种，多数州实行"初中+高中（3+3）"制或初高中6年一贯制。高中生可选的课程很多，但核心的课程（群）包括英语、语言艺术、社会研究、科学和数学。全国大多数高中都使用学分制来衡量学生毕业的进度，一个学分代表每年120小时的教学时间。各州为其辖区高中生设定了最低毕业要求，多数情况下学生每年至少需获得6~7个学分。学生在高中后两年还可以选大学先修课程（AP）并参加考试获得AP成绩和学分，既可以免修相关课程，还可以提前和大学课程衔接。一些高中还提供瑞士国际文凭组织的国际文凭（IB）。

6. 俄罗斯③

俄罗斯普通高中学制为2年，高中要分班授课，有人文、数理和自然科学班。只有数学、俄语与文学、外语、历史、生活安全基础知识与体育等7门课程是必修课，另外三到四门学生可以自选。学生学习结束时需要参加统一国家考试（EGE），EGE既是期末毕业考试，也是高等教育的入学考试。高EGE分数对于获得俄罗斯大学数量有限的免学费名额很重要。

---

① Stefan Trines, "Education in India", https://wenr. wes. org/2018/09/education–in–india, 检索日期：2023年2月1日。

② Bryce Loo, "Education in the United States of America", https://wenr. wes. org/2018/06/education–in–the–united–states–of–america, 检索日期：2023年2月1日。

③ Elizaveta Potapova, Stefan Trines, "Education in the Russian Federation", https://wenr. wes. org/2017/06/education–in–the–russian–federation, 检索日期：2023年2月1日。

7. 印度尼西亚①

印度尼西亚高中类型比较多，以普通学术高中（SMA）为例，学制为3年，第一年不分科，后两年学生可以选择专修语言、科学或社会科学。学生高中阶段学习结束时要参加全国考试，全国考试要求考4门，印度尼西亚语、英语、数学和一门选修课。通过全国考试，完成所有教学任务和学校规定的其他课程，学生可获得毕业证书。

8. 老挝②

老挝高中学制为3年，课程分为自然科和社会科。老挝教育标准和质量保证中心负责学生在高中结束后进行全国统一考试，为通过考试的学生颁发高中文凭。考试的每门科目满分为10分，达到6分为及格，达到8分为优秀。

9. 日本③

日本的高中类型较多，以普通制高中为例，学制为3年，课程包括国家语言、地理历史、公民、数学、科学、健康体育、艺术等、外语、家政、信息和综合学习活动。成绩打分为5分制，5分最高，1分最低。学生学习3年后必须至少获得74个学分才能毕业，可以参加高中毕业学位认证考试，考试通过者将获得高中水平认证。毕业的学生将获得高中毕业证书（Kotogakko Sotsugyo Shomeisho），并有资格参加大学入学考试。

10. 哈萨克斯坦④

哈萨克斯坦公立高中分为综合学校、重点学校和精英学校，学制为2年（10 - 11年级）。学生参加传统的毕业考试，其中俄语、哈萨克语、数学和历史为必考科目，毕业成绩单上显示等级，2级最低，5级最高。学生毕业后还可选择参加哈萨克斯坦全国统一高考。

---

① Dragana Borenovic Dilas，"Education in Indonesia"，https://wenr. wes. org/2019/03/education - in - indonesia - 2，检索日期：2023年2月1日。

② 杜修平，《图解国别中高等教育制度》，北京：东方出版社，2020年，第97 - 98页。

③ Sophia Chawala，"Education in Japan"，https://wenr. wes. org/2021/02/education - in - japan，检索日期：2023年2月1日。

④ Sidiqa AllahMorad，Chris Mackie，"Education in Kazakhstan"，https://wenr. wes. org/2021/07/education - in - kazakhstan，检索日期：2023年2月1日。

第四章 来华留学生跨文化适应的探索与实践

——以第二课堂为例

我国教育学家朱九思于 1983 年首次提出了第二课堂的概念，他认为，"第二课堂是在教学计划之外，引导和组织学生开展的各种有意义的健康的课外活动"①。

从广义上来讲，第二课堂是指学生在以专业知识为主的教学计划课程学习之外所从事的一切活动，即课堂教学之外的所有活动。学生可以在各类课外活动中，开阔视野、愉悦身心、锻炼能力，增强和积累课堂讲授以外的丰富知识和经验。从狭义上来讲，第二课堂是指相对于第一课堂（即课堂教学）而言具有素质教育内涵的学习实践活动，即学生在规定的教学计划课程之外自愿参加、有组织地进行的各类活动，按其类型大致可分为思想教育、文艺体育、学术科技、学生社团、参观考察、社会实践、社会工作、志愿服务、勤工助学、创新创业等。

第二课堂不仅是中国学生教育的组织形式，也是来华留学生教育的重要组成部分和有效途径。来华留学生的第二课堂具有特殊的重要意义，在"文化育人"和"实践育人"，培养来华留学生知华友华情感上能够发挥独特优势。高校应充分认识到其重要性，结合来华留学生教育工作实际组织开展好第二课堂。

一、来华留学生第二课堂的目的、意义和内涵

第二课堂是一种以课外实践活动为主的教育方式，以培训学生的基本技能和提高学生的综合素质为重点，以丰富的资源和空间为载体展开，是第一课堂教学活动的补充和延伸，与第一课堂共同构成完整的教育整体。第二课堂教育

---

① 朱九思，《高等学校管理》，武汉：华中工学院出版社，1983 年，第 308 页。

作为高校素质教育的重要阵地，无论是中国学生还是来华留学生，均对其全面发展有着重要意义。习近平总书记在全国高校思想政治工作会议上指出，"重视与加强第二课堂建设，落实实践育人，坚持教育同生产劳动、社会实践相结合，广泛开展各类社会实践，让学生在社会实践中认识国情、了解社会，受教育，增长才干"①。第二课堂不仅是拓宽学生知识面、培养学习实习实践和创业能力、创新精神与独立思考能力以及社会适应能力的重要手段，也是高校思想政治建设的重要举措。

与我国类似，第二课堂也是各国高校普遍实施的一种教育教学模式。以美国为例，美国高校学生第二课堂的设置主要有公民服务、学生政府、学生社团，等等②。从其第二课堂的设置和实施可以看出这既是为了学生本身的发展，也是为了学生将来能够服务国家做好思想上和技能上的准备，有着鲜明的公民政治教育取向和综合素质培养取向，在本质上与我国第二课堂教育的基本目的是相同的。

对于来华留学生而言，开展第二课堂还有着更为重要的意义和目的，有着更深层次的内涵。

习近平总书记在 2020 年 5 月给巴基斯坦留学生的回信中写道："中国欢迎各国优秀青年来华学习深造，也希望大家多了解中国、多向世界讲讲你们所看到的中国，多同中国青年交流，同世界各国青年一道，携手为促进民心相通、推动构建人类命运共同体贡献力量。"③ 2021 年 6 月，习近平总书记给北京大学的留学生回信，鼓励他们了解中国，了解中国共产党，"读懂今天的中国，必须读懂中国共产党"，"欢迎你们多到中国各地走走看看，更加深入地了解真实的中国，同时把你们的想法和体会介绍给更多的人，为促进各国人民民心相通发挥积极作用"④。

两封重要回信是新时代来华留学工作的指导思想和工作方针，为高校贯彻新发展理念，走高等教育内涵式发展道路，实现高质量发展目标注入了新的内涵。在重要回信精神引领下，如何把国际学生培养成为读懂中国和读懂中国共

① 董丝雨，《一见·总书记为这所学校留下了宝贵财富》，https://m.gmw.cn/baijia/2021-03/26/34719617.html，检索日期：2022 年 12 月 28 日。

② 梅鲜，《高校思想政治教育第二课堂建设研究》，复旦大学博士论文，2013 年，第 92-95 页。

③ 新华社，《习近平给北京科技大学全体巴基斯坦留学生回信》，http://www.gov.cn/xinwen/2020-05/18/content_5512602.htm，检索日期：2022 年 12 月 23 日。

④ 新华社，《习近平给北京大学的留学生们回信》，http://www.gov.cn/xinwen/2021-06/22/content_5620089.htm，检索日期：2022 年 12 月 23 日。

产党的友好使者，成为知华友华人才，促进民心相通，推动构建人类命运共同体，已经成为各个高校需要密切关注的重要课题。第一课堂固然是相关教育和宣传的重要载体，而来华留学生第二课堂，作为来华留学教育的重要组成部分，因其内容丰富、形式多样、时空开放、学生参与主动、效果全面①，更凸显其独特的优势。

相关制度和文件的表述也体现出开展来华留学生第二课堂的重要性。《留学中国计划》（2010）明确指出："到2020年，使我国成为亚洲最大的留学目的地国家。培养一大批知华、友华的高素质来华留学毕业生。"《关于做好新时期教育对外开放工作的若干意见》（2016）提出要积极开展国际理解教育，加强人文交流机制建设，积极发挥来华留学人员的宣介作用，积极传播中国理念。《学校招收和培养国际学生管理办法》（2017）指出："高等学校应当对国际学生开展中国法律法规、校纪校规、国情校情、中华优秀传统文化和风俗习惯等方面内容的教育，帮助其尽快熟悉和适应学习、生活环境"，"高等学校鼓励国际学生参加有益于身心健康的文体活动，为其参加文体活动提供便利条件"。《来华留学生高等教育质量规范（试行）》（2018）中要求"来华留学生应当熟悉中国历史、地理、社会、经济等中国国情和文化基本知识，了解中国政治制度和外交政策，理解中国社会主流价值观和公共道德观念，形成良好的法治观念和道德意识"。《中共中央关于制定国民经济和社会发展第十四个五年规划和二〇三五年远景目标的建议》（2020）明确提出："以讲好中国故事为着力点，创新推进国际传播，加强对外文化交流和多层次文明对话。"从这些文件制度中可以看出，开展来华留学生第二课堂应有所侧重、有所突出，主要内涵体现有以下几点。

（一）开展国情教育和中国优秀传统文化教育，培养知华友华人才

我们要培养"知华友华"的高素质国际学生。开展"知华"教育，即对来华留学生开展中国国情和中国传统文化教育，让来华留学生在实践中认识中国，认识中国共产党，了解中国的自然、历史、社会、经济，理解基本政治制度、基本国策、发展成就、发展愿景，认识中国人的风俗习惯、主流价值观、公共道德观等，还要了解基本的法律法规和社会规范。在"知华"的基础上，进一步加强"友华"的教育和涵养，即提升中国文化认同，认可中国理念，

---

① 彭巧胤、谢相勋，《再论第二课堂与第一课堂的关系》，载《学校党建与思想教育》，2011年第14期，第45－46页。

主动传播真实客观的中国形象，主动宣传积极正面的中国文化和人类命运共同体的中国理念。

第二课堂可发挥其多渠道、多战线教育模式的独特优势，围绕来华留学生个体、群体、集体活动等三条主要脉络①，发挥学生的主体性，协同各部门联动，并引入社会力量共同参与，建立以中国国情和中国文化为主的第二课堂框架。构建实施策略和路径，把中国国情中国文化教育内容以网络平台、校园活动、校外实践等形式呈现，把趣味性、形象性和针对性寓在教育过程中，体现第二课堂润物细无声的特点，实现"知华友华"的来华留学生培养基本目标。乃至更进一步，部分来华留学生在热爱中国文化、认可中国制度、认同中国理念的前提下，涵养出"爱华"和"助华"情感，升华来华留学生培养目标。

（二）提升国际传播能力，促进对外文化交流

习近平总书记强调，讲好中国故事，传播好中国声音，向世界展现真实、立体、全面的中国，是加强我国国际传播能力建设的重要任务。来华留学生在华学习和生活，他们对中国的发展、中国人民的友善有更为切身的体会，是关注中国角色的外籍人士中的重要"他方"②。帮助他们更加深入了解中国国情、熟悉中国文化、感知中国发展，有助于促进他们和中国人民心心相通，推动他们成中国故事的见证者、中国声音的传播者、中国形象的推广者、世界民心相通的促进者。

包括来华留学生第二课堂在内的丰富多样的教育实践活动为讲好中国故事积累了丰富的素材。第二课堂，因其更能调动留学生的主动性和参与意识，可以发挥他们天然具有的本土资源优势和传播优势，培养他们对中国故事的创新性表达③。通过创新第二课堂的组织和实践方式，把来华留学生从单纯的"接收者"转化为主动的"讲述者"，促进他们对中国故事和中国声音内涵的理解和把握，以"他述"的方式将第一手的真实的中国向本国人民传播，推动我国同各国的人文交流和民心相通。

---

① 张艳莉、张昕雨，《新时期来华留学生第二课堂教育的研究与实践——以上海外国语大学为例》，载《国际学生教育管理研究》，2022 年第 1 期，第 45 – 53 页。

② 张广磊、徐嘉璐，《把讲好中国故事理念全面融入来华留学教育管理》，载《国际学生教育管理研究》，2021 年第 1 期，第 7 – 13 页。

③ 栾凤池、许琳，《引导外国留学生讲好中国故事的探索——以中国石油大学（华东）为例》，载《世界教育信息》，2017 年第 18 期，第 56 页。

（三）作为第一课堂的重要补充，提升培养效果

第一课堂通常是专业培养计划内的课程学习，让学生获得系统性、结构化的专业理论知识。第二课堂则是第一课堂的拓展。学生在第二课堂可以进一步对专业理论知识进行意义建构，从而内化为自身的知识结构。搞好第二课堂活动有助于来华留学生理解、消化课堂上所学的内容，通过感性知识和理性知识的结合加深对所学知识的印象。这对于促进留学生课堂教学非常有益。以留学生汉语教学为例，汉语言能力的培养相较于其他专业知识技能的培养有着很大的不同，它固然离不开课堂上汉语言知识和语言技能的讲授与操练，但光凭课堂上若干个学时的学习是远远不够的，更需要在大量的课外实践中去锻炼、提高。以培养学生的汉语运用能力为目标，通过文体活动、人文交流、学科竞赛、参观走访等丰富多彩的形式搞好第二课堂活动有利于学生听、说、读、写综合能力的训练和提高，进一步扩展和深化对专业理论知识的认知和理解。

在第一课堂，学生面对的都是预设好的培养方案与教学大纲，而第二课堂形式丰富多样，涉及面广，学生有一定的主动性，能够根据自己的兴趣爱好，或针对课堂学习中的不足，根据第二课堂的开设情况，主动地选择自己的拓展课程或各类活动，有计划地发展自身的综合素质，弥补不足。

（四）帮助来华留学生主动融入中国文化

美国文化人类学家奥伯格（Oberg）于 1960 年提出"文化休克"概念。[①]当一个人初次进入异文化时，内在的文化积累与外在的文化移入所引起的急剧变迁往往会对人们的心理产生冲击与震动，使人在生理上和心理上产生不适。奥伯格把这个阶段的心理感受称为"危机阶段"（The crisis stage），人的情绪往往会降到最低点。在这一阶段，由于不适应新文化，往往表现为内心深处的失望、孤独、寂寞、无力、无安全感、缺乏自我价值感，以及外部的焦虑、精神抑郁、自我封闭等情绪和行为。[②]

通过第二课堂，因地制宜因人制宜地开展一些学习活动和丰富多彩的文体活动，是帮助他们尽可能快地融入新环境的一个行之有效的方法，也是课堂教学的完善和延伸。对于刚刚抵华的留学生，业余活动对他们顺利克服"文化

---

① Ward C., Bochner S., Furnham A., *The Psychology of Culture Shock*（2nd ed.），Philadelphia：Routledge，2001 年，第 80 页。

② 张秋红、陈鹤，《从外国留学生跨文化心理适应角度谈高校对外汉语教学中的情感教育》，载《长春工业大学学报（高教研究版）》，2011 年第 2 期，第 65－67 页。

休克"，尽快适应新环境作用很大，如举办中文学习交流活动，中外学生的联谊会，组织集体参观考察，举办文体活动或竞赛，邀请他们到中国家庭做客等。通过这些活动，加强他们与中国学生和民众的接触，能让他们感受到他人的关心、集体的温暖和中国文化的魅力，从而减轻他们思乡的情感失落，在此过程中逐渐接受并融入中国文化，有助于他们适应异国文化、克服"文化休克"。更有积极意义的是，来华留学生在克服"文化休克"的过程中也同时适应着中国文化，他们也会自觉或不自觉地吸取中国文化中有益的东西。这两种文化在他们的头脑中经过思考、整合后，形成一种新的文化观念，有益于促进文化交流。

综上所述，第二课堂具有丰富性、多样性和灵活性的特点，能够为来华留学生提供有针对性、多层次、宽领域的素质拓展实践机会，更适应学生综合素质全面成长的需要，培养知华友华人才，提升来华留学生培养质量。

二、开展来华留学生第二课堂的条件和原则

（一）开展来华留学生第二课堂的若干原则

与中国学生第二课堂相比，来华留学生第二课堂的开展有共同的组织形式和教学方法，但来华留学生语言水平、文化背景千差万别，第二课堂在内容选择与教学方法上有其特定的教学原则。

1. 第一课堂和第二课堂相结合原则

开展第二课堂，是为了配合第一课堂，弥补和拓展第一课堂，以实现来华留学生的培养目标，而不是为了搞活动而搞活动。因此，要结合第一课堂的实际，并结合学科、语言或文化的知识性输入，针对其不足，及时有效提供国情教育和文化教育真实、生动、新鲜的话题或材料，从而帮助学生更好地学习和理解中国国情和中国文化，弥补第一课堂理论知识内容泛化与平面化等不足，帮助构建多维、立体、真实的中国形象。

第一课堂教师讲授往往采取灌输式方法，容易让学生感到枯燥。趣味性是解决这一问题的有效方法，因此教师在设计第二课堂时应该为课堂增添乐趣，让学生在轻松愉快的环境中进行更多的互动并获得知识。如不能正确处理好知识性与趣味性的关系，第二课堂将失去自身独特的优势。

2. 三全育人原则

第二课堂开展应是全员、全程投入的。来华留学生群体在中国留学期间所

接触到的一切人、一切事，都是其认识和了解中国的一部分内容。因此，第二课堂必须要做到全员参与，全程育人。留管干部和任课教师要注意把好政策关，有计划、有目的地安排好每次第二课堂的教学和活动，并注意提升自身的文化育人水平，以隐性教育的方式润物无声地全方位贯彻培养目标。全员育人也要求第二课堂视野不能仅局限在校内，要面向更为广阔的社会，调动社会力量参与到第二课堂中来，取得多方的支持与合作，深度挖掘、整理，并利用好各级、各层面的教育资源，让第二课堂内容更加贴近真实的中国。

3. 以学生为中心原则

第二课堂，说到底是育人的工作，需要以学生为中心。"以学生为中心"的教育理念是美国心理学家卡尔·罗杰斯于 20 世纪 50 年代提出的。他从心理学的角度出发，认为应把学生作为教育教学的主体，提倡教师引导学生主动学习，充分调动他们的学习热情。[①]

来华留学生来自不同的国家，身上带有不同的民族文化特质，不同国家、不同文化的人对于中国文化、中国国情的认知必然会打上自身文化的烙印，因此他们对中华文化、中国国情的兴趣、需要不同。相比起第一课堂"规定动作"的单刀直入，第二课堂则更体现出柔性和隐性教育的特征，要注意留学生文化感受的多元特征，引发留学生强烈的情感共鸣，增强我国文化的吸引力，培养留学生的认同感。有针对性地了解和分析他们对中国国情和中国文化教学内容的真实需要，寻求最大公约数，尽可能设计不同的"自选动作"。组织和开展各类中国国情教育教学和活动时，应遵循从留学生主体出发的原则，设计出参与性、共鸣性和共情性高的活动方案，让留学生跳出局外人和旁观者的身份，从而更愿意向家人、朋友乃至全世界展示一个真实、立体、全面的充满"人情味"的中国形象。

4. 跨文化原则

每一个个体在跨文化的交流与碰撞中，因自身有意或无意的文化定式，以本族文化为标准参照和价值尺度去考量、评判他族文化，往往导致简单化概括，以点带面、以偏概全，形成偏见乃至歧视。[②]

在第二课堂，我们要向来华留学生介绍中国国情和中国优秀传统文化，要

① ［美］卡尔·R. 罗杰斯，《个人形成论：我的心理治疗观》，杨广学、尤娜、潘福勤译，北京：中国人民大学出版社，2007 年，第 262－271 页。

② 滕达、邹积会、何明霞，《跨文化交际探究》，哈尔滨：哈尔滨地图出版社，2010 年，第 80－81 页。

培养他们对中国文化的积极态度，克服对中国文化的刻板印象和成见，从中国人的角度和中国国情出发来理解中国文化，逐渐教育引导他们"知华友华"，这是来华留学教育的目的所在。我们还要避免两种倾向，一是过度吹捧，二是对于部分来华留学生对中国的偏见等错误认识和行为采用不置可否的回避态度。① 为此，开展第二课堂的教师应掌握较好的跨文化交际能力，对来华留学生加以引导。

（二）开展来华留学生第二课堂的基本框架

开展来华留学生第二课堂需要有一个科学的顶层设计。欧美大学普遍开展第二课堂历史悠久，经验丰富，可借鉴他们的培养框架。以印第安纳大学与普渡大学印第安纳波利斯联合分校为例，该校第二课堂基本框架包括以实践印证培养理念、联动的组织架构、良好的硬件支持、国际化交流、因地制宜等基本因素。② 结合我国实际，开展来华留学生第二课堂需要建立一体化融合化的课程体系，建设多层次的教育平台，打造专业化的教学队伍，完善经费投入机制，形成系统完备、沟通顺畅、科学规范的培养框架。

1. 构建课程项目体系

来华留学生第二课堂的形式多样，但贯穿其中的一根红线就是来华留学生的培养目标。没有这样一根红线，第二课堂就会流于形式，陷于内涵空心化、领域边缘化、运行孤立化、培养单一化③的困局中。可在调研来华留学生兴趣和需求基础上构建课程项目体系，如中国国情和中国文化板块、文体活动板块、社会实践板块、志愿服务板块、创新创业板块等，提高第二课堂的吸引力和实效性。

2. 组织有效的教学团队

组织一支拥有丰富的教学经验和良好课程设计能力的教学团队非常重要。从全员育人的角度出发，需要留管干部、辅导员、专业教师、研究生导师，来组织开展第二课堂课程，乃至校外相关方共同参与。

---

① 胡清国、张雪，《来华留学生中国国情教育的基本原则》，载《纺织服装教育》，2020 年第 4 期，第 283 - 287 页。

② 赵静，《浅析中美高校大学生第二课堂培养体系——以 SYSU 和 IUPUI 为例》，载《科教文汇（上旬刊）》，2015 年第 7 期，第 30 - 31 +48 页。

③ 宋丹、崔强、陆凯，《提升高校第二课堂育人实效的路径探析》，载《思想教育研究》，2018 年第 5 期，第 119 - 122 页。

3. 提供足够的软硬件条件

开展来华留学生第二课堂需要有充足的资源准备，包括课程资源，如教材、讲义、练习等；教学环境资源，要有现代化的教学设施和多媒体资源；足够的资金投入，以确保第二课堂的教学资源、教师工资、管理费用等。除了学校要加大投入，还可以积极争取社会的资源和资金支持。

4. 有效的沟通协调

第二课堂的组织者需要和学校、社会、来华留学生本人乃至家长进行有效的沟通协调，以确保第二课堂的顺利进行。要特别指出，教学人员应具有跨文化交流能力。

5. 建立反馈和评价机制

第二课堂实施的有效性需要通过进一步的反馈和评价体现出来。需要针对第二课堂的内容、实施路径和教学方法建立充分的反馈和评价机制，并不断完善反馈评价体系，提供更多有益参考，不断改进第二课堂。

三、来华留学生第二课堂的实践路径

按照建构主义理论，学习者需要在一定的情景下，通过有意义的建构方式来获得知识①，这样的知识才是鲜活的，才能够被学习者灵活使用并用于解释现象和解决问题。来华留学生第二课堂以学生为中心，在时间和空间上将课堂延伸，提供广阔的认知及实践空间，开辟多条实践路径。这不仅是来华留学生培养提质增效的有效手段，也是培育"知华友华"乃至"爱华""助华"的优秀国际人才的重要途径。

（一）专业素质提升类

第二课堂作为第一课堂的延伸和拓展，可以巩固和深化第一课堂所学知识，加深对课堂知识的理解，做到融会贯通，还可以促使学生将自己已经掌握的理论知识运用到实践之中，理论联系实际，使自己的知识结构得到检验和完善。

---

① 冯俊杰，《关于留学生第二课堂活动的思考》，载《学理论》，2013年第5期，第198－199页。

【案例】 四川大学留学生文化体验项目探索与实践①

四川大学海外教育学院汉语教师带领五名留学生前往四川省汶川县开展"四川大学留学生在线文化体验项目探索与实践——以'中国少数民族艺术'课程为例"的课题项目。汶川是全国四大羌族聚居县之一、国家羌文化生态体验区，旅游资源丰富，文化底蕴深厚，在媒体融合大背景下，汶川拥有名列前茅的综合传播力和知名旅游品牌的美誉度和影响力。此项目紧扣当下"在线开展留学生国际交流"的趋势，立足四川本地少数民族特色，围绕其代表性的文化艺术特质，带领川大留学生以参观、采访、推介和探究为一体的方式亲历跨文化交际，形成视频课以充实教学资源库建设，推动少数民族文化的国际传播。同时，留学生们还用本国语言和中文拍摄了汶川甜樱桃的宣传视频，以自己的方式"直播带货"，助力汶川特色农产品推广和旅游发展事业。

案例解读：习近平总书记多次提到要"讲好中国故事，传播好中国声音，展示真实、立体、全面的中国"。国际中文教育在讲好中国故事方面有着天然使命和重要作用。本项目依托四川大学在国际中文教育方面的优质教育资源，通过少数民族艺术探究为桥梁，搭建起校地合作共同传播中国文化的平台，增进了留学生对中国文化的认识了解，是延展国际中文教育内涵的一次有益尝试，也是学院助力地方社会经济发展的又一举措。

（二）中国国情教育和中国文化教育类

来华留学生第二课堂能发挥课堂教学之外的独特优势，是开展中国国情和中国文化教育的重要形式，是来华留学生了解认识中国、读懂中国的重要路径，是提升来华留学生教育质量的主要抓手。应在文化自信的引领下，创新开展中国国情和中国文化教育的形式，组织和引导来华留学生以其亲眼所见、亲耳所闻、亲身所感客观、立体、全面的中国及中国文化、政治与社会、经济与民生，培养"知华友华"国际人才。

---

① 克非，《我院师生赴汶川开展中国少数民族艺术探索与实践》，https://soe.scu.edu.cn/info/1032/2376.htm，检索日期：2022年12月26日。

【案例1】 国家留学基金委"感知中国"社会实践与体验活动①·②

　　为发挥中国政府奖学金生特殊群体作用，讲好中国故事，国家留学基金委从2015年至今，每年坚持举办"感知中国"社会实践与体验活动，支持和引导有关奖学金院校组织中国政府奖学金生深入各行各业，实地了解中国发展和变化。同时，紧密结合地方人文，带领学生走进文化遗产地、红色圣地等体现中国特色文化区域，展示中国文化。首先，"感知中国"活动由国家留学基金委在宏观上策划，由各大高校设计活动方案，并由高校单独或联合承办，留学基金委全程指导和监督活动的开展，还邀请媒体进行跟踪报道。其次，"感知中国"活动在组织形式上实现了创新，活动内容丰富，形式多样，涉及经济、政治、科技、文化、教育各领域，既有意义又接地气，深受来华留学生喜爱。再次，通过"感知中国"活动，学生不只是在书本上学习，而是深入到中国社会的方方面面，看到一个真实的、立体的中国，也能从多个维度体会中国文化。综合来看，经过几年的发展，"感知中国"系列活动已经成为来华留学教育的一个品牌项目。

　　案例1解读："感知中国"社会实践与体验活动通过带领来华留学生体验中国的优秀传统文化和经济发展亮点，在传统的课堂教育之外，打通了一条深入了解中国的新渠道。从文化习得上来说，让来华留学生从校园到社会，从农村到高科技企业，从考古现场到社区民户，这种全方位浸入式学习是最有效的。"感知中国"系列活动得到了从国家领导人到来华留学生，以及各个参与学校的高度赞赏和认可。很多学生借此机会才得以第一次真正意义上近距离接触中国社会，改变了过去的片面印象；有些同学深入农村、企业，见识了许多课堂上没有的内容，才发现中国发展和变化之快，从心里感到佩服。更有意义的是，不少学生愿意主动讲好中国故事，传播好中国声音，把中国的美丽风景和友好的人民介绍给全世界，希望更加促进本国和中国的国际交往，做两国之间友好交往的使者。

【案例2】 同济大学以红色资源为纽带开展国情教育③

　　同济大学以"三全育人"综合改革试点为背景，用好红色文化资源，以

　　① 国家留学基金委，《做强"感知中国"品牌 讲好中国故事》，http://www.moe.gov.cn/jyb_xwfb/moe_2082/2021/2021_zl48/202107/t20210723_546315.html，检索日期：2022年12月26日。

　　② 张轮，《把"感知中国"打造成来华留学的卓越品牌》，载《神州学人》，2017年第3期，第22－25页。

　　③ 宗骞，《国际学生感知中国第二课堂》，上海：同济大学出版社，2021年，第48－70页。

第二课堂社会实践的方式把我国红色文化介绍给留学生，组织来华留学生开展"追寻历史脚步，聆听中国故事——走进一大会址""感知中国——嘉兴南湖""感受井冈山文化，追寻革命伟人行迹——留学生井冈山教学实践"和"走进四行仓库，感受壮士英魂——国际文化交流学院留学生参观四行仓库抗战纪念馆"等红色文化参观体验活动。留学生在井冈山以教学实践活动为主，作为汉语课堂的延伸；在其他三地以参观和聆听讲解为主。在参观和实践前，教师先讲述了相关的历史，让学生带着问题、带着目的出发。活动结束后学生都写了活动体会，均表达了对中国和中国共产党的新认识，还有学生表达了想进一步了解中国共产党的意愿。

案例 2 解读：同济大学创新开展跨文化教育，打破了敏感区，激发来华留学生对红色文化的兴趣，增进他们对中国共产党的认识和对我国近现代革命史和抗日战争的了解，让学生用亲眼参观、亲身体验的方式了解和认识中国人的红色基因。比如，留学生们在参观一大会址后，能领悟到为什么中国共产党能带领人民走出积贫积弱，创造人类发展史上的奇迹；在参观完南湖后，能感受"红船精神"中的创新精神的现实意义；在井冈山实践后，能切身体会到中国共产党全心全意为人民服务的宗旨；在参观四行仓库后，能更深层次了解抗日战争的意义及中国人民坚强不屈的斗志和精神。同济大学创新开展第二课堂，让来华留学生更加真实、立体、全面地认识中国和中国共产党，是培育知华友华人才的有效途径和积极实践。

【案例 3】上海大学的"知华教育"系列品牌活动①

上海大学不仅依靠课堂和书本来传播知识，还通过构建包括第二课堂在内的教学和活动，以"跨文化适应"为核心，从知华讲堂、知华实践、知华导师和知华导生四个方面开展"知华教育"活动，形成了"知华系列"品牌。"知华教育"是全方位的国情教育，教育形式主要有：1. 知华讲堂，内容涵盖广，包括时事热点、中国文化艺术、中国社会和经济、中国国际关系等；2. 知华实践，通过身临其境的体验活动，加深学生对中华文化和当代中国社会的切身感受，以及对现代企业的认识和了解；3. 传统文化体验，通过活动学习、体悟、内化中国传统文化；4. 感知中国魅力，通过与中国民众的接触，让留学生体会中国人的价值观。同时，该校构建了完整的知华教育团队，研究生导

---

① 姚喜明、何二林，《构建新时代中国特色国际学生知华教育模式——以上海大学为例》，载《国际学生教育管理研究》，2022 年第 1 期，第 1 - 11 页。

师和普通中国学生也在内，还出台了制度，建立了反馈机制，全面保障"知华教育"活动的进行。

案例3解读：上海大学"知华教育"品牌是一个完整的"三全育人"工作体系，通过全员、全程、全方位的教育，让来华留学生亲眼所见，切身感受，认识中国，感知中国文化，体验中国的历史巨变。"知华教育"品牌系列活动覆盖了来华留学生第二课堂教育的众多方面，规模庞大，参与人员众多，组织制度齐备。实施"知华教育"，提高了来华留学生对中国文化和当代中国的认同，帮助留学生尽快适应新的文化环境，还有一些学生因此成为中外文化交流的优秀分子，以实际行动讲好中国故事。

【案例4】 四川大学开展在线文化讲座①

四川大学主办了一场题为"从三星堆到年画村——蜀地历史传统与日常生活方式"的讲座。该讲座作为来华留学生第二课堂的活动，既是国家留学基金委"感知中国"活动的一部分，也是该校旅游管理专业学生第一课堂的延伸。讲座为留学生们介绍三星堆发掘历史、考古成就、三星堆文明的特色，三星堆文化与巴蜀文化及世界其他文化、文明的联系等，为留学生构建起多维度全方位的生动的三星堆知识体系。整场讲座不仅面对该校留学生，还同时吸引了来自四川各高校的数百名留学生同时在线观看。很多学生在讲座后发表感言，表示与自己平时接触到的中国文化元素相比，这次了解到奇特的三星堆文化，更加感到中国文化的博大精深。

案例4解读：披着神秘面纱的三星堆一直是来华留学生感兴趣的对象。四川大学以在线讲座的形式向大家作详细介绍，把具有悠久历史的三星堆文化与当代四川人民日常生活习俗联系起来。与现场参观相比，讲座从考古、历史、文化、旅游等专业角度介绍，更为翔实、生动，从一个侧面展示了中华文明的起源和发展的历史脉络，以及我国一万年的文化史、五千多年的文明史，让来华留学生对于中国文化的了解从陌生变得亲近起来，并使他们从更多的维度理解中国文化，继而理解中国特色和中国特色社会主义道路。以学术讲座为载体讲好中国故事，能弥补现场参观走马观花的不足，通过"讲得清，听得懂，传得开"的方式，不断提升来华留学生培养质量。

---

① 留学川大，《为何一场讲座能吸引全省留学生来听？》，https://mp.weixin.qq.com/s/KSz1-sv4z4qf4-AuFcqaDQ，检索日期：2022年12月26日。

（三）国际传播类

党的十八届三中全会提出，"扩大对外文化交流，加强国际传播能力和对外话语体系建设，推动中华文化走向世界"。来华留学生成为传播主体，让国（境）外的人群成为传播受众，给来华留学生第二课堂开辟了新的广阔路径。

【案例】从中央到地方，再到各个高校都在努力开辟来华留学生第二课堂渠道，开展了相应的活动，让来华留学生"讲好中国故事，传播好中国声音"。在国家层面，组织来华留学生参加"第三只眼看中国"国际短视频大赛、"感受中国新时代"主题征文摄影和短视频大奖赛、"我与中国的美丽邂逅"来华留学生征文与短视频大赛等国家级活动，为留学生提供了讲中国故事的国际化平台。高校也纷纷组织来华留学生记录中国，讲述中国，如同济大学鼓励来华留学生用文字记录自己所看到的中国，真实表达对中国的认知和感受，挑选了150篇优秀作品编辑成册。[①]

越来越多的高校在努力让来华留学生把讲中国故事的受众更多转向本国和其他国家人群。南京大学的教师建议江苏省在当前工作基础上把来苏留学的硕士和博士研究生作为未来中国文化跨文化传播的主要力量，精心选择更适合海外传播和跨文化教育的江苏文化内容，通过省内单位、数字网络平台和国外著名高校合作，建设区域文化海外传播新途径。[②]四川大学的多国留学生们用参加冰雪运动的方式庆祝北京冬奥会顺利召开，并把他们运动的视频上传到境外社交平台，引发热议。[③]江西财经大学鼓励孟加拉国留学生将在中国的所见所思和真实经历撰写成文章，通过孟加拉国媒体向世界讲述一个真实、全面、立体的中国。[④]

高校创新来华留学生第二课堂的内涵和形式，与社会机构共同开展来华留学生国际传播工作，典型如 Chengdu Plus。Chengdu Plus 是成都市广播电视台打造的国际传播合作平台，是一档向海外全面展示成都经济社会发展、历史文

---

① 宗骞、时玥，《国际学生讲中国故事》，上海：同济大学出版社，2021 年，第 319－320 页。

② 丁芳芳，《后疫情时代研究型大学国际学生跨文化教育与区域文化海外传播结合研究——以江苏省为例》，载《国际学生教育管理研究》，2022 年第 1 期，第 72－74 页。

③ 留学川大，《四川大学留学生都江堰感受冰雪运动魅力 助力北京冬奥"一起向未来"》，https://mp.weixin.qq.com/s/AkPkOvPTMxPOsjjKIKvqLw，检索日期：2022 年 12 月 26 日。

④ 王琦、雷雨洲、贾军刚，《留学中国，愿做中国故事的传播者——专访江西财经大学留学生吴迪》，载《中国出入境观察》，2023 年第 1 期，第 66 页。

化内涵的综合类节目。该节目多次与在蓉高校合作，邀请来华留学生参与拍摄录制节目，向境外观众介绍成都，讲好成都故事，传播好成都声音。

来华留学生第二课堂还可以延伸到校友工作。北京大学以色列籍校友高佑思（Raz Galor）创办"歪果仁研究协会"，致力自媒体创作，推出新疆棉花案例、武汉案例等系列短视频，已有超过1亿的全球粉丝，成为网络"大V"。他立志于孵化上万个跨文化视频博主，合力打开外国民众了解中国的一扇窗户，向国际社会展现真实、立体、全面的中国。① 厦门大学德国籍校友吴雨翔（Patrick Koellmer）通过短视频平台分享在中国的所见所闻所感所得，截至2022年12月微博粉丝量达240.8万，在抖音和Tiktok粉丝量达54.8万。他以短视频的方式传播中国特色文化，映照社会变迁发展，呈现社会真实风貌，建构中国立体形象，为中国故事讲述打开了新的窗口，成为我国跨文化传播的桥梁与纽带。②

案例解读：让来华留学生"讲好中国故事，传播好中国声音"，是提升我国际传播能力的一个重要途径，主要体现在用他国民众听得懂的语言表达中国声音，讲述真实、立体、全面的中国。来华留学生生活在中国，他们眼里口中的中国要比大众媒体更有说服力，他们讲的内容在本国人群中更有公信力。让来华留学生"讲好中国故事，传播好中国声音"的前提是他们对中国国情和中国文化的认识比较完整和准确，只有肚里"有货"，才能言之有物。同时让来华留学生在创作讲中国故事作品时还要注意提升写作技巧，提高中国故事的感染力和影响力，要关注细节，减少宏大的叙事和泛泛的感想，还要找好故事的切入点，删繁就简，使故事的主题鲜明突出。③

（四）中外学生交流类

开展形式多样、丰富多彩的中外学生交流活动是实施来华留学生第二课堂的典型做法，通常包括各类文艺活动、体育活动、社会实践活动等。通过活动，促进中外文化交流，增进中外学生彼此的了解，同时也加强外籍学生对中

---

① 马倩美，《赋能来华留学生讲好中国故事，增强中华文明传播力影响力》，https://new.qq.com/rain/a/20221230A0AB0C00，检索日期：2023年2月1日。

② 宋伟、梁路、杨彬，《来华留学生自媒体短视频讲好中国故事的传播路径研究——以"德国小伙吴雨翔"为例》，载《新闻传播》，2022年第23期，第47—49页。

③ 栾凤池、许琳，《引导外国留学生讲好中国故事的探索——以中国石油大学（华东）为例》，载《世界教育信息》，2017年第18期，第56—59+71页。

国的了解，拓宽中国学生的国际视野，营造国际化校园文化氛围。

【案例1】 复旦大学学生特色活动"中华文化小讲堂"①

复旦大学针对中外学生平时交流机会较少这一各高校的普遍性问题，对校园跨文化交流与中外学生融合机制进行探索，建立了面向来华留学生开展"中华文化"为核心的跨文化交流第二课堂。"中华文化小讲堂"按大约每月一期的频率，以中华优秀传统文化传播为内核，同时结合对中国现当代发展情况的介绍，每一期设计一个文化主题，将现代手段和中国文化主题有效结合，以讲座、沙龙为主要形式，突出中外学生的交流互动。该活动不仅局限于校内的文化交流，还深入到社区开展志愿服务，开展企业参访，来华留学生还能体验上海本地生活。活动构成了学院、师生、党支部、班级、研究生会和学生会等几级工作全面贯通的模式，不仅加深彼此之间的交流和联络，推动了中外学生融合，也深化了对中华文化的体认，加强了留学生的中国观教育。汉语国际教育专业的留学生还借此训练适应本土教师工作的技能，练就了"站讲台"的基本功。

案例解读：中国文化博大精深，很难通过一两次活动就能让来华留学生全面地认识和了解。复旦大学"中华文化小讲堂"贵在坚持，把中国文化的元素拆解，每一期展现一个主题，不断给来华留学生以新鲜感，保证了第二课堂的长盛不衰。活动突出了中外学生合作性，由中外学生自己来策划实施，契合青年学生的心理和兴趣特点，更容易实现中外学生的深度交流和融合。在开展活动的时候，突出党建引领和文化自信，以学生支部、党员群体为核心，把握文化自信和"中国观"教育的实质，对来华留学生实现"润物细无声"的浸润影响。

【案例2】 四川大学国际课程周（University Immerse Program）项目

四川大学"国际课程周"（University Immerse Program，简称UIP）是目前国内高校中规模最大的国际课程周之一。UIP于每年暑期前两周时间开展，活动包括两个方面，一是聘请世界一流大学的外籍专家学者来校开设两周的全英文课程，二是邀请世界一流大学留学生与川大学子一起共同开展"国际交流营"活动，内容主要包括学术研讨、文化交流、临床观摩，以及创新创业实

---

① 李洁，《高校跨文化交流与中外学生融合机制探索——以"中华文化小讲堂"活动为例》，载《复旦汉学论丛》，2020年，第196-200页。

践等活动。UIP 汇聚全球优质教学资源，让川大学生足不出户聆听世界名师的课程，近距离接触学科前沿知识，感受多样化的教学风格，学习理解不同文化。同时在校的长短期来华留学生借此第二课堂的机会，与中国学生共同开展上述学术和人文交流。

案例解读：数万名中外师生在为期两周的"国际课程周"里，充分利用好这个国际化高端平台，共同学习，共同实践，相互交流，分享了一场高水平国际交流、优质化国际教育的盛宴。这样的第二课堂，避免流于简单的人际日常交流，而是带有启发和连接的作用，在增进友谊、碰撞思想、汇聚知识、广交朋友、开拓视野、启迪智慧的氛围里促进来华留学生消除文化隔阂，全方位了解中国国情和中国文化。

（五）创新创业类

来华留学生第二课堂对开展创新创业教育有着独特的优势。

【案例 1】对外经济贸易大学提升来华留学生创新创业能力[1][2]

对外经济贸易大学通过来华留学生第二课堂向学生提供创新创业平台，并组织实践考察。该校将创新创业教育分为创业前期准备、创业能力塑造、创立我的企业和经营我的企业四大模块，着重于学生创业理念教育、市场敏感度训练、企业家精神与行为力塑造，为学生提供零成本、零风险的模拟创业平台。除组织创新创业竞赛外，还设立"来华留学生创业实验室"，共享学校创业中心资源，通过创业实验室课程平台和创业模拟实训软件，帮助来华留学生创业团队实现创业培训。另积极组织来华留学生到企业实地参观调研，让学生充分、全面地感受中国企业文化、运作机制和行业发展状况。

案例解读：对外经济贸易大学积极构建来华留学生第二课堂创新创业教育顶层设计，很早就成立了"来华留学生就业指导中心"这一专门机构，开设了相应课程，搭建了创新创业培训平台并与企业合作共同开展此项工作。该校已形成了自身的优势和特色，通过第二课堂培育知华友华的国际实用人才资源。

---

① 苗绿、曲梅，《国际学生来华留学与发展》，北京：中国社会科学出版社，2022 年，第 170 - 173 页。

② 王稼琼，《对外经济贸易大学来华留学生"出口"管理与服务工作》，载《世界教育信息》，2016 年第 24 期，第 24 - 25 页。

【案例2】杭州市下城区跨贸小镇支持来华留学生创新创业①②

杭州市下城区是中国跨境电商综合试验区的先行区,浙江省首家专门为外国创业者服务的机构——"外国人创业就业中心"就坐落在下城区跨贸小镇。该中心向包括来华留学生在内的在华创业外国人提供"一揽子"服务,包括政策解读、项目孵化和配套服务等,如财务、法务、税务咨询与服务,并提供一些优惠措施和扶持,帮助学生申请2~5年的"私人事务居留许可",为有意留华创业、就业的留学生提供便利。

案例解读:下城区为了顺应城市国际化潮流,吸引国际化创业人才,与在浙高校合作,为来华留学生精心打造实习实践第二课堂,是政府指导的支持来华留学生创新创业的典型案例,体现了全员育人的教育理念。在这里,来华留学生能够进一步了解中国市场、熟悉中国贸易规则,培养跨境贸易的能力,他们也将两国的文化和友谊传播开去,用自己的方式"讲好中国故事"。

(六) 社会实践和社会服务类

在来华留学生第二课堂设计和实施社会实践与社会服务有关内容,能够帮助来华留学生深入到中国的基层,如农村、社区、企业,切身体会中国每一个基层细胞的发展和变化,从而了解真实的中国。

【案例】西北农林科技大学感知乡村振兴,助力脱贫攻坚,构建"知华友华"留学生实践育人模式③④⑤⑥

西北农林科技大学发挥自身学科优势,组织开展来华留学生第二课堂,在

---

① 苗绿、曲梅,《国际学生来华留学与发展》,北京:中国社会科学出版社,2022年,第173-176页。

② 姚敏侣,《玩"跨境创业"的洋学生们》,载《杭州(周刊)》,2017年第24期,第35-37页。

③ 裴志超、程尚志,《以"感知中国"创新开展来华留学工作》,载《神州学人》,2022年第2期,第40-42页。

④ 张丹华、宋豪新,《田间地头,感受中国减贫实践(国际人士见证中国决战脱贫攻坚)》,https://baijiahao.baidu.com/s?id=16859990538140378663&wfr=spider&for=pc,检索日期:2023年2月1日。

⑤ 西北农林科技大学,《培养民心相通 知华友华的农科留学生》,https://www.sizhengwang.cn/a/dsxxjy_dsxxjydt/210705/896828.shtml,检索日期:2023年2月1日。

⑥ 共青团西北农林科技大学委员会,《我校留学生赴合阳开展"感知乡村振兴·助力脱贫攻坚"活动》,https://54youth.nwsuaf.edu.cn/tqjc/tqkx/b02372c0d1d2465db9a7853bff32c8c4.htm,检索日期:2023年2月1日。

农忙时深入田间地头和试验农场，用自己的理论知识、科研技术和辛勤劳作开展农业生产实践，在劳动育人过程中让留学生深入感知中国"三农"问题和农耕文化。该校还组织留学生到农村一线持续深入开展"感知乡村振兴——助力脱贫攻坚"系列活动。组织留学生下沉到农村，一方面通过自己的专业知识帮助当地农民科技兴农，另一方面以自己所见所闻直观感受中国脱贫攻坚所取得的伟大成就。

案例解读：脱贫攻坚是中国共产党带领人民群众向深度贫困地区发起的攻坚战，在中华民族发展史和人类发展史上都是一项彪炳史册的伟业。在中国脱贫攻坚实践中，高校设计开展来华留学生第二课堂，鼓励留学生参与实践，走进田间地头，与农村群众和驻村干部展开深入交流，还有一些学生利用所学知识参与中国脱贫攻坚实践。他们是中国脱贫攻坚的见证者、参与者，也是中国与其他国家开展减贫国际合作的推动者。通过参与到脱贫攻坚这一伟大实践中，来华留学生更深入地走进中国社会，亲身感受中国的制度优势，更进一步推动了他们对中国价值观和中国道路的认同。他们还把中国的减贫经验带回各自的国家，并向全世界讲述真实、立体、全面的中国。

（七）综合类

有效开展来华留学生第二课堂实践，是一个系统工程，要以习近平总书记重要回信精神为指引，结合第一课堂，按照"认知—理解—认同—践行"的实施过程构建全面的工作格局。

【案例】四川大学"留传经典"（China in Our Eyes）来华留学生文化育人品牌项目

四川大学"留传经典"（China in Our Eyes）来华留学生文化育人品牌项目是四川省高校思想政治工作精品项目。该校在"三全育人"理念指导下，深入挖掘"留传经典"文化育人品牌项目内涵，发挥四川大学特色优势，创新活动形式，积极探索形成特色突出、形式创新、内容丰富、成效显著，可示范、可引领、可辐射、可推广、可持续的来华留学生文化育人先进经验和典型做法。

该校来华留学生第二课堂主要围绕以下几个方面开展：

1. 特色文化教育课程。立足于优势学科，发挥川大特色，延展第一课堂，以生动有趣又富有内涵的课程和讲座搭建语言教学与文化熏陶二元结合的融合体，并以此讲好中国故事。

2. 来华留学生文化导师。举办"明德文化大讲堂""鸿鹄之约"等品牌活动，邀请知名专家教授开展讲座或与学生座谈，主要围绕中国国情、中国文化、热点时政等展开。

3. 中外学生共建社团。在政策指导下鼓励留学生自我教育、自我管理、自我组织，并与中国学生密切互动。

4. 人文、体育交流和实践活动。常态化开展各类文体活动、社会实践活动和中外学生人文、体育交流活动。组织学生积极参加国家、省市主办的各类人文、体育和实践活动。

5. 国际传播实践。组织来华留学生利用自媒体平台或积极配合政府融媒体平台做好国际传播，鼓励留学生以自己的方式讲好中国故事。

6. 校外文化实践基地。与校外中小学、社区、社会组织、企业结对，组织来华留学生开展交流，既让留学生了解中国，也发挥留学生的优势，为本市国际化做贡献。

7. 实习和创业基地。与学校学生创业中心，地方政府和企业合作，组织来华留学生参观、实习实训和创新创业。

8. 海外校友会。发挥海外优秀校友在中外人文交流中的积极作用。

案例解读：来华留学生第二课堂是来华留学生教育不可或缺的组成部分，是营造国际化、多元化的学习环境的重要载体，是实现中外学生跨文化交流与融合的有效渠道，还是开展中国国情和中国文化教育的重要途径，为培养"知华友华"人才，讲好中国故事创造了基本条件。

第五章 "从心出发"，来华留学心理育人的思考

　　随着来华留学生规模的不断扩大，来华留学生教育已成为中国高等教育的重要组成部分。来华留学生大多处于体力、智力、个性最活跃的人生成长期，个性发展具有不稳性和可塑性。但是到异国他乡学习，留学生除了应对学习、就业、情感等方面压力，还要克服语言障碍、适应亲人的远离、调整饮食习惯、适应不同气候、应对新的社会规范、文化习俗和教育方式等，容易导致他们产生适应不良、焦虑、抑郁等心理健康问题，并由此产生的突发事件日益增多。多项针对来华留学生心理健康问题的调查和研究显示，来华留学生感到的社会文化困难平均处于中等水平[①]，躯体化、偏执、精神病、强迫症状、恐怖、焦虑、人际关系紧张和精神病性因子分数均高于在校中国学生常模。[②]

　　因此，如何更好地认识来华留学生思想与心理特点，深入分析可能产生的心理问题及其原因，并有针对性地进行积极有效的疏导和调适，进而推动留学生教育事业的健康发展，已成为当前留学生教育和管理工作者所面临的重要课题。开展来华留学生心理健康教育和心理危机干预是提高来华留学生心理素质，促进其身心健康和谐发展的重要途径和手段，也是提升留学生培养质量，进而推动高校留学生教育事业健康发展，扩大教育对外开放的重要内容。

---

　　① 朱国辉，《高校来华留学生跨文化适应问题研究》，华东师范大学博士论文，2011 年，第 164 页。

　　② 鲁晓川、王栋，《跨文化适应视域下高校留学生心理健康教育的策略探析》，载《文化创新比较研究》，2020 年第 2 期，第 21 - 22 + 46 页。

一、来华留学生心理健康工作的重要意义

（一）心理健康的内涵

对心理健康的定义，不同学者有不同的理解。20 世纪 20 年代，美国医学界开始关注心理健康，并于 1929 年第一次提出了心理健康一词。但直到 20 世纪 40 年代，心理健康才引起各个领域的关注和研究。1946 年，第三届国际心理卫生大会对心理健康的含义做了界定，"所谓心理健康就是指在身体、智能以及情感上，在与他人心理健康不相矛盾的范围内，将个人心境发展成最佳状态"①。国家卫健委 2016 年 12 月在《关于加强心理健康服务的指导意见》中指出，心理健康是人在成长和发展过程中，认知合理、情绪稳定、行为适当、人际和谐、适应变化的一种完好状态。②

综合而言，心理健康就是指个体心理的各个方面及活动过程处于一种良好或正常的状态。心理健康的个体能够适应变化的环境，具有完善的个性特征，其认知、情绪情感、意志行为处于积极状态，并能保持良好的自控能力。在生活实践中，心理健康的个体能够正确认识自我，自觉控制自己，正确对待外界影响，使心理保持平衡协调。总的来说，心理健康与个体的适应能力、耐受能力、调控能力、社交能力和康复能力等多个方面密切相关，这些方面的缺或弱化会导致心理健康问题或心理异常。

（二）来华留学生心理健康工作的重要意义

随着国家留学事业的不断发展，在全面贯彻执行"扩大规模、优化结构、规范管理、保证质量"的来华留学方针的实践中，留学生的心理健康教育也越来越受到重视。来华留学生处于人生的不同阶段，他们来自世界各地，有不同的文化背景、宗教信仰和生活习惯，因而当出现语言障碍、思维差异以及面临相关的学业压力时，也更加容易产生自卑、焦虑、抑郁等不良的心理状况。来华留学生心理健康与否直接影响到他们在校的学习、生活、人际交往等各方面的表现，有严重心理疾病和心理障碍的留学生，在校学习期间如果他们的心

---

① 樊富珉、费俊峰，《大学生心理健康十六讲（第 2 版）》，北京：高等教育出版社，2020 年，第 11 页。

② 同上书，第 12 页。

理疾病和心理障碍得不到及时疏导和及时的救治，就可能导致恶性事件。如果悲剧不幸发生，对学生本人和家长的打击将是毁灭性的，甚至还可能爆发留学生群体事件，影响学校正常的教育教学秩序，给学校的声誉带来负面的影响。

因此，要提高来华留学生的培养质量，就必须重视来华留学生的心理健康工作，把来华留学生的心理健康教育摆在更加突出的位置。开展来华留学生心理健康工作的意义主要体现在以下几个方面。

1. 帮助来华留学生健康成长

来华留学生年龄大多在 18 ~ 30 周岁，处于体力、智力及个性活跃的成长期，可塑性较强。心理健康教育不仅可以帮助他们顺利适应在华学习和生活，还能帮助他们树立正确的心态，并以此处理学习、生活中的各种困难和挑战。这对他们顺利完成在华学习和今后人生成长发挥着重要影响。

2. 提升来华留学生综合素养

心理健康作为来华留学生综合素养的一部分，是学生其他能力培养和提升的基础。开展心理健康教育，能帮助他们树立正确的世界观、人生观和价值观，让他们以积极心态面对生活，提升他们思考和解决问题的能力，并在处理和解决问题的过程中培养各方面的能力与素质。

3. 促进培养知华友华助华人才

心理健康教育是改造人的主观世界的工作。对来华留学生开展心理健康教育，就是要对他们的世界观、人生观和价值观产生积极影响，加强他们对自我、对他人、对中国人、对中国文化和对中国国情的认识与理解。在提升他们自我认识、自我管理、自我教育能力的同时，潜移默化地培养他们对中国的友好情感，促进培养知华友华助华人才。

二、来华留学生跨文化适应与心理健康

文化差异是国际人口流动和人口迁移的永恒话题之一。来华留学生是跨文化适应的主体，从母国进入我国学习，由于不同国籍学生身份和社会文化背景的差异，或多或少都要面临文化差异和适应问题。由于文化差异程度不同，学生个体心理适应能力高低不同，有的学生来华后适应良好，但也有不少学生出现不同程度适应不良，甚至"文化休克"现象。

从国际主流研究成果中，主要可以从以下几个维度认识理解国际学生跨文化适应。

（一）时间变化维度

利兹格德（Lysgaard）在 1955 年提出了跨文化适应的 U 形曲线假设，他对部分留美学者进行调查研究，发现在美国的居住时间少于 6 个月或多于 18 个月的学生的文理状况好于居住时间为 6～18 个月的学生。因此，他得出留学生跨文化的文理变化呈 U 形曲线。U 形曲线假设将跨文化适应分为蜜月期、危机期、恢复期和适应期。蜜月阶段，强调初始的极度愉悦、陶醉和热情的情感反应；危机阶段，以不适、受挫、焦虑及愤怒为特征；恢复阶段，在这个时期人们解决了危机并进行东道国文化的学习；适应阶段，人们在新环境中感到愉悦并拥有在新环境中生活的能力。[①]

基于利兹格德的 U 形曲线假设，奥伯格于 1960 年提出了文化休克理论，将文化休克描述为一种精神疾病，一种移居国外的人的职业病理，"由于失去我们所有熟悉的社交标志和符号而导致的焦虑"[②]。文化休克主要表现为对新文化环境的恐惧、排斥、疑惑、沮丧、抑郁和无助等心理反应，文化休克的强度、持续时间、表现形式因人而异。

当一个人初次进入异文化时，文化刺激所带来的兴奋感随时间延长而逐渐减弱，文化差异对心理的负面影响便会显现出来。内在的文化积累与外在的文化移入所引起的急剧变迁往往会对人们的心理产生冲击与震动，使人在生理上和心理上产生不适。奥伯格把这个阶段的心理感受称为"危机阶段"（crisis stage）[③]，时间大都发生在到达异国他乡的第三个月到第八个月，情绪往往会降到最低点。在这一阶段，由于文化休克、不适应新文化所引起的心理反应往往表现为不知所措、惶恐不安、畏惧、反感、恐慌、抗拒、抵触、逃避等。经过对异国他乡一段时间的了解和认识，一般是 6～8 个月后，基本熟悉了异国他乡的生活习惯，并根据自己对环境的认知和判断，逐渐形成各自新的人格取向，开始适应所处的新文化环境。留学生在这个"恢复期"（recovery stage）过程中的时间因个体情况而不同，一般从几个月到几年不等。最后达到"适应期"（adjustment stage）阶段，即能够非常胜任地应付在新文化中所遇到的

---

① 朱国辉，《高校来华留学生跨文化适应问题研究》，华东师范大学博士论文，2011 年，第 10 页。

② Zapf M. K. "Cross-Cultural Transitions and Wellness: Dealing with Culture Shock", *International Journal for the Advancement of Counselling*, 1991 (14), pp. 105－119.

③ Oberg K. "Culture Shock: Adjustment to New Cultural Environments", *Practical Anthropology*, 1960 (7), pp. 177－182.

问题，并欣然接纳新文化，享受在新文化环境中的生活，情绪开始逐渐回升。[①]

格兰霍恩（Gullahorn）等基于 U 形曲线假设，提出了 W 形曲线假设，认为留学生在习惯并适应留学国家的社会生活后，当他们回到自己国家时，U 形曲线的文化冲击会再度重现，其文理历程呈 W 形曲线。[②]

（二）社会认同维度

从社会认同的视角来研究国际学生心理状况体现在个体对两种文化的态度以及群体间的相互认识中。前者以 Berry 提出的四种涵化策略为基础来研究国际学生的心理，后者则从刻板印象、学生感知到的歧视与偏见来探讨他们的心理状态。

涵化（acculturation）指因不同文化传统的社会互相接触而导致习俗和信仰等的改变过程，常有三种形式：接受、适应、反抗。Berry 指出跨文化接触的个体及群体会采用策略进行涵化，与策略相关的两个重要问题是对原文化保留还是新文化接触与参与。对这两个问题的态度便产生了四种涵化策略：同化（assimilation）、隔离（separation）、整合（integration）和边缘化（marginalization）[③]，如表 5-1 所示。不同的策略方式会影响留学生群体的心理健康状态。

表 5-1　涵化策略

		重视和保留本国文化	
		是	否
重视和保留	是	整合	同化
东道国文化	否	隔离	边缘化

刻板印象（stereotype）是一个群体对自身和对外群体的特定认识。[④] 不正确的刻板印象，偏见和歧视会给国际学生的身心造成影响，制约他们跨文化心

---

① 李丹洁，《来华留学生跨文化社会心理适应问题研究与对策》，载《云南师范大学学报（哲学社会科学版）》，2007 年第 5 期，第 49－51 页。

② 钟文丽，《来华留学生跨文化适应问题研究》，重庆交通大学硕士论文，2021 年，第 11 页。

③ John W. Berry. "Immigration, Acculturation and Adaptation", *Applied Psychology: An International Review*, 1997 (1), pp. 5－34.

④ 朱国辉，《高校来华留学生跨文化适应问题研究》，华东师范大学博士论文，2011 年，第 15 页。

理适应的目标达成。研究发现并非所有国际学生与东道国成员的跨文化交流都处于平等、自愿、合作的状态，而且并非都能形成正确的刻板印象，不正确的刻板印象即是偏见，偏见体现在行为上便构成歧视。[①]

（三）压力应对维度

拉扎鲁斯（Lazarus）和格克曼（Folkman）于 1984 年提出了压力与应对模式理论，将留学生的心理变化视作是生活变化造成的压力表现，压力是人与环境相互作用的结果，但压力源作用于个体后，是否产生压力主要取决于如何认知评价和应对。对在留学目的国生活的"期望"是形成压力环境评价的基础，通常，对跨文化生活的期望值不太高，以及积极正面应对问题的留学生对跨文化旅居生活的满意度更高。[②] 日常工作中需要关注的是来华留学生因生活变化导致的压力体验的负面后果，体现在抑郁、无助感、焦虑、多疑、易怒、失落和思乡感、孤独等情绪指标以及某些生理指标，如长期睡眠紊乱、丧失食欲、无力、对疾病的更为敏感、长期对身体健康的抱怨等。

（四）引发来华留学生心理问题的主要因素

来华留学生在求学过程中远离熟悉的文化环境和社会网络的支持，相较于本国就读的学生将经历更多的困难，包括语言问题、文化问题、社会排斥、经济问题、乡愁等[③]，易引发不同程度心理问题。

1. 因自然环境与生活环境变化而造成文化障碍

气候变化引起的不适。气候变化对普通大众的心理健康和幸福感容易造成重大负面影响，适应中国自然环境和生活环境是来华留学生面对的重要问题。刚到中国的留学生要适应中国的季节和气候特征，一些学生由于物候、天气、水源等方面的原因而产生了水土不服，比如皮肤过敏、哮喘、咳嗽、头晕等不良症状，甚至出现了抑郁症、焦躁等症状，从而导致身心健康受到影响。

"衣食住行"引起不适。为了达到学习目的，留学生希望能有较好的学习和生活方面的物质条件，对学习、食宿等生活条件，相对中国学生来说往往有

---

① 朱国辉，《高校来华留学生跨文化适应问题研究》，华东师范大学博士论文，2011 年，第 16 页。

② Dawit Yikealo Gebretinsae，《留学生在中国学习的自主动机及其心理健康》，华中师范大学硕士论文，2020 年，第 19－20 页。

③ 张爽，《高校来华留学生心理健康问题现状及对策研究》，载《中国轻工教育》，2021 年第 3 期，第 52－56＋78 页。

较高的标准。虽然有的留学生家庭并不十分富裕，但对空调及卫生设施的要求均认为是基本的条件。饮食方面，有的留学生能适应中国饭菜，有的则希望有供他们自己做饭的厨房，平时或节假日自己动手做他们自己喜欢的食品。在教室条件方面，留学生关心能否有舒适的桌椅和必要的现代化教学设施。有的留学生因为饮食和风俗习惯难以适应，要花费很长时间适应调整，为此寝食难安，最终放弃在华学习的例子也时常出现。

独立生活带来的无所适从。一些学生由于个体调节和自我照顾的不足，在与亲人分开后，由于缺少人生阅历，无法独自应对困境。当难题无法得到解答时，往往会陷入沮丧、不安、紧张、焦虑的状态。"思乡"是影响学生精神状态的重要因素。如果不能尽快地进行适当的调节，会对其造成不良的影响，甚至导致精神方面的问题。

2. 母国文化与东道国文化的差异造成不同程度的文化适应问题

文化环境的差异程度会对来华留学生产生不同的影响。如果学生母国的文化环境和中华文化环境有很多的相似性，文化背景都很接近，那么留学生产生的文化冲突就比较少，相应的产生的心理问题也比较轻。例如日本、韩国、越南等传统儒家文化圈国家的学生到中国留学，受到的文化冲击就比较小。而欧美、中东等地的学生到中国留学，产生的文化冲突就会比较大，受到的文化冲击就比较严重，持续的时间也会比较长。

同理，文化渊源的远近距离对来华留学生交际"圈子"有直接影响。研究发现欧美国家的来华留学生之间更容易进行沟通和交往，而日本、韩国、东南亚国家的学生与英美等国的学生沟通和交往的愿意程度和交往能力要差一些。[①]

3. 学业困难与语言障碍引起的心理落差

外国留学生到中国来，主要目的是学习相关知识和技能，而学习上的困难相较于生活上的不适更难克服。一些留学生对中国教师的教学方式、管理模式、学习要求和评价标准感到陌生和不适应，缺乏有效的学习方法，一直没有取得理想的成绩，就很容易产生学业上的挫败感、焦虑感和无力感。如果不能很好地调整和提高自己，就会造成很大的心理差距，进而造成思想上的负担，进而丧失在中国继续求学的信心而产生逃避心理。

---

① 李丹洁，《来华留学生跨文化社会心理适应问题研究与对策》，载《云南师范大学学报（哲学社会科学版）》，2007 年第 5 期，第 49－51 页。

语言障碍也会造成孤独焦虑。外国学生到中国以前，汉语水平一般都比较低，与中国人用汉语交流有困难，无法在日常生活中进行有效的沟通，无法在中国拓展自己的社交圈子，长期来看，很可能会导致自身的孤立。另外，一些学生难以适应课程学习，也容易产生焦虑心理。再有，有些学生不能有效地与中国教师和同学进行有效交流，从而使他们在学习上变得孤独无助，产生自卑情绪，对他们的学习造成了很大的负面影响。

学习适应性问题也经常困扰着来华留学生。一般而言，他们在本国的学习成绩是比较好的，但当他们到了一个新的环境进行学习，文化、语言之间的差异可能会给他们带来打击，让他们的自信心严重受挫。实际工作发现，即便是预科成绩很好的学生，也普遍反映专业知识很难，跟不上课堂进度，有时会有恐慌心理。

4. 人际交往造成的心理落差

"人的本质不是单个人所固有的抽象物，在其现实性上，它是一切社会关系的总和。"[1] 初到中国的来华留学生，由于之前长期处于本国固有的社会文化和社会关系中，自身的认知习惯与中国的生活环境存在着明显差异，往往会给他们造成不同程度的心理压力。因为心理安全感等因素，通常更倾向于与本国同胞或具有相同宗教信仰的人结交。许多新来的留学生不愿意与中国师生进行有效的交际，人际交往存在局限性，难以有效融入中国的生活。部分留学生在面对问题时会向教师和同学求助，然而文化的差异可能导致彼此看待问题的角度和认知不一样，所以他们往往会根据自己的文化理念和准则来看待问题，一旦与身边人意见不一致时，就容易出现误会、争吵乃至于出现极端的想法。如果最终的解决又不能达到预期效果，往往会产生一些失落的感觉。

还有一些来华留学生，他们的汉语沟通没有问题，但是他们的个性比较内敛，不愿意与别人交往，不愿意主动地参与到一个更大的团体中来。久而久之，他们就会变得更加孤僻。如果无法解决自己的学业和生活问题，就会产生更多的消极情绪，比如对环境敏感、多疑、思想古怪、行为异常等，甚至引发一些意外情况。

5. 留学生的个性差异和价值观差异

因个人的遗传、家庭、教育背景、成长环境、性别、年龄、性格及自身的

---

① ［德］卡尔·马克思、弗里德里希·恩格斯，《马克思恩格斯文集（第一卷）》，中共中央马克思恩格斯列宁斯大林著作编译局译，北京：人民出版社，2009 年，第 501 页。

知识、技能、认知方式、应对策略、来华前的汉语基础、来华前是否曾有过出国经历等因素的影响，存在着个体差异。有的留学生性格外向，喜欢交际，爱唱歌、跳舞和运动，心理素质较好，灵活性及自我效能感较高，跨文化心理适应能力相对较强；有的留学生性格内向，喜欢安静、独处，自我封闭，害怕别人打扰，心理素质较差，灵活性及自我效能感较低，跨文化心理适应能力相对较弱。一般来说，欧美留学生中外向型者较多，表现欲强，而日、韩、越南等国的留学生内向型者不少，性格比较内敛。几乎每个留学生都会感受到跨文化差异所带来的文化震荡。但由于留学生个体差异的不同，文化震荡在不同留学生身上所持续的时间和影响强度也会有所差异。

来华留学生在到中国之前在自己文化的长期熏陶下，已经形成了比较稳定的价值观，行为方式也会受到价值观的指引。来华后，按照已有的价值观与中国人交往时会出现不适应的情况，导致心理适应问题。

三、来华留学生心理健康教育和心理危机干预基础知识

（一）来华留学生心理健康的标准

心理健康的标准是一种理想尺度，长期以来没有统一的标准。当前，人们越来越多从积极方面研究心理健康问题，不再一味强调要适应社会，而是较多体现"发展自我"的内容。来华留学生年龄大多为 18~30 周岁，从心理学的观点看，处于体力、智力及个性活跃的成长期，容易受到外界影响，个性发展仍然具有不稳定性和可塑性。从积极心理学的角度，可以认为来华留学生心理健康的标准有以下几个基本要素。

1. 较快适应新文化

来华留学生到中国后适应良好，未出现明显的"文化休克"现象，或能较快较平顺地渡过跨文化适应的"危机期"和"恢复期"，在这个阶段了解并适应了中华文化，很快进入"适应期"，感到愉悦并拥有在新环境中生活的能力。从涵化理论来解释，能够较好采用最优的整合策略。

2. 良好的自我意识

有良好的自我意识能够体验到自己存在的价值，能正确认识自己，对自己的性格、能力、优缺点有着客观的、恰当的评价，能悦纳自己，有自知之明，不对自己提出苛刻的、非分的期望和要求。能努力发展自己的潜能，即便面对

自己无法补救的缺陷，也能心态平和，泰然处之。

3. 和谐的人际关系

能积极理解中华文化环境下的思维方式和文化习俗，乐于与人交往，有广泛而稳定的人际关系，有正确的人际交往态度和有效的沟通技能。在与人相处时，积极的态度（尊重、友爱、信任、宽容、理解）总是多于消极的态度（猜疑、嫉妒、敌视等）。既能融于群体满足归属的需要，又能保持合适的自我界限。

4. 积极稳定的情绪

能体验和感知自己和他人的情绪，在多数情况下有正常适度的情绪体验，能适度地控制和表达自己的情绪，与周围环境保持动态平衡和协调。

5. 健全和谐的人格

心理健康的人具有健全统一的人格，气质、能力、性格、动机、兴趣、人生观等各方面发展均衡，且协调一致。思考问题的方式是合理的，待人接物的态度是恰当的，对外界刺激不会有过激偏颇的情绪和极端的行为。既能保持自己的人格独立，也能积极融入集体。

（二）来华留学生心理问题判别原则

心理问题与心理健康之间，不像躯体健康与否有着严格、明确的界限，因而判别难度较大。一般而言，有三个原则。

1. 主观世界与客观世界相统一原则

心理是客观现实的反映，正常的心理活动都应在形式和内容上与客观环境保持一致。如果一个人坚信他看到了或听到了现实世界中并不存在的刺激源，或思维逻辑背离客观事物规律，或心理冲突与实际环境不符，则可以认为此人心理活动不正常。

2. 心理过程协调性原则

正常个体的心理活动是一个完整的统一体，感知觉、记忆、思维等心理现象和认知、情感、意志过程都具有协调统一性。如果这种统一性被破坏了，如一个人用非常哀伤的语言表达自己有非常愉快的情绪感受，就有可能是心理异常了。

3. 人格相对稳定性原则

每个人都有自己独特的人格心理特征，且相对稳定，不会轻易改变而且常常明显地表露出来，所谓"江山易改，本性难移"。如果在没有明显外部原因的情况下，一个人的人格稳定性出了问题，且长期难以恢复，就可能出现心理异常。

通常，心理异常的人会在上述心理活动和人格的某一个或多个方面表现出异常。判断个体是否心理异常，既要看个体的心理反应在其所属时代政治文化背景及当时所处具体情景下是否正常，也要看个体的各个心理现象和过程之间是否协调统一，还要看个体反应是否与其人格特征相一致。

四、来华留学生心理健康教育体系

来华留学生心理健康教育体系应是一套全面的心理健康教育模式，实施趋同化管理，开发适合来华留学生的心理健康教育体系，发挥好学校内部教育教学资源的作用，并充分利用社会资源，对留学生心理施加积极和正面的影响。

（一）建立来华留学生心理健康工作队伍

建立一个有组织、高素质、强有力的来华留学生心理健康工作队伍是做好他们心理健康工作的必要保障。主要由以下几个方面构成。

1. 配备来华留学生心理健康教育工作专家和专业人员队伍

学校心理健康服务机构应为来华留学生配备专、兼职心理咨询师，负责他们的日常心理健康教育与咨询工作，聘请大学生心理健康教育领域的专家和学校心理健康服务机构的心理咨询师作为来华留学生心理健康教育课程的主讲老师。部分来华留学生汉语水平不够流利，加之前来咨询时更加难以用汉语准确表达自己的感受和情绪，学校应考虑配备具备良好的外语沟通能力的心理咨询师。

2. 对留管人员进行有针对性的心理学培训

国际学生辅导员和留学生管理干部是与来华留学生接触最频繁的学校工作人员，他们与留学生之间的沟通和交流方式直接影响到学生的心理感受和心理状况。加强留管人员的心理学和心理咨询培训有助于帮助解决学生日常心理困扰，尽早发现、疏导、解决来华留学生可能出现的心理疾患。

3. 组建留学生志愿者队伍

根据多项调查和统计表明，在远离家乡的情况下，当留学生遇到困难需要寻求帮助时，他们首先想到的是朋友，其次是父母和教师。① 一般来说，同学和朋友在日常生活和学习中接触最密切，加之彼此具有相同或相似的语言和文化背景，使得留学生之间更容易相互沟通和帮助。可根据来华留学生实际情况，发动留学生中的志愿者成立"朋辈支持"团组，对志愿者开展专业的心理知识培训，让他们在日常生活和学习中发挥积极的心理导向作用，在心理危机干预中发挥辅助作用。

（二）开展来华留学生心理健康教育的形式

通过课内课外相结合，校内校外相结合，专业指导与社会支持相结合开拓创新来华留学生心理健康教育的形式。

1. 开设相关课程

有的大学通过为来华留学生开设心理健康教育课程，发现学生学习结束后规则意识得到增强，情感态度和价值观趋向正面发展，对中国的认识和理解也更为全面，跨文化交际能力得以提升。② 可借鉴中国学生的大学生心理健康类课程，为来华留学生开设心理健康教育选修课，同时邀请专家定期为来华留学生开设心理健康教育讲座，使留学生掌握必要的心理健康知识，学会识别和排解心理问题。

2. 开展活动

一是组织常规活动。可组织心理健康教育实践活动，例如进行团体心理健康辅导和咨询，邀请专业心理咨询人员对来华留学生进行团体辅导，舒缓他们的情绪压力。来华留学生因缺少和中国学生的交流和沟通，常常对中国的社会人际关系不了解，可积极组织中外学生共同参与举办各类文体活动，在活动组织过程中加深对彼此处事风格的理解，同时丰富学生的第二课堂。还应发挥我国高校学生工作的优势和特色，采用组织"团队建设"等集体活动，鼓励他们多表达，多分享。这些活动不仅有助于来华留学生释放压力，保持心理健康，也有助于国际学生辅导员和留管干部了解和掌握来华留学生的心理状况。

二是鼓励和支持来华留学生以他们自己喜闻乐见的形式开展心理健康教育工作。比如鼓励来华留学生积极参与到学校心理健康教育部门主管的学生协

---

① 汪静娜、柴可夫，《构建高校外国留学生心理健康教育体系》，载《中医药管理杂志》，2010年第3期，第257－259页。

② 韦杰程，《课程思政融入留学生心理健康教育教学研究》，载《现代职业教育》，2021年第28期，第30－32页。

会，鼓励他们在学校心理健康教育部门指导下围绕心理健康自行开展活动，印刷心理健康教育宣传品，甚至设立来华留学生心理热线等。

3. 做好日常管理和服务

来华留学生思想意识、宗教信仰和风俗习惯各有差异，但他们在学习和生活中所表露出的心理因素和心理特征都有一定的规律。在此基础上，运用心理学的基本原理，因势利导，进行科学管理，对留学生在华的学业进步、人际交往、个性差异、文化传统等方面的心理要素和特点在留学生管理中给予充分注意，可以最大限度地减少和避免留学生心理问题引发的不良影响。

尤其要注意新生入学教育和管理。本科新生因年龄较小、生活阅历较浅，可针对性地加强跨文化适应能力提升方面的内容，在新生入学后为他们进行详细周到的入学教育，提供学习、生活等各方面的信息，畅通求助渠道，随时为新生提供帮助和心理咨询服务，举行新生说明会等，消除留学生因对异国法律法规不了解而产生的恐慌心理。在入学教育阶段，积极引导留学生了解中国文化，顺利实现跨文化心理转变，尽快过渡好生活、学习、住宿、饮食、人际交往等各方面的心理适应阶段。

4. 创立留学生心理问题筛查、干预、跟踪一体化的工作机制

来华留学生新生进校后应和中国学生一样，采取合适的测评量表进行心理普查，这样便于早期发现心理有问题的学生，及时建立心理健康工作档案，实施干预，防止心理问题恶化。来华留学生出现轻度心理问题，如人际关系困扰、学习适应问题、感情问题等，可通过专兼职心理咨询师对其进行个体心理咨询和跟踪回访。对于严重心理异常者，如出现精神分裂症、抑郁症、躁狂症等，则必须及时转介到精神卫生机构进行治疗，同时报告上级主管部门及其家属，劝其尽快回国进行系统治疗。

五、来华留学生常见心理障碍的识别、应对及转介

（一）抑郁障碍

抑郁障碍是较为常见的一种精神障碍，以显著而持久的情绪低落和兴趣减退为主要特征，多伴有焦虑、躯体不适感和睡眠障碍。其核心症状有心境低落、兴趣和愉快感丧失、导致劳累增加和活动减少的精力降低。

常见的想法有：消极，自我关注（整个世界都和我过不去/为什么这样的

事情总发生在我身上），自怨自艾（都是我的错/我总是把事情搞砸），和他人比较（她不会像我这样把事情搞砸），感觉糟透了，怀疑自己处理问题的能力，无法集中精力，不喜欢自己——妄自菲薄，总是陷入反思（沉浸于过去的事情，不断地咀嚼），凄凉，自杀念头。

常见躯体症状和行为特征有：肩颈紧张、疼痛，疲惫不堪，笨拙，睡眠不佳，呆滞，没有食欲或暴饮暴食，逃避（延迟），注意力分散，无法集中精力，不再从事令人愉快的活动，不再照顾自己，无法恰当管理时间，很难做出决定，健忘，总是寻求安慰，自伤和自杀。

一般抑郁情绪与抑郁障碍的区分：一般抑郁情绪其抑郁程度较轻，持续时间较短，通过自我调节或他人安慰、鼓励能够淡化或消除；抑郁障碍的抑郁程度严重，持续时间长（2 周以上），每天大部分时间处于抑郁中，很难通过自我调节或他人安慰、鼓励来缓解和消除。

当发现疑似抑郁障碍的来华留学生时，应在确保安全的前提下，积极推动学生就医诊治，必要时建议休学治疗。

发现疑似抑郁障碍的来华留学生时，要通过各种途径找到本人，安排其关系较好的同学或来自相同国家的"老乡"陪伴、关注，并及时向有关部门和上级汇报。

向学生表达出真诚的关心，耐心细致地与学生谈话，充分运用倾听、共情、关注等技巧，打消学生的警觉和回避，了解其遇到的困难，并积极鼓励学生前往学校心理健康中心进行初步心理咨询，听取心理健康中心相关人员的处理建议。如情况比较严重，在获得学生本人同意后及时转介到精神卫生机构，请医生诊治。如学生社会功能严重受损或自杀风险较高时，需建议学生休学回国治疗，并及时告知家长。

在学生就医就诊过程中，应积极提供各种帮助，如为汉语不够流利的学生联系外语较好的医生，为经济困难学生提供必要的经济帮扶等。

（二）焦虑障碍和强迫症

焦虑障碍是以焦虑、担心、害怕等情绪体验为主要特征的一类精神障碍，常伴有各种自主神经功能失调症状和运动性不安，如心悸、手抖、出汗、尿频等。常见的焦虑障碍有广泛性焦虑障碍、社交焦虑障碍、惊恐障碍等。

广泛性焦虑障碍是一种以持续的、无明确对象的显著不安及过度焦虑，伴有自主神经功能兴奋和过分警觉为特征的慢性焦虑障碍。这种焦虑与周围任何特定的情境没有关系，而是由过度的担忧引起；这种紧张不安、担心或烦恼与现实很不相称，使患者感到难以忍受，但又无法摆脱。

社交焦虑障碍是一种对任何社交或公开场合都感到强烈恐惧或焦虑的精神障碍，个体表现为对社交场合和人际接触的过度担心、紧张和害怕。

惊恐障碍是以反复出现不可预期的惊恐发作为特征的一种急性焦虑障碍。这种发作时突然而然的，没有明显预期征兆，且主观感受强烈。个体持续担忧再次发作，或行为出现显著的适应不良。

强迫症则以存在强迫思维和（或）强迫行为为主要特征，个体一般认为这些观念和行为没有必要或不正常，但无法摆脱，为此感到焦虑和痛苦，甚至影响日常生活。

当遇到有疑似焦虑障碍或强迫症的留学生，要在确保安全的前提下，及时上报。要积极与学生谈心谈话，将焦虑障碍或强迫症的性质告知学生，让学生对其有正确的认识，把工作重点放在鼓励学生积极面对、推动其就医上，并与家长做好沟通工作。还要提供良好的社会支持，安排"老乡"和关系较好的朋友多陪伴。当相关症状较严重，在征得学生本人同意后，及时转介到精神卫生机构，请医生进行评估和治疗。

（三）双相障碍

双相障碍是一种周期性精神障碍，指临床上既有躁狂或轻躁狂发作，又有抑郁发作的一类心境障碍。其典型表现为心境高涨、精力旺盛和活动增加（躁狂或轻躁狂）与心境低落、兴趣减退、精力下降和活动减少（抑郁）反复或交替发作。双相障碍具有高患病率、高复发率、高致残率、高自杀率、高共病率、低龄化和慢病化等特点。

双相障碍个体在躁狂发作时，主要表现有：情绪高涨（有时伴易发火）；夸大和自尊膨胀；精力旺盛，危险性活动增加；思维奔逸；讲话快；缺乏判断力，行为冲动；过分奢侈；缺乏决策力；睡眠时间减少；社交活动增加；性欲增加，常常导致不恰当的性行为；注意力不集中；可能会伴有幻觉、妄想等精神病性症状。

双相障碍个体在抑郁发作时，主要表现与抑郁障碍相同。

双相障碍是一种严重的精神疾病，当发现来华留学生个体有疑似症状时，应当立即上报，并按程序启动心理危机干预机制。在条件允许时，可建议或陪同学生到学校心理健康中心接受心理咨询，或经学生本人同意直接到精神卫生机构请医生进行心理评估和诊疗，并及时通报家长。在心理咨询或治疗过程中，要与学生建立良好的沟通，鼓励和帮助学生正确应对。如学生病情已严重影响日常学习和生活且有安全风险时，应在专业医生评估下建议休学并回国治疗。

（四）精神分裂症与自杀

精神分裂症是一种病因未明的精神疾病，具有思维、情感、行为等多方面的障碍，以精神活动和环境不协调为特征。精神分裂症是大学生中比较常见的精神疾病。根据流行病学调查，精神分裂症的终生患病率为 0.65%，0.72%，1.37% 不等。[①] 精神分裂症患者的自杀风险很高，10%～15% 的患者自杀，1/3 至 1/2 的患者曾有过自杀企图。精神分裂症的典型症状有幻觉和妄想。

1. 幻觉

幻觉是精神分裂症的常见症状，即没有相应的客观刺激时所出现的感知觉体验，常见幻听、幻视、幻嗅等。幻听中，最常见的是言语性幻听。比如，患者听见他人说话，内容往往是使其不愉快的；或以第三人称评论患者（评议性幻听），常常是威胁、命令患者，或谈论患者的思想、行为等。患者的行为常受幻听支配，如与声音做长时间的对话，甚至因争论而做出相应的愤怒、恐惧等行为；有的患者会喃喃自语，做侧耳倾听状；或沉醉于幻听中，自笑、自言自语、窃窃私语。

2. 妄想

妄想是精神分裂症最典型的症状之一，是一种病态的错误信念，所思考的内容是客观世界中不存在的，即患者坚定的信念根本没有事实依据，与其所处的文化环境、坚持的信仰等不相符，但是患者却坚信不疑。常见的有被害妄想和关系妄想、钟情妄想等。

当发现来华留学生有疑似精神分裂症状时，如出现幻听、幻视，甚至意图自杀，要立即上报，并按程序启动心理危机干预机制。心理健康中心要及时介入，对学生进行初步评估，根据评估结果给出转介就医等建议，并尽快安排就医，同时做好学生的安全保护工作。

在此过程中，要与学生建立良好关系，与他们谈话并努力理解他们，减轻他们的精神压力，限制学生与自杀工具接近；同时积极联系家长，要求家长尽快来华协助，担负起照看人职责。如家长不愿来华，可在患者病情稳定后，在

---

① 浙江省高校心理咨询工作联盟，《高校辅导员心理主任理论与实务》，杭州：浙江大学出版社，2021 年，第 96 页。

征得学生本人同意的前提下，安排学生尽快回国。

如患者治疗结束复学回校，还需要帮助本人建立良好的人际关系，并督促其按医嘱服药和复诊，避免疾病反复发作。

六、来华留学生心理危机干预与预防

（一）心理危机干预

心理危机是指个体或群体的心理能力不足以面对困难情景时产生的可能对自身、他人或社会造成严重危害的短暂的、紧急性心理失衡状态。心理危机干预是指向处在心理危机中的个体提供紧急的、短时的心理帮助和支持，帮助当事人走出困境，避免出现自伤、自杀或伤害他人等不良后果。[①]

1. 自杀或自伤的危机处理

当发现来华留学生有明确的自杀或自伤的意图，危机处理人（如留管干部、辅导员）应直接与学生对话，询问学生的想法，了解刺激源（即导致学生自杀或自伤的直接原因），并从中评估自杀或自伤的风险程度。如果出现自杀未遂或自杀终止，要在做好陪护的同时按照预案向上级汇报并请求援助，将学生及时送往专科医院救治，必要时征得学生本人及监护人同意住院治疗。

当发现来华留学生还处于"纠结期"，没有明确的自杀或自伤的意图，但隐隐约约地表露想法，危机处理人应向上级汇报，并联系学校的心理健康工作机构或精神卫生机构，由专业人士处置。

2. 创伤后心理危机干预

当来华留学生个体遭遇重大外部不良环境或重大变故，如亲人突然亡故、个体受到突然的侵犯、遭遇重大自然灾害，导致出现创伤后应激障碍（Post-Traumatic Stress Disorder，PTSD），陷入心理危机，要及时进行心理干预，帮助他们度过危机。

一般采用"六步干预法"[②]。第一步，确定问题，理解并确定学生的问题，把握问题的重点。第二步，保证安全，评估学生的认知、情感和精神活动，判

[①] 浙江省高校心理咨询工作联盟，《高校辅导员心理助人理论与实务》，杭州：浙江大学出版社，2021年，第129页。

[②] ［美］Burl E. Gilliland，Richard K. James，《危机干预策略》，肖水源等译，北京：中国轻工业出版社，2000年，第35－40页。

断危机严重程度和学生情绪及自我伤害的危险程度，将学生的生命危险及心理危机降到最小。第三步，提供支持，通过了解，赢得当事学生的信任，使其切实感受到干预人员的关心和帮助。第四步，提供替代方案，帮助当事学生探索可以利用的替代性解决方案，使其用积极的思维方式替代消极的思维方式。第五步，共同制定计划，帮助当事学生看到摆脱困难的可能性和途径。第六步，获得学生承诺，使危机处于基本可控状态。

3. 伤害他人的危机处置

当发现来华留学生可能存在攻击他人的倾向或意图时，要评估其行为的可能性。对于伤害对象明确，计划周详的，危机处理人要在确保自身安全的前提下，在当事人还未实施暴力前及时通报，并立即报告学校保卫部门或公安部门，采取必要措施防止暴力伤害发生。

4. 精神病性障碍导致的潜在风险干预

当发现来华留学生出现一些"奇怪"的举止时，如举止古怪、言语混乱、社交退缩、木僵、幻听幻视、词语表达缺乏逻辑等，要引起高度重视。在征得本人同意情况下，陪同去专科门诊就医。

（二）心理危机预防

来华留学生心理危机干预与预防是一项系统工作，要在学校整体部署安排下，由国际学生辅导员、留管干部、宿舍管理员、心理咨询师、相关教师和同学共同参与，形成注重预防、分级预警和有效联动三位一体的工作格局。

1. 预防工作日常化、制度化

通过日常化、制度化的预防工作，把危机事件防患于未然，对可能出现的危机个体和危机事件有充分的判断和评估。

（1）开展心理健康教育。要多渠道、有针对性地对来华留学生开展心理健康教育。开设心理健康课程，围绕环境适应、个人成长、学业压力、交友恋爱等方面教育，并根据学生语言水平、文化背景、宗教信仰、生活习惯等特点实施多语种互助体系，发挥高年级学生的正面引导和宣传作用。

（2）建立一支具有扎实心理健康教育和心理危机干预知识的留管干部和国际学生辅导员队伍。留管干部和国际学生辅导员是平时与来华留学生接触最多的老师，应具备相应知识储备和实践能力，对主要生源国的政治、经济、文化、历史、宗教及地理环境等有所了解。平时关注学生思想动态，与学生保持通畅的联系，做到对心理健康出现问题端倪的学生能早发现、早疏通，起到

"吹哨人"作用。

（3）建立来华留学生心理干预对象台账，做到日常干预与心理预警评估相结合。对在各项标准化心理测评中展现为可能存在心理健康隐患的学生，已经出现心理问题的学生和有过严重心理疾患或身体疾患史的学生，建立心理干预对象台账，实行动态管理。

（4）完善心理干预补救策略。针对出现心理危机的来华留学生，可以从几个方面进行心理干预补救。一是成立由同国家或同语种学生组成的帮护体系，平时注意照看关注对象的精神状态、学习和生活情况。二是建立课外兴趣支持体系，积极开展各类文体活动，帮助来华留学生树立积极乐观向上的心理品质，建立良好和谐的人际关系，减少由于心理问题带来的焦虑和封闭等。三是建立心理治疗社会支持体系，与当地精神卫生机构进行合作，并为学生提供双语种或多语种心理咨询和心理治疗服务。

2. 建立分级预警机制

学校要建立和落实来华留学生心理危机干预和管理方案。以四川大学为例，学校建立了来华留学生心理危机预防与监测工作"五级网络"体系，涵盖学生个体、宿舍（公寓）、班级、留学生亚群体、院系、学校等各层面。

第一级是学生班级和宿舍（公寓）同学，主要功能是发现危机，及时报送学院和保卫处等职能部门。

第二级是留学生宿舍（公寓）管理员、学生干部、心理健康志愿者，以及学生所在国家的学生联谊组织负责人，主要功能是发现危机，及时报送学院和保卫处等职能部门。

第三级是国际学生辅导员、留管干部和学院学生工作组，主要功能是收到来华留学生出现心理危机情况的报告后及时向学校心理健康教育中心和留学生管理办公室报送，在心理健康中心给出意见后按需协调精神卫生机构。

第四级是心理健康教育中心、留学生管理办公室和保卫处等职能部门，主要功能是协助学院完成对学生的评估、送医、监护，留学生管理办公室及时联系学生家长，并视情况决定是否要求家长来华。

第五级是学校主管学生工作或主管外事工作的校领导作为总负责。

3. 部门间有效联动

当发现来华留学生出现心理危机情况后，相关部门要在统一指挥下，各自分工，协同行动，动用各方面资源，集中力量开展工作。

以某校为例，学校建立了来华留学生危机预防干预领导小组，由主管学生工作和主管外事工作的校领导任组长，党政办、留学生管理办公室、学生工作部、研究生工作部、教务处、保卫部、宣传部、校医院、学生心理健康教育中心、学校附属三甲医院心理卫生中心为成员，学校定期开会进行工作研究，制定工作计划，组织实施检查、协调处置心理危机事件及其后续工作。各学院（系）成立心理危机预防干预小组，由各学院主管学生工作的党委副书记任组长，国际学生辅导员、院（系）教务、行政人员为成员，具体落实和实施心理健康教育、心理危机排查与干预工作。该校还组建了危机（伤害）事件应急处理小组，由主管学生工作和主管外事工作的校领导牵头，国际处留学生管理办公室、学工部/研工部、心理健康教育中心负责人直接参与，组织由来华留学生所在院系负责人和相关部门负责人参加的危机事件工作组，协调全校层面的事件处理工作。根据危机事件应对程度，成立若干小分队，分头做好学生本人救助和医治工作、家长来华接待工作、其他学生思想稳定工作、舆情处置和信息发布工作及必要的谈判工作。

第六章 "学有所用"，来华留学生 职业生涯规划的思考

来华留学生毕业管理与服务是指通过生涯规划教育和就业、创业指导，帮助他们明确职业发展目标，掌握相关就业、创业技能，为步入人生下一阶段打好基础，主要内容包括生涯规划教育、就业信息服务、求职指导、校园招聘活动的组织、创新创业教育和指导。

来华留学生学有所成后回到自己的国家助力国家发展，或者留在中国就业、创业，都是来华留学生教育培养提质增效成果的体现。有针对性地对来华留学生开展以生涯规划教育、就业技能提升、创新创业指导为主要内容的毕业管理，可以帮助来华留学生成长成才，是来华留学生需求多元化的体现，有助于增进来华留学生"知华友华"情感。同时这也是高校"三全育人"的重要内容和自身发展的需要，有利于吸引更多留学生来华学习、交流，有利于提升我国高等教育的国际声誉，有利于促进在我国教育领域中形成一个新的就业、创业群体，体现趋同化的内在要求。

越来越多的国际学生希望在中国得到发展，2016 年，首届来华留学人才招聘会收集的数据显示，参与招聘会的国际学生中，希望留在中国工作的比例高达95％[1]。与此同时，随着全球人才竞争的进一步激烈化，世界各国也根据自身发展的需要，通过各种政策来吸引最需要的人才，留学人才一直是备受关注的重要的智力资源人才群体。长期以来，我国针对来华留学生就业、创业方面的政策滞后于实践发展的需要，如 2000 年发布的《高等学校接受外国留学生管理规定》中明确要求，"外国留学生毕业、结业、肄业、退学后，必须在规定的时间内出境"。近年来，随着中国经济实力进一步增强，我国逐渐成为国际人才的向往之地，外国人才集聚的态势逐年加强，"我国的人才选择从过

---

① 李锋亮、王亮，《"我想留在中国工作"——外国留学生的在华就业之路》，https：//news.gmw.cn/2017－11/29/content_26942104.htm，检索日期：2022 年 12 月 3 日。

去13亿人中选才转向今天从全球70亿人中选才"①。同时，留学生在华就业、创业后，他们了解中国文化、中国国情和中国市场，可以成为国家和国家、企业和企业之间的桥梁，有利于中国企业的国际合作，开创区域经济合作共赢的新局面。② 近年来国家和部分地区越来越重视来华留学生在华就业和创新创业，已初步建立起了相关制度。

在此背景下，开展来华留学生就业和创新创业的指导和服务工作就显得十分必要了。

一、来华留学生在华就业创业法律和政策介绍

近年来国家和一些地方相继出台了关于外籍高校毕业生在华就业和创新创业的法律法规和政策，发挥了积极作用，吸引了很多优秀外籍青年人才在华就业和创新创业（如表6-1所示）。

表6-1　现行部分来华留学生在华就业和创新创业的法律法规和政策

序号	法律法规或政策名称	颁布机构	施行起始时间
1	高等学校接受外国留学生管理规定	教育部、外交部、公安部	2000年1月
2	中华人民共和国出境入境管理法	全国人大常委会	2013年7月
3	中华人民共和国外国人入境出境管理条例	国务院	2013年9月
4	关于加强外国人永久居留服务管理的意见	中共中央办公厅、国务院办公厅	2016年4月
5	关于允许优秀外籍高校毕业生在华就业有关事项的通知	人力资源和社会保障部、外交部、教育部	2017年1月
6	外国人在中国就业管理规定	人力资源社会保障部	2017年3月
7	外国人来华工作分类标准（试行）	国家外国专家局、人力资源和社会保障部、外交部、公安部	2017年4月
8	外国人来华工作许可服务指南（暂行）	国家外国专家局	2017年4月

---

① 王辉耀，《选才基数，从"13亿"变"70亿"》，http://opinion.people.com.cn/n1/2017/0209/c1003-29067232.html，检索日期：2022年12月3日。

② 刘永安、李刚，《国际教育视角下我国高校来华留学生创新创业教育与实践》，载《区域治理》，2019年第50期，第124-126页。

序号	法律法规或政策名称	颁布机构	施行起始时间
9	学校招收和培养国际学生管理办法	教育部、外交部、公安部	2017 年 7 月
10	国家移民管理局在全国范围内推广复制促进服务自贸区建设 12 条移民与出入境便利政策	公安部	2019 年 7 月
11	高等学校国际学生勤工助学管理办法	教育部、公安部、人力资源和社会保障部、国家移民管理局	2021 年 12 月
12	关于外籍高校毕业生来沪工作办理工作许可有关事项的通知	上海市人力资源和社会保障局	2017 年 7 月
13	关于做好优秀外籍高校毕业生来沪工作等有关事项的通知	上海市人力资源和社会保障局	2020 年 7 月
14	关于支持外籍人才来京创新创业有关事项的通知	北京市科学技术委员会、中关村科技园区管理委员会、北京市人力资源和社会保障局	2022 年 1 月

《中华人民共和国出境入境管理法》和《中华人民共和国外国人入境出境管理条例》是来华留学生在华就业的基本管理依据。

《外国人在中国就业管理规定》《外国人来华工作分类标准（试行）》和《外国人来华工作许可服务指南（暂行）》是外国人申请来华工作许可的具体操作指南。

《关于加强外国人永久居留服务管理的意见》提出要"放宽外国优秀留学生在华工作限制，为其毕业后在中国境内工作和申请永久居留提供渠道"[1]，鼓励引进高端国际人才。

《关于允许优秀外籍高校毕业生在华就业有关事项的通知》是来华留学生就业政策的重要开拓，明确规定了对于达到硕士及以上学位、专业对口的优秀外籍毕业生，不再有 2 年相关工作经历要求，允许其直接在华就业。[2]

此外还有与就业有关的勤工助学问题。"42 号令"对来华留学生勤工助学

---

[1] 新华社，《中共中央办公厅 国务院办公厅印发〈关于加强外国人永久居留服务管理的意见〉》，http://www.gov.cn/xinwen/2016-02/18/content_5043448.htm，检索日期：2022 年 12 月 3 日。

[2] 人力资源社会保障部，《人力资源社会保障部外交部教育部关于允许优秀外籍高校毕业生在华就业有关事项的通知》，http://www.mohrss.gov.cn/SYrlzyhshbzb/jiuye/zcwj/gaoxiaobiyesheng/201701/t20170111_264214.html，检索日期：2022 年 12 月 3 日。

作了简要规定，《高等学校国际学生勤工助学管理办法》则专门针对来华留学生勤工助学问题作出具体规定。

公安部曾于 2016 年和 2017 年在北京、上海、广东、福建等地试点施行有关移民与出入境便利政策，在总结相关工作经验的基础上推出了辐射范围更广的《国家移民管理局在全国范围内推广复制促进服务自贸区建设 12 条移民与出入境便利政策》，对吸引优秀外籍青年在华就业创业进行了进一步优化。文件规定"在国内重点高等院校获得本科以上学历的外国优秀留学生，毕业后在中国从事创新创业活动的，可凭高校毕业证书和创新创业等证明材料，向公安机关出入境管理部门申办有效期 2 年至 5 年的居留许可"。另外，"在国际知名高校毕业的外国学生，毕业后 2 年内来中国创新创业的，可凭学历（学位）证明等材料，向公安机关出入境管理部门申办有效期 2 年以内的居留许可"[①]。

北京和上海等一些地区为进一步吸引全球优秀青年人才，强化本地国际人才集聚功能，也结合本地实际出台了吸引来华留学生就业、创业的政策。这些政策措施有利于激发外籍青年学生在华就业和创新创业的热情，发挥青年人才在科技创新方面的积极作用，极大地促进了当地吸引聚集更多优秀外籍青年人才留在本地工作和创新创业，是落实人才强国战略、促进创新驱动发展、推动出入境改革的创新举措。

二、来华留学生职业生涯规划教育

职业生涯规划，是指个人与组织相结合，在对一个人职业生涯的主客观条件进行测定、分析、总结的基础上，对自己的兴趣、能力、特点进行综合分析与权衡，结合时代特点，根据自己的职业倾向，确定最佳的职业奋斗目标，并为实现这一目标做出行动计划。[②] 对来华留学生而言，职业生涯规划就是在充分分析自己的兴趣、性格、能力和价值观的基础上，结合自己的知识结构、专业特长，和对包括中国在内的有关国家就业市场的了解，对将来从事的工作作出方向性的计划。当前我国高校中针对中国学生的职业生涯规划教育已经趋于

[①] 中华人民共和国中央人民政府，《国家移民管理局在全国范围内推广复制促进服务自贸区建设 12 条移民与出入境便利政策》，http://www.gov.cn/xinwen/2019 - 07/17/content_5410623.htm，检索日期：2022 年 12 月 3 日。

[②] 周文波、范端阳，《大学生职业生涯与发展规划》，西安：世界图书出版公司，2011 年，第 12 页。

成熟，这为向来华留学生开展职业生涯教育提供了丰富的经验和资源。

（一）职业生涯规划理论简介

1. 匹配理论

匹配理论强调人的特质和需要等心理结构与职业的工作特性、工作环境之间的横向匹配，往往重视静态的人职匹配。比较典型的有霍兰德的职业兴趣理论。该理论提出了六类职业兴趣类型，分别是现实型、探索型、艺术型、社会型、管理型和常规型。[①] 当人们择业时，他们的人格与职业环境越匹配，职业满意度就越高。

2. 发展理论

发展理论重视人的动态心理与择业的关系，将生涯过程视为从出生到死亡的完整时期，包括成长期（0~14 岁）、探索期（15~24 岁）、建立期（25~44 岁）、维持期（45~65 岁）和衰退期（65 岁以上）。[②] 来华留学生多数处于探索期，主要任务是从多种机会中探索自己，逐渐确定职业偏好，并在所选领域内开始起步。

3. 认知信息加工理论

认知信息加工理论按照信息加工的特性构成一个信息加工金字塔，位于塔底的领域是知识的领域，包括自我知识和职业知识；中间领域是决策领域，包括沟通、分析、综合、评估、执行五个阶段；最上层的领域是执行领域，也称为元认识，即对认知过程的认知，起到反思调整的作用，对决策领域的每一个环节都进行了元认知监测，确保自己遵循了元认知的规则要求。[③]

（二）职业生涯规划步骤

1. 认识自我

自我评估是对自己的兴趣、性格、能力优势、价值观和决策风格等进行认识和评估，可以通过一些心理测量工具去了解自己，比如霍兰德职业兴趣量表、迈尔斯－布里格斯类型指标（Myers-Briggs Type Indicator，MBTI）、职业

---

① 钟谷兰、杨开，《大学生职业生涯发展与规划》，上海：华东师范大学出版社，2008 年，第 29 页。

② ［美］里尔登，《职业生涯发展与规划》，侯志瑾等译，北京：高等教育出版社，2005 年，第 13 页。

③ 同上书，第 17 页。

锚测评等，还可以通过寻求专业的职业生涯规划师的帮助来确定。

2. 认识环境和职业

每个人都处在一定的环境中，当制定职业生涯规划时，要充分考虑到环境的影响，尤其对于职业的发展状况及就业形势要有充分的认识和评估。对环境的认知，通常可以通过查阅文献、向他人咨询、借助媒体、实习实训、职业体验、人物访谈等途径实现。对于环境的评估，常用的工具有 SWOT 分析法，即把环境分为两个维度，一个维度是"优势－劣势"，用以分析内部条件；另一个维度是"机会－挑战"，用以分析外部条件。运用该工具可以认识到自己的优点和缺点，发现外界的机遇与挑战，从而扬长避短，有的放矢，制定有针对性的生涯规划。

3. 确定职业

经过全面评估自己的内在条件和环境的外在条件后，对自己适合的职业进行综合考虑，而不是单凭兴趣、能力或职业价值观，而要比较职业的要求、性质、条件与自己条件的匹配情况。

4. 确立目标并行动

确立合理的职业生涯目标对个人的成长非常重要，只有当个人对自己的职业发展方向有清晰的概念，其生命才会有意义和方向。[①]

设立目标的指导原则是 SMART 原则，即目标应有五个要素，分别是具体、明确的（specific），可量化的（measurable），可以达到但有挑战性（achievable but challenging），有意义、有回馈的（rewarding），有明确时间限制的（time-bounded）。

职业生涯规划的目标包括长期（5～10 年）、中期（3～5 年）和短期（1年以内）。把中长期目标分解为多个小的短期目标时，就有了具体的行动计划和步骤，有助于个人对职业生涯发展进行管理。确立目标后就要根据阶段性方案去行动，把行动计划落到实处。

最后，在实施计划过程中自觉地总结经验和教训，评估职业生涯规划，并通过反馈与修正，及时对计划作出调整。

---

① 钟谷兰、杨开，《大学生职业生涯发展与规划》，上海：华东师范大学出版社，2008 年，第108 页。

（三）求职、简历与面试

1. 求职

来华留学生针对求职信息需要掌握招聘单位的基本信息，如单位历史、企业文化、用人机制、业务范围、岗位职责、薪酬待遇、招聘条件和报名方法等。以上信息可以通过多种渠道获得，如招聘会、网络、学校就业指导部门、人际关系等。

2. 制作简历

一般情况下一份简历应该控制在一页纸范围内，主要呈现个人基本情况、学习和工作经历、技能、获得过的荣誉和奖励等。为了使简历有针对性，要充分研究招聘单位和招聘岗位的特点和要求，简历上所列举的个人能力及其他内容等应该尽可能符合岗位和企业需要。

3. 面试

（1）行为面试。

通常，用人单位面试时，主要考察以下几方面内容：成就动机、责任感、适应能力、问题解决能力、人际沟通能力和组织协调能力。对于专业技术岗位，还要着重考察应聘人的专业素质。面试人应根据上述要点提前做好相应准备，在回答问题时，一定要结合自己的实际经历，可采用 STAR 模型进行结构化回答。STAR 模型是指在回答问题是要包含四个要素，分别是情境（situation）、目标（target）、行为（action）和结果（result）。

（2）情境面试。

此类面试通常由用人单位给求职者设定一个情境，考察求职者解决问题的能力。应对此类面试，应仔细分析面试题本身要考察的是哪方面的能力，做到有的放矢；回答时要条理清楚，逻辑清晰。

（3）压力面试。

此类面试通常面试官会给求职者造成一种充满压力和紧张的氛围，借以考察求职者的情绪稳定性、心理承受能力和应变能力。应对此类问题应保持冷静和理智，自信、理性、客观地应答。

三、提升来华留学生就业能力

提升来华留学生就业能力是一个系统工作，包含从顶层设计到实践锻炼各个环节。

（一）注重顶层设计，提高来华留学生培养质量

提高来华留学生培养质量是提升其就业能力的根本，而提高培养质量就需要打造好招生、培养、管理与就业整体教育培养体系，按趋同化的要求把好各个环节，最后培养出高质量的毕业生。

除校内的教育外，与政府部门、社会、企业的良好沟通、协调联动也是顶层设计的重要内容。政府部门、社会、企业掌握着政策资源、岗位资源、项目资源、资本资源，与政府部门、企事业单位、社会机构深入合作是实施来华留学生就业和创新创业的必然之举。

（二）设置课程，开设讲座

为来华留学生提供职业生涯规划、职业技能等课程和讲座是提升来华留学生就业能力的基本形式之一，能够帮助本科生在夯实学业基础的同时，还能根据自身兴趣和职业规划，有针对性地提升职业技能。

职业生涯规划内容上文中已作了基本介绍，此处不再赘述。针对来华留学生的职业技能培训要充分考虑到他们的语言能力、文化背景各不相同，对中国的了解也有深有浅这一情况，举办语言文化能力培训、就业技能培训等。

语言文化能力培训是为了提升来华留学生汉语应用能力，可开设诸如商务汉语、中国商贸文化、当代中国经济等课程或讲座，加强他们对中国国情和中国文化的理解，从而消除或减少语言和文化障碍。

就业技能培训是为了提升来华留学生就业能力和技巧，帮助他们找到适合的工作岗位，可结合职业生涯规划向学生提供外国人在华就业政策、法律法规、就业和实习实训信息、就业市场动向、求职技巧等方面的课程、讲座和培训。在教学实践当中，应当注意到只有理论学习是不够的，还应该通过简历指导、模拟面试、案例分析和小组讨论等形式，增强技能应用能力。

（三）设立实习基地或项目

来华留学生参加实习实践，是提高其就业能力的重要抓手，需要依托企业、事业单位和党政机关，乃至境外企业和政府部门的资源，联动开展。为此，要与企业、事业单位和政府机关建立良好的合作关系和顺畅的沟通机制，实现双方乃至多方合作共赢。北京中关村的"藤蔓计划"就是一个优秀的范例。"藤蔓计划"是中国首个服务国际青年的创新创业服务项目，由中关村

"一带一路"产业促进会策划实施，政府部门、高校共同参与，为来华留学生的实习实践以及就业创业提供了良好契机，同时也为他们提供深入了解中国优秀企业的机会，有助于培养出更多既懂中国又懂世界的高层次复合型国际化人才。[①]

（四）组织社会文化和企业考察

组织社会文化和企业考察，可以帮助来华留学生了解社会环境、就业环境和风土人情，间接促进其职业发展。如，到政府机关考察，可以了解国家及地方相关政策；参观经济开发区，可以了解中国经济技术开发区的区域规划、管理体制等；到企业参观生产一线，可以感受中国企业文化、运作机制和行业发展状况。

（五）组织学生社团

在校来华留学生除了接受学校的教育、指导和服务，还可以自发组织成立社团，自主开展提升就业能力和创新创业能力的活动。这种学生自发成立、自己管理的社团组织的优势在于能够更加直接、更加及时地了解来华留学生这一群体在职业选择和创新创业过程中的真实需求，有助于学校和社会及时发现他们的诉求和提供有针对性的指导与服务。同时，他们参与社团活动本身就是提升能力的过程，与来自不同国家的同学一起工作能提升他们在多元文化中的合作能力。

四、来华留学生创新创业教育

来华留学生创新创业教育的根本目标是培养具有国际视野，通晓国际规则，掌握跨文化沟通技巧，具备一定创新创业意识和创业运作能力、职业发展能力及产业推动能力的国际化双创人才。[②] 其实现路径包括建立健全教学与实践相融合的创新创业教育体系，开设创新创业教育专门课程，实施来华留学生创新创业训练和竞赛计划，搭建创新创业平台和基地等。

---

① 明星，《北京中关村"藤蔓计划"助力在京留学生就业创业》，载《中关村》，2018年第5期，第20页。

② 朱弘扬，《来华留学生创新创业教育生态系统构建研究》，载《神州学人》，2023年第1期，第32-35页。

（一）注重顶层设计

教育部《关于大力推进高等学校创新创业教育和大学生自主创业工作的意见》明确指出，创新创业教育是适应经济社会和国家发展战略需要而产生的一种教学理念与模式，要面向全体学生融入专业教育深化到高校人才培养的全过程之中。[①] 国务院《关于深化高等学校创新创业教育改革的实施意见》出台以后，高校着力落实文件中提出的 9 项重点工作，如创新创业教育纳入日常教学体系中、强化实践、搭建平台等。[②]

推进来华留学生创新创业教育，也需要重视顶层设计：一是借鉴中国学生创新创业教育成功经验，设立来华留学生创新创业工作领导小组，留学生主管部门、学生创新创业主管部门和其他相关部门及学院参与，统筹开展来华留学生创新创业教育工作，结合学校优势学科和专业特点，构建多层次、分类别的专业教育体系，培养综合素质良好的创新创业型人才；二是要在观念引导、政策支持、氛围营造等方面落实到位，把来华留学生创新创业教育融入课堂教学、社会实践和第二课堂中，建立"课程＋培训＋实践"的融合培养体系；三是发挥来华留学生既深谙本国文化又熟悉中国文化的独特优势，在课程体系设置上体现相关内容，在项目设计和实践中积极挖掘相应元素。

（二）打造来华留学生创新创业教育课程（群）

专业教学、技能培训和实践锻炼融合互补是培养学生创新创业能力的重要途径，理论学习是基础。

1. 推进来华留学生创新创业课程的开发和建设

以基础课程完成知识的普及性教育，在课程设置、学分管理、学业要求等方面做出明确规定。开设相关创新创业课程，基本内容应包括创新创业的知识、信息和能力准备，选择方向和项目，国家和地方大学生创新创业政策解读，编写创新创业计划书等主要模板。有的高校开设的基础课程共 36 学时，分为创新创业精神、创业理论与技巧、"一带一路"倡议与沿线文化、技术创

---

① 教育部，《关于大力推进高等学校创新创业教育和大学生自主创业工作的意见》，http://www.moe. gc. cn/srcsite/A08/s5672/201005/t20100513_120174. html，检索日期：2022 年 12 月 3 日。

② 中华人民共和国中央人民政府，《国务院办公厅关于深化高等学校创新创业教育改革的实施意见》，http://www.gov.cn/zhengce/content/2015－05/13/content_9740. htm?tdsourcetag＝s_pcqq_aiomsg，检索日期：2022 年 12 月 3 日。

新和"互联网"时代与思维等五个模块。[①]

2. 重视创新创业教育与学生专业、学生自身特点相融合，打造课程群

（1）按照《普通本科学校创业教育教学基本要求（试行）》的要求，建立健全创业教育与专业教育紧密结合的多样化教学体系，在专业教学中更加自觉培养学生勇于创新、善于发现创业机会、敢于进行创业实践的能力。在教学过程中引导来华留学生找准专业学习与创新创业的交叉点，在此基础上充分发挥学校的专业优势，开发多学科交融的创新创业课程，如创业构思、战略管理、风险管理、融资管理等。

（2）邀请企业共同参与课程内容建设，能让来华留学生更好地了解中国经济、商业、企业等实际情况。

（3）来华留学生国别众多、各国商业文化有所不同，可发挥学生跨文化优势，结合学生本国文化资源相关的领域（如旅游、饮食、服饰、特产等）和学生自身特长，设计开发与区域经济、社会文化等有关的创新创业专题课程。

（4）开设技能培训工作坊。培养来华留学生掌握一定的创新创业方法和技能，如结合专业去观察和发现问题，找到创新点；模拟创业团队的组建、商业计划的协作、投融资等环节，从而熟悉创业过程，增强留学生管理能力、判断能力、协调能力和承压能力。

（5）除课程学习外，还可邀请专业教师和学者、企业家、创业典型、政府工作人员等开设创新创业相关讲座和宣讲会，作为理论学习的重要补充。

（三）发挥好创新创业实践锻炼平台的作用

来华留学生的创新创业实践锻炼平台包括实训平台、竞赛平台和孵化平台。实训平台包括创新创业（教育）中心、科技产业园、实习基地、社会文化考察等，竞赛平台包括由政府、社会、学校举办的各级各类创新创业竞赛，孵化平台包括孵化基地和融资渠道等。

1. 在实践实战中学习知识

目前多数高校都成立了创新创业（教育）中心、科技产业园、孵化基地等平台，一些地方的创业园或孵化园也面向大学生开放。在创业准备期，来华

---

① 谢冰蕾、吴琳华，《来华留学生创业教育的逻辑理路和实践进路》，载《中国高等教育》，2021年第 Z2 期，第 47 - 49 页。

留学生可在学校接受培训，加强对创业战略规划、财务管理、生产管理、运营管理等专业知识方面的理解和应用，还可以享受学校提供的零成本、零风险的模拟创业平台。经过创业能力塑造，创新创业项目启动后经过路演和诊断评估等环节一般可免费入住上述平台，享受更加专业、全面、系统的创业指导、咨询、融资和税务、财务、法务等咨询服务。比如前文提到过的"藤蔓计划"，也为来华留学生提供创业孵化服务，并创立国际青年企业家培养计划，为在华留学生与中国高新技术企业和机构的对接搭建平台。

2．在竞赛中进行模拟训练

目前我国国家级的大学生创新创业比赛有中国国际"互联网＋"大学生创新创业大赛、"挑战杯"中国大学生创业计划竞赛、中国创新创业大赛、"中国创翼"创业创新大赛、"创青春"中国青年创新创业大赛、"创客中国"中小企业创新创业大赛等。各地方和高校也纷纷举行大学生创新创业比赛。来华留学生参与到其中去，在教师指导下，由留学生单独或与中国学生一起组队，围绕经济社会发展中的热点和创业点展开系统调研，提出课题，或由创新创业的归口管理部门提供课题，按照所学理论知识编写商业计划书，并在多次推演过程中发现问题、解决问题、完善方案。通过比赛，学生可以系统地掌握创新创业的要素和过程，优秀的项目还有机会获得风险投资。

3．在考察中寻找商机

组织社会和企业考察，可以帮助来华留学生了解创新创业的自然环境、社会环境、人文环境、商业环境，有助于他们激发灵感、发现商机。实践考察的形式多种多样，可以由学校单方面组织，也可以由学校联合地方或企业合作建立考察基地，还有的考察由学校组织，但需要政府部门协调。

4．在融资中推进项目

学生创业往往缺乏启动资金和发展资金，需要通过不同渠道采用多种方式募集资金。应根据创业项目不同发展阶段的资本需求特点，结合创业计划和企业发展战略合理确定资本结构，并积极与校内外融资平台和渠道对接，如学校自身的基金会、孵化基地，校外融资机构和天使投资人，政府或高校设置的专项扶持基金，以及创业大赛和创业投资型路演等社会性融资活动。

（四）延展来华留学生创新创业教育的国际化视野

习近平总书记在党的十九大报告中指出，"要以'一带一路'建设为重点，坚持引进来和走出去并重，遵循共商共建共享原则，加强创新能力开放合作，形成陆海内外联动、东西双向互济的开放格局"①。

高校在开展来华留学生创新创业教育时，可以结合各国，尤其是"一带一路"沿线国家的国情，加入"一带一路"沿线国家政治经济文化介绍、发展理念、发展特色、欠发展的专业领域等特色化内容，编写创新创业国际化教材，开设创新创业国际化课程、讲座和工作坊，引导来华留学生创新创业课题与本国实际相结合，创业的地点或目标客户群体既可以在中国，面向中国，也可以在其他国家和地区，面向世界。在指导教师的选择上，除了本校创新创业指导教师，还可邀请有海外投资兴业经历的成功企业家，我国和其他国家相关领域专家，以及杰出校友等。

---

① 习近平，《决胜全面建成小康社会 夺取新时代中国特色社会主义伟大胜利——在中国共产党第十九次全国代表大会上的报告》，http://www.gov.cn/zhuanti/2017-10/27/content_5234876.htm，检索日期：2022年12月4日。

第二部分

面向中国学生的国际化人才培养

第一章 新时代中国高等教育国际化内涵发展 的思考与探索

党的十九大明确提出，中国社会的发展已进入到全新的历史时代，即中国特色社会主义进入到新时代。这是一个充分彰显中国特色社会主义道路自信、理论自信、制度自信、文化自信的时代，是整个国家综合实力不断增强、人们生活水平大幅度提高，并大阔步迈向成熟的伟大时代，同时也是中国国际影响力、感召力、塑造力不断得到提高后，日益走进世界舞台中央，并为解决人类各种各样问题积极贡献中国智慧、中国方案的伟大时代。[①] 在新的时代背景下，高等教育在社会经济飞速发展中的战略意义愈加凸显。作为教育事业的龙头，高等教育既有为社会经济发展提供所需人才和智力支持的作用，同时也有为社会科学技术的持续发展提供源源不断动力保障的功能。大力激发并促进高等教育高质量发展，在这个全新时代中发挥其关键性作用，是实现新时代国家战略目标的重要保证。正如十九大报告明确提出的那样，建设教育强国是中华民族伟大复兴的基础工程。高等教育的发展绝不能"闭门造车"，需要实现国际化的培养和提升，因此大力促进高等教育的国际化发展是新时代国家和民族发展事业的重要篇章。

在新的时代背景下，社会主义的发展事业必然会出现新的特征，也会由此开启全新的起点。新的时代特点将会给高等教育国际化的发展带来全新的发展机遇和更高要求。为此，把握好新的时代特点，以便进一步积极探索出适合高等教育国际化内涵发展的道路，是努力提升高等教育质量，培养具有国际视野和国际胜任力的人才的当务之急。

高等教育国际化是 21 世纪高等教育发展的大势所趋。在全新的世界发展潮流中，教育改革与发展要站在社会发展的前沿，要在全球视角下重新审视时代特点和人类未来发展方向对教育的新要求。当今的世界是一个全球互联互通

---

① 吴岩，《新时代高等教育面临新形势》，载《光明日报》，2017 年 12 月 19 日第 13 版。

的世界，世界上不同角落的人们每时每刻都在以自身特有的频率在信息高速交流的世界里进行着思想联动。大量信息资源以数字化的形式在全球范围流动。教育资源的流动也在信息全球化和教育国际化的双重背景下自觉自发地产生。人们开始普遍相信，开放包容、合作互补且共享共通的教育培养模式已经成为全球各国高等教育的共同选择和最优选择。

中西方不同国家由于自身不同的历史发展，在全球国际化教育发展过程中各自承担和扮演的角色存在很大的不同。多数西方发达国家的大学中，教育国际化程度都相对较高，诸如哈佛大学、斯坦福大学、耶鲁大学、剑桥大学、牛津大学、哥伦比亚大学等一批世界顶尖名校都是国际化教育中的典范。中国作为东方大国，在大力发展教育的过程中，一直很重视教育事业的高速高质量发展，且经过几十年的艰苦努力，让我们国家的教育事业在各个方面都取得了相当大的成就。

随着中国社会的不断发展，国家着眼于当前世界的发展大势，统筹全局，提出了一系列加速国家高等教育发展的建设规划。其中，2015 年国务院印发的《统筹推进世界一流大学和一流学科建设总体方案》明确提出"到 2020年，若干所大学和一批学科进入世界一流行列，若干学科进入世界一流学科前列"的"双一流"发展目标。要实现这一目标，我国高等教育就需要完成新时代背景下的重要使命，我国高等院校就需要面向世界，面向未来，通过全面充分地与国际一流大学的合作交流来发展和提高自己的教育水平，并严格按照国际一流大学的标准来要求和规划自身发展。

以下将从新时代的背景出发，依次探讨高等教育国际化的战略意义、历史发展机遇、内涵化的发展内容以及以四川大学自身国际化教育发展具体实践为例的发展路径探索。

一、高等教育国际化在新时代中的战略意义

在教育部、财政部、国家发展改革委三个部门联合印发的《统筹推进世界一流大学和一流学科检核实施办法（暂行）》中，国际交流合作的发展地位被提高到了全新的高度，使之与高等院校传统的人才培养、科学研究、社会服务、文化传承四大职能并列。这是国家从统筹全局发展的新高度出发，积极引导和支持各个高校走国际化道路发展的重大政策指引。这充分肯定了高等教育事业中国际化发展战略的重要性，为我国高等教育的国际竞争力提供了权威且有力的政策支持。同时，《实施办法（暂行）》等文件的陆续发布，也体现了

高等教育国际化发展和新时代发展两者之间相辅相成、相互促进的关系，即新时代下的社会发展需要更具国际视野的高等教育的大力支持，而高等教育发展的国际化需要也是新时代下社会发展的必然选择。

加快高等教育国际化的进程推进，对于我国政治、经济、文化等诸多方面的发展具有重要的战略意义。首先从政治层面来看，随着"一带一路"倡议的扎实推进，沿线相关国家和地区与我国的交往更加频繁高效，交往合作的模式也更加多元深化。"一带一路"倡议实施以来，无论在经济领域、全球化的再平衡发展、还是开创地区新型合作模式方面，都取得了丰硕的合作成果和宝贵的合作经验。教育是塑造心理素质及其技能能力最有潜力的工具，也是扩大交流、增进理解的有效方式。因而高等教育在共建"一带一路"的过程中除了具有一定的基础性和先导性作用，还充分发挥了高等教育推进国际化的重要意义，成为在"一带一路"建设中积极增进不同国家、不同文化间的政治互信的有力手段，并且成为不同文明之间和谐交流的友好纽带。教育交流为沿线各国各地区人民的民心相通架设起友谊的桥梁，人才培养为沿线国家的政策沟通、设施联通、贸易畅通、资金融通等方面提供坚实的支撑。

从经济社会发展的角度来看，我国高等教育最重要的职能就是培养德、智、体、美、劳全面发展的社会主义建设人才。促进高等教育国际化的发展，不仅能加强各国之间战略规划的高效对接和政策友好磋商，还能进一步探索形成有效的教育合作交流机制与模式，从而加快高校的开放办学，使人类文明凝结形成的人文、学术、教育等各项资源在国际上更广泛地流动。加强各国高校在科研学术、实践教学和人才培养等方面的深度交流合作，能更好地推动当今的科学技术水平向前发展，为改善和提高全球人民生活水平提供技术支持。高等教育国际化发展是有效实现人类智慧集中共享的途径，各合作院校集中了人类智慧结晶，就可以以更加经济和快速的方式拓展人类对未知领域的认知，以便用更加先进和便捷的方式为人类社会进行服务。往小的层面说，高等教育国际化能直接带来可观的经济效益，为国家或者地区带来丰厚的潜在经济价值。往大的层面说，高等教育国际化能为一个国家、一个地区的发展建设储备充足的建设人才，能够深刻而长期地影响该地区的长远发展。

为了确保社会主义事业的更好发展，为了早日实现中华民族的伟大复兴，切实高效地实现高等教育的国际化建设势在必行，这对于我国高校培养具有国际视野，通晓国际规则且具有国际竞争力的人才有重要意义。而通过国际化培养的人才也可以成为我国经济和社会可持续发展的重要基础性保障，能够反过来进一步促进社会的发展进步。

从人文和科技交流方面来看，高等教育国际化的进程会推动国家之间人才的流动，能加强全球校际合作与交流。人才的流动既能为相关国家和地区带来包括先进科学技术在内的知识财富，也能通过人际间的流动，扩大全球范围内不同地区间的文明交流，以科技和人文的双向互动来共同推动人类社会的发展进步。在具体的实践措施中，可以通过形成的人文交流机制、校长论坛平台、联合智库网站、联合研究中心、联合实验室等方式，来扩大高校或者相关研究机构之间的人际交流，促进全球范围的人才交流进入多维化深度合作。广泛且多元的国际合作交流，在增进不同国家、不同地区、不同民族之间的理解与信任的同时，还能够在国际舞台上积极弘扬中国传统文化、传播中国声音、凝聚中国力量，继而进一步树立国家的"四个自信"，增强中国在国际社会中的话语权。所以，教育的国际化发展对于国家安全的维护、国际声誉的树立、国际认同的深化都有着非常重要的战略作用。

二、新时代带给中国高等教育国际化的新机遇

十九大报告中指出："中国坚持对外开放的基本国策，坚持打开国门搞建设。"从国家政策层面我们可以看出，在全球化持续深入的当今社会，中华民族将会以更加积极主动的姿态进一步深度地融入世界。《统筹推进世界一流大学和一流学科建设总体方案》提出要"推进国际交流合作。加强与世界一流大学和学术机构的实质性合作，将国外优质教育资源有效融合到教学科研全过程，开展高水平人才联合培养和科学联合攻关……积极参与国际教育规则制定、国际教育教学评估和认证，切实提高我国高等教育的国际竞争力和话语权，树立中国大学的良好品牌和形象"。该文件重点指明了在新时代背景下，创建世界一流大学和一流学科应着重推进和世界知名高水平大学之间的深入合作，要切实做好国际交流的各项工作，在提升我国高等教育综合实力的同时，树立好国家品牌和国家形象，让中国在努力成为教育强国的同时，也成为公认的世界文化强国。

高等教育国际化受到国家层面的大力重视，在国家整体战略布局中提供了诸多政策支持和吻合世界发展的策略。因而这众多的机遇便为中国教育的国际化发展提供了得天独厚的优势。由此，相关的国际交流合作项目如雨后春笋般涌现出来。根据中外合作办学监管工作信息平台的数据显示，截至 2017 年 8 月，经审批和复核的本科中外合作办学机构及项目共计已达到 1000 个，并且新的机构发展建设势头依然迅猛。另外，"一带一路"教育行动的蓬勃开展，

也为沿线各个国家和地区的高等教育国际化发展提供了强有力的现实支撑。随着国际合作项目的逐渐增多，以及我国改革开放的范围和程度越来越深入，我国在新时代背景下与世界的关联愈加紧密。越来越多的经验表明，推进高等教育国际化的发展，是造福相关合作方的共同事业。就中国来说，高等教育国际化既是现实情形下加强与世界各国教育互利合作的必然需要，也是推进中国教育改革发展的必然要求。

十大中外高级别的人文交流对话机制（中俄、中美、中英、中欧、中法、中印尼、中南非、中德、中印、中日）的建设为高等教育国际化的发展搭建了稳固的平台支撑。根据相关数据显示，截至 2016 年底，我国已与 188 个国家和地区建立了教育合作与交流关系，与 46 个重要国际组织开展了教育合作与交流，与 47 个国家和地区签署了学历学位互认协议。① 美国拥有全球最发达的高等教育体系。在世界最好大学排名的前 50 中，美国就占据了 70% 以上，如斯坦福大学、哈佛大学、麻省理工学院以及加州理工学院等等都是美国超强教育实力的缩影。面对全球教育的领跑者，我国积极发展与其的教育合作交流项目的建设。2017 年 9 月 29 日，首轮中美社会与人文对话《联合声明》提出，中美双方一致同意，鼓励两国学生到对方国家留学交流，努力推动两国教育机构和学者间的深入交流合作，积极增进双方的相互理解，共同推动中美之间人文交流。合作声明的提出，为中美双方的学生、学者以及教育机构等各方创造了更多合作机会和支持。这个以教育合作为纽带的交流，将会为两国发展更加紧密的双边关系夯实基础。

三、高等教育国际化内涵发展的内容

要更好地发展高等教育国际化，首先要做的是熟知高等教育国际化的具体内涵。大学联合会（IAU）将高等教育国际化定义为"国际化是一个过程，它把国际教育或跨文化教育的内容或观念纳入大学的各项重要之职能，如教学、研究和服务中"。要更加深入地理解高等教育国际化，就需要转变固有认知，立足于全球化程度在新时代愈加深入的现实基础上，对教育国际化的相关信息进行全新的学习和了解。国际化教育需要对传统教育做出大量的改变，要调整过去以结果为导向的单一结构的发展模式。要对教育的发展改革方向进行转

---

① 林金辉，《新时代中外合作办学的新特点、新问题、新趋势》，载《中国高教研究》，2017 年第 12 期，第 35－37＋55 页。

向，转向全方位、全过程、多层次、立体式的内涵发展模式。在这种内涵发展模式下，教育理念、学生、师资、课程与教学、科学研究国际化以及国际合作办学是其最核心的内容。

高等教育国际化的发展不是在传统高等教育的基础上简单增加一个国际化头衔就行，也不是随随便便开展几个联合培养项目，也不是或者派出一定数量的学生去国外学习，同时吸收一批留学生来华交流，更不是开展几个国际化的活动就能轻轻松松实现的。高等教育国际化发展是一场关键且复杂的教育变革，其内涵发展需要通过国际化这个渠道，更新有关的教育理念、教学方法、教学内容，从而为高校人才培养改革发展带来正向连锁反应。所以通过扩大国际教育交流，才会将国际化带来的红利投射到人才培养、科学研究、社会服务和文化传承创新等其他方面。高等教育国际化的内涵发展涉及一系列涵养内化的过程，也就是说内涵发展应从外部的人才流动转向内部的人才培养，进而渗透到教育教学全过程，其中包括深入到专业、课程、教学、创新等核心要素中的全过程。

国际化的人才培养是高等教育国际化发展的根本目标。高等教育国际化的一个显著特征就是学生在国际和校际大范围流动，这种流动不仅涉及科学技术的流动、知识效能的转换，也涉及不同文明、不同文化间的交流促进。现在的高校对学生的国际交流背景非常看重，学生拥有国际化经历和国际视野已经成了诸多高校人才培养的重要关注点，欧美高校在人才培养过程中尤其重视这一培养属性，各大高校无不以高水平国际性人才培养作为其培养目标。在具体的实践中，哈佛大学将国际化置于优先发展的地位，要求所有哈佛大学生都要有"国际经验"；耶鲁大学则整合资源，制定了全盘国际化战略规划，在全球化背景下与世界建立起更为密切的联系。

人才培养国际化的关键在于师资队伍构成的国际化，因为师资队伍国际化是人才培养国际化的坚实支撑。因此，在教育国际化的整体建设中，集中力量建设一支教育理念先进、教育背景丰富、教学水平突出的国际化师资队伍对促进高等教育国际化的内涵式发展至关重要。

在高等教育国际化的具体建设过程中，课程、教学和科学研究应该成为高等教育国际化建设的核心工作内容。具体来说，首先要从课程体系入手，要着手建立一套符合自身学校情况和专业发展的国际化课程体系。要鼓励多学科之间的交叉融合，注重通识教育与专业教育的结合。不仅要积极培养具有深厚核心素养的专业"能手"，也要努力培养具有拔尖综合素养的"多面手"。

首先，在教学方式层面上，要从国际化发展的全新视角出发，将传统中

"以教师为中心"的教学方式向注重"以学生为中心"的方向改变。中国学生向来被灌输"真理",在学习中常常被动迷信权威,因而要特别重视学生批判性思维和创新性思想的培养。

其次,一个良好和谐的学习氛围,对学生的学习成长和学校的人才培养都具有积极的支持作用。因此在高等教育国际化的发展中,不能遗漏关于大力营造国际化校园文化氛围这一重要举措的落地推进。国际化校园文化氛围的营造,能够为国际师生的交流营造更多元的文化空间,让其有更多的学习生活选择,以此来降低可能因"文化休克"而引起的诸多不适。此外,国际化的校园文化氛围不仅能为老师和同学提供多元文化窗口,让不同文明在一起进行交流互鉴,进一步促进人类文明的持续健康发展,还能经由文化的多元发展,进而促进包括学术思维在内的诸多思想认知的多元发展。这一积极意义更是在激发科技发明和学术创新方面起到了非常重要的作用。毕竟当人们试图真诚地去了解对方时,那些原来或自觉或不自觉的,甚至带有偏见的认知闸门就会开始慢慢松动。当人们切身去感知其他文化成果的魅力时,那些由自身文化塑形已久的惯性思维就会出现偏航。事实上,培养国际化的人才就是需要培养一批能够打破思维禁锢,且具有国际视野、多元认知的创新型人才。国际化的校园文化氛围可以通过创新留学生趋同化管理培养方式、创建国际联合校区模式等方式开展,让具有不同文化背景的学生一起学习生活,在扩大沟通的同时,自然也能慢慢增进彼此的了解,进而达到良好的发展初衷。

最后,在学科建设和科学研究方面要站在全新的起点上,用敏锐的视角进行整体规划。其中很重要的一条是要和国际接轨,要与世界一流高校或研究所进行充分且平等的交流、合作与对话,建立联合研究平台,开展相关的联合研究,让高校在国际化的发展过程中提供良好环境,充分进行取长补短,让优势教育资源开始向自身倾斜,以此对自身学科建设和科学研究的发展提供巨大的动力支持。

四、高等教育国际化内涵式发展的路径——以四川大学为例

(一) 树立面向未来和面向世界的国际化教育理念

习近平总书记提出的关于构建人类命运共同体 (a Community with a Shared Future for Mankind) 的理念,是基于全人类发展的初衷而提出的。当今世界面临着百年未有之大变局,信息化和全球化让各国间的联系和依存日益加深。但

与此同时，诸如粮食安全、资源短缺、气候变化、环境污染、疾病流行等全球非传统安全问题也层出不穷，这对国际秩序和人类生存都构成了严峻挑战。面对如此复杂的局势，人们越来越坚信，不管人们身在何处，信仰如何，全人类实际上已经处在一个命运共同体中了。因此，为了全球任何一个国家和组织的长远发展，都不能仅仅局限于本国人民的发展需求，还需要将目光聚焦到全人类的未来发展轨道上。

高等教育国际化理念在新时代下必须要遵循两个基本方向：面向世界和面向未来。这两个基本方向均要求高校培养的人才具有敏锐的洞察力，能在社会发展中的适时时机下捕捉先机、洞悉未来。此外，还需要培养出的人才具有能够引领未来世界发展的能力。在新时代背景下的国际化人才培养是站立在前人基础之上，汲取了人类文明发展精华的优秀人才，是需要勇于进取，不断开拓未来的领航者人才。当然，对国际化人才的培养要求不能仅限于具备全球眼光和国际视野、拥有国际竞争力等方面，他们还需要熟悉中国基本国情，拥有家国情怀以及人类最朴素的道德良知。不仅需要关注自我、关注社会、关注国家和民族，还需要关注世界、关注人类，更要造福世界、造福人类。①

为了更好地实现这一理念，在国际化的培养方案和实施过程中，需要坚持立德树人：要将思想政治教育贯穿于教育教学全过程中，注重培育学生的社会主义核心价值观；要不断推进探究小班化教学的尝试，把国际上的新科技、新手段、新方法运用于课堂教学。实施翻转式、体验式、互动式等多种多样的教学模式，为学生打造优质的课堂；建设 PBL 学习平台，转变学生过去"被动学习""单一学习"的学习习惯；重视并积极开展中国互联网大学生创新创业大赛，并要以"大创"为载体，激励学生进行 PBL、TBL 自主学习，同时利用国际国内网络优质资源；培养学生终身学习的能力。

（二）增强学生全球胜任力

全球胜任力（Global Competence）也译作全球竞争力。经合组织在 2017 年发布的"PISA（国际学生评估项目）全球胜任力框架"中指出，全球胜任力是指青少年能够分析当地、全球和跨文化的问题，理解和欣赏他人的观点和世界观，与不同文化背景的人进行开放、得体和有效的互动，以及为集体福祉和可持续发展采取行动的能力。具体包括知识、技能、态度、价值观四方面内

---

① 这两个基本方向由四川大学前校长谢和平院士提出，被写入关于印发《四川大学建最好本科之四大人才培养计划》的通知（川大教【2017】223 号）文件中。

容。换言之，全球竞争力指学生在国际与多元的文化环境中，具备有效学习或工作以及与他人相处的能力。具备全球胜任力的人才是面向未来和面向世界的国际化教育理念下人才培养的外化体现，其对于推动新时代的知识创造，服务中国，贡献世界，进而促进人类文明发展至关重要。

四川大学在本科人才培养实施方案中增设了"国际事务与全球视野"课程模块，通过开设"国际组织与全球治理""全球领导力"等跨文化课程，引导学生关注全球社会的重大事务，摒弃"两耳不闻窗外事，一心只读圣贤书"的局限认知。方案强调培养一批通晓国际事务和规则，拥有国际视野的复合型人才，探索建立服务国家"一带一路"倡议的"非通用语＋"交叉人才培养模式，其中"波兰语＋"专业是进行实践探索的基础。通过对参与全球事物重点建设领域人才的培养，为国家"一带一路"建设储备人才，满足服务国家、服务沿线发展的需要。四川大学—斯坦福城市可持续发展项目（SUSUP）作为增强学生全球胜任力的典型案例之一，其发展建设过程充分重视跨学科服务性学习的项目制课程。该项目鼓励教师向本科生开放关注世界、关注人类、贴近社会需求的研究课题，学生则以修读课程方式参与项目。这种积极的实践互动为增强学生全球胜任力的举措提供了良好的启示。

（三）拓宽学生的国际视野

四川大学将"宽广国际视野"明确写入本科人才培养目标要求。在这一目标的指引下，学校通过多渠道、全方位的工作要求大力推进国际化教育进程，努力拓宽学生国际视野。

川大实施的"国际课程周"面向全球，诚邀包括牛津大学、哈佛大学、剑桥大学等世界一流大学的专家来校为本科生开设国际课程。除了邀请全球顶尖院校的顶尖专家外，川大还邀请了世界名校的学生来校和我校学生一起开展丰富多彩的交流互动活动。这一举措将世界上优秀的师生学者带进了川大的校园，让全体大川学子足不出校就能接受国际化教育，领略到世界名校师生的风采。四川大学致力通过高端的国际合作促进发展，着眼于与全球学术实力和办学水平一流的大学建立多种形式的长期、短期的联合培养项目。比如"大川世界"开展的大学生海外访学计划，就是在拓宽学生视野的同时也让他们积极主动地融入世界一流高校的学习生活和科学研究。除了邀请知名专家对本科生进行国际化授课外，川大还非常重视邀请世界学术大师举办各种论坛、讲座和研讨会。浓厚的学术交流氛围，不仅能让学生有充分的机会接触到全球最新思想和前沿理论，还能激发学生的学术理想，促进学生的学术认知素养养成。

正是在这一系列项目的积极推动下，近年来包括哈佛大学教授埃里克·马祖尔（Eric Mazur）、诺贝尔奖获得者詹姆斯·沃森、华人诺贝尔奖获得者丁肇中等学术大师纷纷走进了川大，给川大学子带来了一场场饕餮的学术盛宴，极大地促进了多方的学术交流和思想碰撞。

（四）强化学生的社会责任感

具备国际竞争力的一流人才除了拥有深厚的学识和强大的国际胜任力之外，还应该在道德领域有较高的要求。中国向来看重道德层面的素养，重视厚德载物的信念。我们培养的国际化人才是为国家、为人民、为社会大众服务的，继而是为全人类的健康发展服务的。我们的教育不是为了培养一群精致的利己主义者，而是要努力培养一批具备博爱、感恩、充满社会责任心和同理心的高素质人才，他们不仅需要具有良性竞争合作、互惠互赢、共同发展等诸多意识，并且致力投身于构筑人类命运共同体的伟大实践。因此，四川大学在国际化人才培养的进程中，不仅关注学生是否具有国际竞争能力、国际视野，同时还注重强化他们的社会责任感和时代担当精神。四川大学对学生的培养有着严格的要求，要求他们不仅要努力做更好的自己，还要他们努力帮助和服务别人，要用理想情怀和热血担当去为让世界变得更好这一理想而不懈奋斗。学校积极探索与国际企业、国际组织之间的长期良好合作机制，建设大学生海外实习实训基地；鼓励学生参加各类国际组织实习实训，以及鼓励学生志愿去南亚、非洲及"一带一路"沿线国家开展国际义工服务及考察调研工作。一系列有力支持和活动开展，在开阔学生眼界的同时，也锻炼和培养了学生的时代担当精神。

第二章 高等教育国际化与创新人才培养

——四川大学创新人才国际化培养的探索与实践

上一章以四川大学为例，简略地阐述了高等教育国际化内涵发展的可能路径。下面就将四川大学在创新人才国际化培养的探索与实践过程中积累的相关经验作详细的介绍。

高等教育国际化是伴随全球化而来的，全球化的到来在给中国大学提供良好发展机遇的同时，也带来了一系列严峻的挑战。如何从高等教育国际化的内涵入手，分析其国际化的重要性，进而提出国际化教育是当今人才培养的必然趋势，是当下高等教育和创新型人才培养的当务之急。基于此，四川大学高瞻远瞩，从高等教育国际化的大背景出发，从人才培养理念、国际化师资的引进、课程改革、联合培养项目的实施实践及国际课程周开展等诸多方面进行了相应的改革举措，为培养国际化的创新人才创造了良好的客观条件。

全球化是当今世界发展的必然趋势。面对其日益加速的脚步，其显著特征之一的经济全球化必将随着自身的发展，以及其迅猛的速度带动诸如科技、信息、技术等相关资源的跨国界流动。这种改变也会给教育的发展提出新的要求和新的挑战。《国家中长期教育改革和发展规划纲要（2010—2020 年）》明确提出了"开展多层次、宽领域的教育交流与合作，提高我国教育国际化水平"的要求。高等教育作为培养高级专门人才的主要社会活动，承担的历史使命更加严峻，高等教育的国际化成为适应经济全球化发展的必然选择。

一、高等教育国际化的内涵

将"国际化"一词用于高等教育领域开始于 20 世纪 80 年代。由于不同研究者的研究角度不同，以及各自的视野、价值观念、思维方式等也存在诸多差异，因而对高等教育国际化的理解存在一定的出入，甚至有些认识互为抵牾。因此，目前对于高等教育国际化还没有一个相对统一且被大家所公认的定义。艾比奇（Ebtachi，1990）给出下面的定义：大学国际化是一个过程，通过这个过程高等教育系统的教学、研究与服务功能具有国际的、跨文化的相容性。加拿大多伦多大学安大略教育研究院教授奈特·简（Knight Jane）在其著作《激流中的高等教育：国际化的新趋势》中对高等教育国际化进行了详细的分析，她从学校的层面将国际化定义为将国际的维度整合到高等学校的教学、研究和服务等诸项功能中的过程。她将高等教育的国际化看作一种过程，从学校层面的定义给高校的发展指出了一条较明确的道路。但是，这种定义仅仅是在学校的层面，有一定的局限性。范·德·文德（Van der Wende）认识到了这种局限性，指出这种以学校为基础的定义局限于教育机构的战略与政策而将国家政府排除在外，于是便提出一个更广泛的定义，她认为国际化是使高等教育回应与社会、经济和劳动力市场全球化的需求与挑战的系统努力。联合国教科文组织的大学联合会（International Association of Universities，IAU）提出，"高等教育国际化是把跨国界和跨文化的观点和氛围与大学的教学工作、科研工作和社会服务等主要功能相结合的过程，而且是一个包罗万象的变化过程，既有学校内部的变化，又有学校外部的变化，既有自下而上的，又有自上而下的，还有学校自身的政策导向"。

从中国自身具体情况来说，高等教育的国际化需要在前者的基础上着重明确自己的定位。我国高等教育国际化的定位是要培养具有宽广的国际视野和国际竞争力的人才，服务于国家经济的发展和社会的进步。在新时代的发展背景下，中国经济社会早已融入世界多元一体的浪潮中，因此，我国高等教育要主动应对全球化给教育带来的重大挑战。结合我国的具体国情，我国高等教育国际化包括两个方面的内容。一个方面是借鉴国外的先进教育理念、教育制度以及科学文化等资源，优化我国高校的学科建设、专业建设，提高科研水平，提升人才培养质量，使我国的高校能够造就更多的学术大师，培养出更多顶尖的国际型人才。如此，不管是学科建设还是人才培养都可以出现质的提升，实现具有里程碑式的突破转变。另一个方面是结合国情，发扬中华民族的文化传统，弘扬优秀的传统文化，吸引各国的留学生来华，构建具有中国特色的国际化教育体系。这种国际化教育体系要有明显的中国风格、中国气派，要立足中国，面向世界。要在传承与创新中吸收和消化一切优秀养分，并在多元化的观念下和各种优秀理念与资源达成一种创新平衡。

二、高等教育国际化的重要性

高等教育国际化对培养高质量的创新人才具有特殊的引领作用。创新人才是具有创新精神、创新思维、创新能力与创新人格的高素质专门人才，也是能够适应当今世界经济和社会发展的人才。《国家中长期教育改革和发展规划纲要（2010—2020 年)》指出，高等教育发展的战略重心是全面提升高等教育质量，重中之重是提高人才培养质量。因此，如何提高人才培养的质量，培养出高素质的创新人才，使得这些人能够主动适应国家发展和社会进步的需要，成为我国高校面临的首要问题。然而，在当今全球化的背景之下，人才培养的质量与教育国际化的程度息息相关，培养高素质的创新人才再也不能闭门造车，而是应该放眼世界。

（一）高等教育国际化是中国快速崛起的必然要求

今大的中国在世界舞台上占有越来越重要的位置。在科技高度发展的当代社会，高素质的创新人才已成为支撑国家发展的重要基石。然而作为培养我国高素质专门人才的高等教育还存在着诸多不尽如人意的地方，比如教育发展中供需矛盾突出、人才的创新能力不足等等。因此，高等教育国际化成为弥补这些不足的有利抓手，成为助力中国快速崛起的必然要求。

高等教育国际化首先能让优势的教育资源流动开来，这可以使得教育市场更加开放，让发达国家的教育资源向发展中国家流动。许多发达国家都向发展中国家输出了大量教育资源，如美国、加拿大、澳大利亚等国家都已在高校设立了独立的学院，或者以联合办学的形式完成国际化发展。通过整合国际优质教育资源，然后投射在我国设立的高等教育机构的教育事业上，这样不仅可以弥补我国教育资源的不足，同时也可以为给更多有志学子提供更好的教育创造有利条件。

高等教育国际化使得我国的留学生教育规模持续扩大，为中国走向世界提供了更多机遇。一方面，我国通过自身优势吸引的留学生和我国派出的留学生规模均有大幅度的增长。另一方面，我国的高校也可以较为方便地走出国门，在世界各地建立一些高等教育机构，如我国兴办的孔子学院已在世界各地的高等学府中落地开花，为传播我国先进的知识和优秀的文化创造了有利条件。搭乘好"高等教育国际化"这班快车，能让我国的高等教育事业在"引进来"和"走出去"的双向互动中进一步更好地融合。

从国内高校的自身建设来看，高等教育的国际化推动了我国高校的内部改革，为中国教育与世界接轨架起了桥梁。伴随高等教育国际化而来的不仅有先进的科学文化知识，还有先进的教育理念、现代化的教学管理模式。我国的高校在借鉴了这些优质的教育经验后，进行了相应的教育教学改革尝试，并取得了一定的成果和经验，这为我国高校自身角色的转换提供了动力支撑和技术指导。同时，这也能转变我国高校的发展模式，使之从单纯的科学文化知识学习园地转变为培养高素质创新型复合人才的摇篮。

（二）高等教育国际化是现代大学培养创新人才、提高人才培养质量的必然选择

今天中国的教育发展需要，如同中国经济发展的内在逻辑要求，已经开始从侧重量的累积转变到侧重质的提升。正所谓质量就是生命，《国家中长期教育改革和发展规划纲要（2010—2020 年)》明确指出，高等教育发展的战略重心是全面提升高等教育质量，其重中之重是提高人才培养质量。因此，现代大学的使命便是不断提高人才培养的质量。而高等教育的国际化对于提高人才培养质量有着举足轻重的促进作用，正好是这一要求的有力支撑。

高等教育国际化有利于提高学生的创新起点。著名科学家牛顿在 1676 年写给胡克的信中说道："如果说我看得比别人更远，那是因为我站在巨人的肩上。"牛顿之所以有这番感慨，是因为他正是在胡克的研究基础上才提出了自己的光学理论。由此可见创新并不是简单的无中生有，它在很大程度上是建立在继承前人优秀成果的基础之上完成的。因此，要创新首先就要全面了解已有的优秀成果，并在此基础上突破旧有知识和方法的局限性。高等教育国际化可以在很大程度上提高学生的创新起点。通过国际化，师生可以开阔自己的视野，了解各个研究领域的前沿知识和发展情况，更深刻清晰地认识国际上前沿研究的热点、难点，同时也能更好地学习国外先进的科学技术和研究方法。高等教育国际化使得我国的大学可以以世界一流大学为范本，开展国际间的学术交流和沟通，以便学生更快地了解和进入各个专业的前沿。同时，还能以此作为创新的起点，这样就犹如站在巨人的肩膀之上，更容易取得成功。

高等教育国际化有利于培养学生的创新精神。这种创新精神不是一朝一夕形成的，它需要长久的培养和熏陶。高等教育的国际化，有利于师生吸收和借鉴西方文化中的积极养料，特别是这种独立的批判意识，从而培养出学生严谨求实的治学态度和不断追求的创新精神。

高等教育国际化有利于增强学生的创新能力。能力的培养不同于思维观念的养成，需要通过长期的实践活动才能完成。因此，创新能力的培养也离不开

不断参与的创新实践活动。高等教育的国际化，有利于我国高校参与国际科研合作，为学生进入到一流的科研机构提供了有利条件。通过参与国际化的活动，我们的学生能够深入到国外一流高校的科研机构中，他们有机会参与相应的科研活动，并接触到前沿的研究课题，从而获得参与创新的实际训练。这样就能够近距离，经常地、及时地接触到学科前沿的新知识、新信息和新方法，进而在不断的训练中培养创新活力、增强创新能力。

高等教育国际化可以方便我国高校借鉴国外的先进办学理念，转变人才培养观念。同时，国际化师资的引进也使得学生不出国门就可以学习到世界一流的科学技术知识。积极参与国际交流，实施国际化培养有利于学生开阔眼界，增长见识，活跃思维。高等教育国际化对于提升人才培养质量，为国家和社会培养更多的创新型人才，促进国家发展和社会进步都有重要作用。

三、实施"323 + X"人才培养体系，促进创新人才的国际化培养

高等教育的国际化为中国高校的发展和创新人才的培养提供了机遇也提出了挑战。如何抓住机遇，迎接挑战成为各个高校面临的严峻考验。四川大学作为教育部布局在中国西部的直属全国重点大学，是"985 工程"和"211 工程"重点建设的高水平研究型综合大学。经过 127 年的办学积淀，川大形成了深厚的人文底蕴，同时具备了多学科的综合优势和丰富的国际化优质教育资源。在高等教育国际化的大背景下，四川大学不断探索和创新，充分结合自身优势，在创新人才的国际化培养方面实施了一系列举措，包括提出了具有川大特色的"323 + X"创新人才培养体系。

（一）转变观念，提出国际化的人才培养理念

观念是人们在实践当中形成的各种认识的集合体。人们会根据自身形成的观念对事物进行诸如决策、计划、实践、总结等各种活动。因此要实现人才培养的国际化，首先要从转变观念开始。在高等教育国际化这一大背景下，四川大学积极转变观念，提出了国际化的人才培养理念。四川大学的人才培养目标是培养具有强烈创新意识、宽广国际视野的国家栋梁和社会精英。在此基础之上，四川大学提出了具有川大特色的教育理念，即川大的教育是精英教育，是个性化教育，是自由全面发展的教育。在这种人才培养理念的指导之下，川大不断修订人才培养方案，并将培养方案送到国外一流教育机构进行认证，实现

了以国际化的培养方案为引领的人才培养模式。

（二）"请进来"与"走出去"相结合，培养国际化的师资力量

有好的教师才有好的教学，教师是人才培养的关键所在。为了给创新人才培养创造更好的条件，四川大学不断引进高水平的师资力量。学校实施"高端外籍教师引进计划"，明确把为本科生上课作为签订合同的首要前提，真正使川大的学生都能在川大校园里直接聆听国际名师的授课。四川大学不仅在质量上重视高水平的教师人才，在外籍教师的数量上也有一定的要求。学校的引进目标是，力争使编制内的外籍教师达到全体教师总数的 5%、200 人左右。目前已有多个国家的世界一流学术大师来我校讲学，比如美国科学院院士、耶鲁大学的艾伦·盖伦（Alan Garen）教授，英国菲利普·寇茨（Philp Coats）院士，德国马克斯·多曼教授，日本藤井明教授等多名高端外籍教师均在川大给本科生开设学术前沿课程中，开展短期讲学。除了引进高水平外籍教师，四川大学还实施"走出去"的战略。学校实行了"1+1"青年教师国际交流项目，青年教师访学计划等，每年选拔 50 名优秀青年教师赴国际名校深造。目前已与国际名校联合培养博士生 20 多人，每年还有约 100 人赴国际名校参与短期学习。这些教师在国际一流名校学习了先进的教育理念、教育方法后，回国便积极投身学校的教育教学改革实践。

（三）实施课程改革，让课程与国际接轨

课堂学习是学生学习的重要手段，川大一直以来都很重视课堂的主渠道建设，也致力于课程改革，力争使学校课程与国际一流名校接轨。首先为充分激发学生学习的主动性、积极性，把教师从知识的主导者变为引导者，四川大学实施了探究式、小班化的课程改革。改革的重点在于探究式教学方法的实施。为此，学校改造了 300 余间教室，创建了有利于小班化、探究式讨论的教学环境。对于班级规模在 30 人以下的物理小班，由主讲教师和学生以讨论、探究的方式完成课程目标。而对于班级规模较大的课程，学校则推行理念小班，由主讲教师与研究生助教一道，通过"大班授课－小班研讨"，实现探究式教学改革。2011 年，以启发式授课、批判式讨论、非标准答案考试为特色的探究式小班化课程已达 4427 门次，占课程总门次数的 42%。其次，四川大学还实施了全英文授课专业建设，包括土木工程、能源与环境、软件工程、中国经济、临床医学、口腔医学、中国旅游文化与管理等在内的 7 个专业成为首批全英语教学试点专业。这些课程全部采用英语讲授，部分课程直接使用国外原版

教材，取得了良好的教学效果。另外，为更好地培养学生的外语应用能力，四川大学改变传统的英语教学模式，实施了大学英语课程改革，实现所有大学英语口语类课程全部由外籍教师负责教学的目标。这极大地提高了学生的英语听说能力，为学生的国际化培养奠定了坚实的语言基础。

（四）拓展国际化人才培养渠道，实施联合培养项目

为拓宽学生国际视野，学校积极拓展国际化人才培养渠道，为学生引入国际优质教育教学资源。在这一目标的激励下，四川大学积极与国际一流大学建立联合培养项目，并依托学校自身的优势，把优秀的学生以联合培养、暑期学校、短期学习和考察等方式分批、分期送到国外（境外）一流大学进行学习和交流。目前，四川大学先后与国外 80 余所高水平大学开展"2 + 2""3 + 1""1 + 2 + 1""3 + 1 + 1"等联合培养模式，平均每年有 1000 余名学生到境外学习交流或参加夏令营活动。

（五）实施实践及国际课程周，营造国际交流氛围

为高效利用教学周，四川大学在 2012 年首次成功试行了"实践及国际课程周"教学活动。此后，学校将在每学年春季学期末继续推行"实践及国际课程周"，即利用 2 ~ 4 周时间开展短期课程、学科竞赛培训课程、学术前沿和创新创业系列讲座、创新创业项目、科研训练以及实习实训、"国际交流营""海外留学经验"交流会、读书报告会等活动。这些丰富多彩的活动，为不同兴趣爱好的学生提供了更加多元的自主学习机会、更加个性化的实践选择。在国际课程周期间，学校会邀请多位国际一流的学术大师来学校，为同学们开设暑期课程、短期讲学或者专题报告会。这极大地方便了学生与大师之间面对面的交流。同时，定期举办的"国际交流营"和"海外留学经验"交流会，能进一步增进我校学生与国外一流大学学生之间的友好交流，便于学生开阔眼界，拓宽视野。

高等教育国际化是世界高等教育发展的必然趋势。高等教育国际化最后的落脚点必然是人才培养的国际化。在这个潮流中，高校如何结合自身的优势和我国的国情，以及如何做好相应的定位，以便最终实现创新人才的国际化培养成了高校改革的重要内容。四川大学在这个大背景下，不断深化教育教学改革，加快培养理念、培养目标、课程体系、国际交流与合作等方面的改革，不断创新人才培养模式，力争为国家和社会培养更多具有宽广国际视野、适应经济社会发展需要的高素质国际化创新人才。

第三章 基础学科拔尖学生国际化培养的思考

"基础学科拔尖学生培养试验计划"又称"珠峰计划"或"拔尖计划"，是国家为回应"钱学森之问"（"为什么我们的学校总是培养不出杰出的科技创新人才？"）而推出的一项人才培养计划，其目标宗旨是培养中国自己的学术大师。该计划是由教育部、中组部、财政部于 2009 年共同推动实施的人才培养计划。

"拔尖计划"自提出以来，受到了全体社会的广泛关注。在经过数年的实施后，已经取得了良好的成效。"拔尖计划"不仅能为国家筛选出众多具有潜力的顶尖人才，还能为创新人才培养、优化人才培养提供科学的实践选择。众多积极参与"拔尖计划"的试点高校，都敏锐地抓住当下的发展契机，大力推动自身学校的人才培养发展。它们立足本校实际，积极借鉴世界一流大学拔尖创新人才培养的相关成功经验。其中包括人才培养理念、培养模式以及培养方法等。除了充分借鉴相关有益经验，各大高校还积极进行学习创新，首先在创新体制机制方面下功夫，继而深入推进人才培养全方位的改革，着重在学生选拔、师资配备、条件保障、氛围营造等方面进行了探索。

国际化是高等教育质量的重要组成部分，也是"拔尖计划"的重要培养原则。一直以来四川大学坚定不移地秉承这个原则，积极为参与的学生提供国际化的师资队伍、营造国际化的氛围，努力使受计划支持的学生具有一定的国际竞争力，为他们今后成长为相关领域的杰出人才甚至是领军人物，并逐步跻身国际一流科学家队伍奠定良好基础。

教育部高教司理工处吴爱华处长在"'拔尖计划'国际化培养及物理学科研讨会"上的发言中也提道，拔尖计划要开拓拔尖学生国际化培养的渠道，不断提升基础学科人才培养的国际竞争力。因此，当下高校相关研究工作者研究课题的重点，应该是在借鉴世界一流大学培养模式精华的基础上，加强基础学科拔尖学生的国际化培养。通过总结国际化培养探索过程中的正反两方面经验，不断提升国际化培养的水平。

四川大学作为首批进入"拔尖计划"试点的 19 所高校之一，已经完整培养了两届毕业生，共计 111 人。其中 106 人顺利进入国内外高水平大学继续进行研究生阶段的深造。学校高度重视"拔尖计划"人才培养发展的质量，因而在具体的实施过程中，坚持以基础化、个性化和国际化为指导思想，积极寻找拔尖学生国际化培养的诸多有效途径。

一、四川大学基础学科拔尖学生国际化培养取得的成效

四川大学在近几年的"拔尖计划"实施过程中，不断创新摸索各种人才培养措施，并积极应用于拔尖学生国际化培养的教育实践，目前已经取得了一定的成效。

（一）组建高水平、国际化的师资队伍

"拔尖计划"通过大范围的严格选拔，已经为国家筛选出一大批智识卓越、发展潜力巨大的优秀人才。将这一群发展潜力巨大的优秀学生淬炼成符合国家社会发展的顶尖型人才，是高校人才培养的目标所在。而完成这些培养计划的核心要义则是需要组建一支在相关领域有非凡成就的一流教师团队。常言道：名师出高徒，顶尖专家教师队伍培养的学生，往往蕴含着青出于蓝而胜于蓝的无限潜力。高素质的教师团队是教育发展的第一资源，一流的教师团队是建设一流大学的关键，也是建成一流大学的重要保障。四川大学积极从教师团队建设出发，为各试验班大力引进国际知名学者、科学家，担任试验班学生导师，并承担拔尖计划部分专业基础课程的授课任务。这些知名科学家中有如美国康奈尔大学的法赫德·埃什马托夫（Farkhod Eshmatov）博士，他为数学试验班讲授"群表示基础"以及"调代数初步"；美国威斯康星大学蒂莫西·莫蒙德（Timothy Moermond）教授为生物科学试验班讲授"保护生物学"等。在高水平、国际化师资队伍的建设要求下，外籍教授的比例正在不断扩大。这也使得四川大学基础学科拔尖学生国际化培养中顶尖师资力量配备这一环得到明显的巩固和加强。

（二）组织实施与国际一流大学的联合培养

作为一种全新且是当下主流的教育理念和模式，联合培养注重双方或者多方在人才培养方面的共同参与。在这种模式下，学生接受的教育不仅是多方面的，更是多维的。除了拓宽所学的知识面，满足社会对复合型人才的要求外，

联合培养教育模式还能让包括科学知识及人文思想等在内的各种认知在一种全新开放的立体式空间内流动。因此，为了更好地培养符合时代要求的人才，使学生具有创新思维和多元化视角，很多高校开始与国内高校及国外高校开展联合培养项目。通过强强合作的方式来加强包括学校与学校、学校与学生、学生与学生之间的沟通以及相应的文化交流。四川大学已与英国牛津大学、美国华盛顿大学等100余所世界名校建立了国际联合培养项目。川大试验班的学生通过联合培养、暑期学校、参加国际会议、短期学习和考察等方式分期分批进入国外（境外）一流大学进行学习和交流。为充分保障同学们的学习，学校还专门制定了《四川大学"基础学科拔尖学生培养试验计划"学生出国（境）学习项目资助办法（试行）》，以此来消除学生的后顾之忧。

（三）营造浓厚的国际化学术氛围

一个健康良好且积极向上的学习氛围是提升学生学习成绩和学校整体学习质量的重要保证。通过营造浓厚的国际化学术氛围，能有力地推动校园文化建设，继而激发学生的求知欲和积极探索的热情。为了紧跟国际化的发展步伐，四川大学高度重视学生的语言运用能力，尤其是国际上交际范围广泛的英语的应用水平。学校对拔尖学生的诸多课程实施了全英文教学，并鼓励学院邀请国际知名学者为拔尖班做专题学术报告。除了专题学术报告，学校在"实践及国际课程周"中邀请世界名校教授开设全英语课程，并邀请世界名校的学生参与"国际交流营"，和校内学生一起交流学习。学生不仅可以在校内和远道而来的专家教授、优秀学子一起交流学习，还可以由学校资助走出校门，参加国际国内学术会议。据初步统计，仅2013年，各试验班共邀请来访的国内外专家为拔尖班学生做了近150场专题报告，这极大地拓宽了学生的国际视野，激发了学生的学习热情，启发了学生的科研思维。

二、四川大学基础学科拔尖学生国际化培养存在的问题

四川大学非常重视基础学科拔尖学生的国际化培养，在具体的实施过程中也取得了不小的成绩，但是我们不得不承认，随着计划的逐步实施，我们在拔尖学生的国际化培养方面仍然存在不小的问题，主要表现在以下方面。

国际合作交流程度不够，与基础学科学生培养目标的匹配度不够。"拔尖计划"的培养目标是要让学生成长为相关基础学科领域的领军人物，并逐步跻身世界一流科学家队伍行列。因此我们的初衷是希望基础学科的学生能够通

过参与国际交流的机会，进入世界一流大学的实验室，去学习其严谨的科学精神，切身领略基础科学的魅力。然而现实情况是，由于目前国际交流项目大多是以课程修读为主要手段，因此不是所有的"试验班"学生都能够有机会参与到国际合作交流的项目中去，即无法实现让所有学生都充分地接受国际化教育。理想状态下，每一个"拔尖班"学生都能在课程修读的同时就进入实验室参与实践，这样的培养模式就可与"拔尖班"学生的培养目标高度匹配。当然，除了上述原因外，部分学生参与的短期交流时间太短，学习内容和范围有限，这也是限制培养目标完成的因素之一。

国内外双导师制没有真正落到实处。经过多年的实践发展，双导师制已经越来越受到学生和社会的认可。它的成熟发展突破了以往校内单一导师制的局限，是高校发展过程中确保学生培养质量的必要抓手和重要途径。和当前人才培养模式的主基调一样，我校的"试验班"也实施双导师制，但是目前只有生命科学学院真正保证了每个同学都有一名与国内导师长期合作的国外导师。虽然部分学院、部分学生满足了"保量"的双导师配备，但国外导师的指导情况还存在进一步的提升空间，目前多数校外导师只是停留在邮件、电话、网络等线上交流中，还没有实现国外导师走入学生课堂，与学生进行面对面的交流和深入指导。也就是说，双导师的真正效用还没有得到充分的体现，这方面的调整和改善亟须加强。

国际交流营中，基础学科拔尖学生的交流相对薄弱。国际交流营是高等教育国际化发展过程中的必备元素。通过不同国家、不同高校间的学习互访交流，进一步拓展学生的国际视野，提升学生的国际化水平。川大虽然积极开展国际交流营活动，在多样化的国际实践及国际课程周中举办的国际交流营，世界各地的学生纷至沓来，汇集到四川大学与我校的学生进行交流学习。但是就最近数年的交流经验来看，国际交流营的本质目的还没有达到，交流营的发展存在着一定的不足，诸如没有专门针对基础学科的交流营，交流的具体内容也较少涉及这个方面。此外，还包括交流模式的多样化发展、交流效果的深远影响等方面还有待进一步提高。

三、切实可行的改进措施

（一）进一步实行国内外双导师制

实施双导师制是"拔尖计划"的一大亮点，导师的作用当然不言而喻，能在基础学科学生相对枯燥的学习生活中起到重要的引导作用。导师是学生人生方向的指引者和科研路上的领路人。一个好的导师，除了能给学生带来学习上的重要帮助，还能通过自身的人格魅力影响学生塑造一种健康积极的人生观。随着国际化的要求越来越高，学校通过积极引进人才，建立了一批国际化的导师队伍。但在具体实施国内外双导师制的过程中，我们需要进一步优化学生的培养方法和模式，让双导师制的优势真正显现。首先，在学生覆盖面上需要达到让"试验班"的每个学生都有一位与国内导师长期合作的国外导师。国内国外双导师共同指导学生的学习，让学生可以在第一时间了解到国内外相关学术前沿信息。其次，对相应导师的指导任务要有明确的量化参考，要让导师真正能帮助到学生。最后，可以邀请国外导师来校讲学，为"试验班"学生做相关专题报告，拉近导师与学生的距离，使导师真正走进学生课堂。

（二）积极营造国际化的校园氛围

在营造国际化校园氛围层面，要继续加强在"引进来"方面的举措。首先是要持续引进高水平的国际化师资，特别是在重要基础学科领域方面有重大建树的优秀研究人才，要大力吸引在这些相关领域有着深厚造诣的科学家进入"试验班"的课堂，提高"试验班"的含金量。其次是积极召开国际学术研讨会，通过高规格、多频次的研讨会让学生接触到更多的学术前沿，方便其拓宽视野。一定要通过开好高规格的重要学术会议，吸引学生参与到学术建设中来，以便更好地激发学生的学习研究兴趣。再次是要着力打造实践及国际课程周，作为四川大学教育国际化发展的重要组成部分，实践及国际课程周有着极其重要作用的发展平台。要想在高等教育国际化的发展大舞台上充分展示四川大学高等教育的魅力，就一定要在这个平台上扮演好自身独具特色的角色。通过这个平台，四川大学可以在此基础上继续丰富发展包括开办基础学科暑期学校、基础学科国际交流营等活动在内的多种活动项目。能更好地吸引外国教育工作者以及有关留学生来华。因此，当下最重要的是如何能更充分地借助这个平台，井然有序地开展更多有意义的国际交流项目，真正使平台成为沟通中外、进军国际化的重要桥梁。

（三）利用优质网络课程资源，与世界知名科学家零距离接触

随着信息技术的普及，越来越多的优质课程可以通过网络进入到学生的学习生活中。特别是在疫情情况下，线上教学更是充分体现出了网络化时代学习资源共享的便捷优势。目前最受瞩目的线上学习平台莫过于 MOOCs。2012 年

被称为 MOOCs 元年，它的兴起迅速为线上课程学习开辟了新纪元。MOOCs 在中国的快速崛起开始于 2013 年，当前国际上有包括 Coursera、edX 和 Udacity 在内的三大 MOOCs 平台。在这三大线上学习平台上，包括麻省理工、哈佛、耶鲁、牛津、普林斯顿等大学在内的多名顶级名师授课，此外还有海量的关于基础学科的优质课程。面对顶尖教师和大量的课程学习资源，同学们可以根据自己的需要和学习进度自由选择课程进行学习。在学习期间，大家还可以跟一同学习这门课程的来自四面八方的学生以及主讲教师进行交流，充分享受优质资源远程共享的便利。

（四）做好国际合作交流项目的质量评估

面对众多的国际交流合作项目，如何在优中选优，继而实现优质项目的效益最大化，是开展国际合作交流的相关院校需要谨慎思考的重要问题。随着社会经济的发展，国际合作交流项目必然会越来越多。但是在数量剧增的同时，也会产生项目质量参差不齐或者和培养目标适配度契合不够等问题。比如有些短期项目时间过短，仅为半个月甚至一周左右，这样的时间不足以使学生充分适应环境，更谈不上全身心投入学习。因此多数情况下只能是走马观花般地浅尝辄止，难以达到较为理想的学习效果。因此要加强对于试验班国际合作交流项目的质量评估，要在科学性和可行性上下功夫，真正为试验班学生挑选到切实可行且适合自身发展的国际合作项目，使学生真正通过国际交流项目获得成长，而不是只有一个合作项目的空名头，学生并没有获得相关实质性的收获。

（五）加强国际化中的"成人"教育，培养科学精神

在国际化培养的过程中，要加强学生的"成人"教育。所谓"成人"教育，就是让学生在基础学科知识的学习过程中，一边享受科学研究乐趣的同时，一边树立建设祖国、服务社会的远大理想。努力成长为有知识、有文化、有智慧、有责任的一流人才。新时代的国际化人才需要具备强烈的批判性思维。批判性思维是科学家的必备素质，在国际化培养的过程中，我们需要凸显批判性思考的重要性。要让学生在学习知识的过程中真正成长为一个具有自身独特认知的生命个体，养成良好批判性思维，进而一步步实现"成人"教育的目的。为此，四川大学从 2013 年起为"试验班"开设了"科学、哲学与人生"系列研讨课程。通过邀请相关著名科学家授课，让学生在与著名科学家的面对面交流中，培养相应的科学人文素养，从宏观层面整体把握学生时代的学习生活。这类课程为学生提供了超越知识本身外的更多东西，是学生吸收精

神营养、发掘自我的良好平台。今后的国际化发展不仅需要继续强调这方面的素养，还要做得更好、更精。

（六）定期举办国际合作交流分享会

高等教育国际化在学生群体之间同样需要相应的促进机制。学生除了平时的上课学习，课后的大量时间是和同龄人一起度过的。我们都知道，交流能使彼此信息更加畅通，讨论能让各自思想愈加活跃。因此，应该在学生之间创造一种有益的交流氛围，让理想志趣相近的学生在共同梦想的指引下，通过积极活跃的交流讨论来激发出更多的思维火花。因为每个学生在国际交流的过程中都有自己的思考与认识。有的学生由于条件限制，无法参加国际合作项目，因此定期举办国际合作交流分享会，让那些有深刻感悟的学生分享自己的见闻感想，既能扩大前沿科学信息的共享，还能促进学生之间的交流和相互学习，进而激发大家进一步的学习探索热情。

"拔尖计划"已经实施了五年，在这五年中我们一直在摸索中前行，不断采取措施加强学生的国际化培养，努力让学生成为具有国际竞争力的本科生，为其成长为相关基础学科领域的领军人物，并逐步跻身国际一流科学家队伍打下坚实的基础。同时，我们也在摸索中不断学习进步，努力做到始终以学生为中心的人才培养模式。通过不断地细化和持续的优化，从包括基础学科拔尖计划在内的诸多窗口进行教育国际化的积极尝试，以期推动高等教育国际化更加完善的发展。

第四章　本科生国际化教育中学分转换机制的建立与完善

随着高等教育国际化的快速发展，各大高校间的合作交流也在逐渐增多。在这个过程中，自然而然地就会出现涉及不同院校间相互承认的问题。在诸多认可问题中，学生成绩的相互承认是最基础，也是最重要的前提。由此而来的首要任务就是要寻求一套科学且行之有效的转换体系，使彼此的相互承认建立在一种稳固且规范的参考价值标准上。因此，建立一套规范的、可操作的学分转换机制就变得尤为重要了。进一步说，建立起这样一套合理的机制，是推动高等教育国际化发展的制度基础。

通过对当前国际学分转换机制实践经验的多方考察研究，四川大学从自身情况出发，在可操作的学分转换原则和规范的学分转换程序两方面对学分转换机制进行了有益的探索，从而形成了一套适合自身的可评价体系。此外，在联合培养的过程中，川大严格把关，进一步从质量审核、课程审核和信息化管理三方面出发，有针对性地提出完善学分转换机制的更多要求。

一、科学的学分转换机制是高等教育国际化的制度基础

世界高等院校在全球化的背景下，共同倡导诸多准则，诸如秉持开放、平等、交流、共享等原则。其核心的价值体系是多元一体的，即在充分尊重民族文化个性、大力发挥各自创造性的同时，积极寻求教育理念的共性，努力实现高等教育办学过程中的人力、技术、信息等资源的沟通与共享，实现教育资源的最大整合与利用。高等教育国际化是 21 世纪高等教育发展的必然趋势，是高校建设"世界一流大学"的必然选择。高等教育国际化的目的是实现高校间教育成果的尊重和互认，从而促进全球范围内高等教育服务在质与量上的双重提升，包括总量的增加、水平的提升、品质的改进以及相关教学资源和人才培养的优化。本科生联合培养对人才的培养具有重要意义：首先，丰富了人才

培养模式，使得人才的培养方式更加多元化，增加了学生学习方式的选择性，满足了不同群体的学习需求；其次，各学校从实际操作中通过高校间互签协议，建立联合培养项目的方式，使得本科生实现了高校间学习交流的常态化。为了更好地推进本科生联合培养，需要逐步建立起一套科学合理的学分转换机制。这既是高等教育国际化的重要制度基础，也是当前在高校教学管理过程中需要解决的当务之急。所以，建立一套规范的、可操作的学分转换机制具有十分重要的现实意义。

二、学分转换机制的国际借鉴

（一）欧洲学分转换机制[①]

学分的国际流通起源于"欧洲学分转换体系"（European Credit Transfer System，以下简称为 ECTS），这一体系实质是欧洲一体化的产物。伴随欧洲高等教育一体化而产生的 ECTS，不仅打破了学校之间的藩篱，更消除了国家间的障碍。ECTS 是欧盟在实施"伊拉斯谟计划"中开发出的一个最具特色的对学生海外学习予以承认的有效工具，其后 1999 年的《博洛尼亚宣言》更是使之得到了强化和发展。其最终目标是通过采取灵活的学分制度来确保学分的转换和积累，以便在本科和研究生教育的基础上，力求创立一种简化的、易读的、可比较的学位系统。为了增加欧洲各国家的凝聚力和影响力，在当时欧洲共同体的主导下，ECTS 的学分转换工作从学校层面的管理不断上升到了国家政府层面。通过整个社会的努力，使得学生的跨校和跨国交流得以实现，为学生、教师以及学校社会都带来了巨大的便利。这充分说明建立和完善学分转换机制不仅是一项有利于学生交流学习的管理工作，更是能对高校的国际化进程起到极大的推动作用。

在 ECTS 的学生交流流程中，包含了交换信息文件、课程目录、签订学习协议、正式成绩单（包含学分和成绩等级）等一系列内容。其中，信息文件和课程目录是学分转换系统中的重要文件，不仅包含课程清单，而且还有详细的教学计划、学习单元和课程模块介绍，这些能为学生提供充分的信息。学习协议则包含了学生参加跨校交流的计划学习课程清单和学分，该协议需由学

---

① 王楠，《欧洲学分转换系统及其对我国学分制的启示》，载《当代教育科学》，2010 年第 3 期，第 44-46 页。

生、母校教务部门、交换学校教务部门三方共同签署。在根据要求完成学习后，学生将获得成绩单，这份成绩单与学生的学习成绩认定以及后续的学习密切相关，因此它需要为学生所有的跨校学习活动提供符合标准格式的记录。成绩单上有课程学分和成绩等级，学生回校后依据成绩单转换学分，便可在母校获得相应的学分认可，无须重复学习。ECTS 对获得学分有一定的要求准则，即只有完成了教育大纲所规定的学习工作量，以及完成了所有课程并取得相应的成绩，才能获得学分。学分是量化学习成果的一种重要方式。通常来说，一个全日制大学生一年需要修满 60 个学分，而一个学分通常等于 25～30 个学时的学习。因此，全日制大学生每年的学习时长大约是 1500～1800 个学时。当然，这些学时不仅包含上课时间，也包含诸如研讨会、讲座、独立研究、实验室工作等在内的所有学习时间。

（二）美国高校学分转换机制[①]

和欧洲高校学分转换机制有所不同，美国的高校学分转换机制更加灵活。美国学生转学情况相当普遍，学生一般能较为自由地在不同高校中转入和转出，这种流动不仅限于同等水平大学，还包括了研究型大学、教学型大学以及社区学院等不同层次的学校。即美国学生不仅可以进行横向的学习流动，也能进行纵向的学习流动。例如，学生可以在社区学院先学习一到两年，然后再转入四年制大学继续学习，攻读学士学位。所有院校都会把相关的规章准则明确告知学生，如麻省理工学院就明确规定："学生在国内高校成功获取的正规课程学分可以纳入麻省理工学院学位课程总学分。"当然，包括学分在内，所有转化都存在一定的价值前提，都必须有公认的相关性。比如，有学校要求，学生在转学之前的学科专业内容应与转学后的新学校专业计划要求的课程类似，否则新学校则无法保证学分会被全部认可并转换。另外，除了国内的学习流动外，不同国家间区域性的学习流动也有相应的完备政策。如北美自由贸易区（美国、加拿大、墨西哥三国）自 1994 年起，曾先后五次举行高层次会议，最终通过了校际学分转换协议，这使得三个国家的学生在自由贸易区内的学习流动有了明确而规范的指引。

我们纵观美国高校的学分转换机制，会发现其主要有以下特点：一是在国家政策的大方向上进行支持引导，即注重签署校际学分互换协议，为学生顺利

---

①　陈静、曹春芳，《美国高校学分转换保障体系评述》，载《现代教育管理》，2016 年第 7 期，第 110－114 页。

跨校交流学习、进行学分认证转换提供了制度保障；二是细化课程的认定前提，各类高校需要重视在学分转换时进行课程相似性的认定，只有通过学校的专业认定，才能决定是否能够顺利转换学分；三是重视对所修课程的评估，只有通过学校招生注册部门和学术教师的双重评估，才能确定是否可以进行学分转换。

三、四川大学本科国际化教育学分转换的实践

为满足新时代社会发展要求，四川大学着力培养具备国际化素养的创新型人才。在充分借鉴国际学分转换机制经验的同时，四川大学也在改革开放数十年的教育实践中不断探索。经过多年的实践摸索，四川大学在国际化教育发展过程中取得了全方位、深层次、突破性的进展。近年来，四川大学仅在联合培养项目这一方面就取得了不俗的成绩。不仅项目数目不断增多，项目范围也在原来的基础上进行了大幅拓宽，因此，最终受益学生的规模不断扩大，培养了一批又一批更具国际视野的新型人才。学校先后与一批世界一流大学建立了合作关系，如牛津大学、哥伦比亚大学、圣母大学、新加坡国立大学、台湾大学、香港科技大学等，并与这些知名院校开展了大量的学生联合培养项目。四川大学的长远发展目标是建成世界一流大学。因此，培养具备宽广视野的国际化人才已经成为学校人才培养的重要内容之一。当下的工作重点是努力探索并建立一套科学的学分转换机制，为完善学生跨校交流学习的学分转换体系做坚实的支撑。一套科学且成熟的互认机制，既能为学生学习保驾护航，又能在为国家社会培养更多优秀人才方面做出应有的贡献。

（一）制定可操作的学分转换原则

四川大学在教学管理工作上一直秉承的宗旨是：始终坚持以学生为中心。人才培养目标方面则是致力培养"具有深厚人文底蕴、扎实专业知识、强烈创新意识、宽广国际视野的国际栋梁和社会精英"。多年来，学校积极鼓励学生出国交流学习，鼓励学生走出国门去开阔视野，提升能力。因此从各项制度和条件上积极为学生创造各种便利，努力拓宽本科生国（境）外交流的渠道。学校学分转换机制的总思路为"整体替换"。在参考标准上，学校重点关注学生知识的获得与能力的提升，而不是看学生所修学分到底是来自本校还是他校。只要是符合基本转换条件的，学生在外交流学习所修课程学分学校都予以认可和转换。关于学分转换过程中的具体要求，学校制定了如下原则：

一是学生在国（境）外修读的专业应与在本校专业尽量一致，即使不能完全一致，所修主干核心课程也应达到75%以上的吻合度；

二是学生在国（境）外学习期间的课程和学分，经四川大学国际合作与交流处和教务处审核，完成对方学校规定的课程和学分，或者完成四川大学规定的最低学分要求，可以整体代替学生应该在四川大学同一学习期修读的课程和学分；

三是学生在国（境）外学习期间的课程成绩在需要的情况下（推荐免试研究生资格、评优排名等）可以按照成绩换算方法转换成四川大学的成绩。

（二）建立规范的学分转换流程

规范的学分转换流程是跨校学分转换能否有序进行的关键。四川大学现在的学分转换流程需要多个部门的通力合作，包括国际合作与交流处、教务处和学院等相关部门和单位。虽然整个流程涉及多个部门，但具体的流程操作并不冗杂烦琐。各个部门分工明确，彼此相互协作，多方合力，共同保障国（境）外学生的需求，使其修读的学分能和四川大学的学分进行有效转换。

学分转换事项在四川大学各个部门间的整个运作流程大致如下：在相关项目建立之初，国际合作与交流处需要与外方院校商议清楚关于学分转换的具体事项，继而签订协议并将该议交给教务处；教务处根据协议的要求制定项目的具体实施办法，并明确学分转换认定等相关事宜；学生在成功获得国（境）外大学交流录取通知书后，需要在国际合作与交流处登记备案，并与国际合作与交流处相关工作人员就信息进行确认；国际合作与交流处则需要整理出每一学期出国（境）交流学生的名单以及其他信息。这些信息包括学生所在学院、所学专业、派出时长、派出学校等；国际合作与交流处将整理好的信息按时反馈给教务处，教务处则需要继续完成派出学生学籍异动信息的登记，这便于相关学生回国后的学分转换和毕业时的学分审核。

学生的学分转换涉及双方三边，即本方学校、外方学校和学生自己。学生在完成学业后，应该完成本方学校和外方学校在学分转换方面的所有工作。如学生在结束外方大学交流学习后，首先需要做的是向外方大学提出寄送官方课程成绩单的申请。外方大学需要把学生在外修读的课程成绩单寄往四川大学国际合作与交流处。国际合作与交流处在收到外方大学寄来的成绩单原件后应及时审核认定，确认无误后转交给教务处。教务处收到成绩单原件后同样需要严格审核，看该学生是否按照要求修够学分，若满足条件，则应计算成绩并转发通知；此外，还应及时将资料转交学生所在学院教务办公室主管学籍的人员；

学院的学籍管理人员需要根据学分转换制度及要求，认定该学生在国（境）外修读期间成绩是否合格。成绩合格者，学籍管理人员还需要负责将其外校学分转换成对应时期学校教学计划中所有的必修课学分和相应的选修课学分。在学生毕业时，学籍管理人员还需要将学生在外方大学修读的官方成绩单归入学生档案。

综上可知，无论是本方学校还是外方学校，在学分转换的流程上都需要对方的大力支持，需要对方提供用于参考审核的相关证明信息。因此，一套透明且规范的学分转换流程就显得尤为重要。

四、四川大学本科国际化教育学分转换机制的完善

学分转换制度的创立初衷，是为方便出国（境）交流学习的学生进行学分认定。由于跨国（境）学习交流是随着世界经济社会的发展而发展的，所以该制度存在明显的阶段性特征。四川大学自 2000 年开始大力推进国际化教育实践。在开展这项工作的初期，学校主要是在学习和探索，努力在已有经验的基础上逐步摸索出一套适合自己的国际化教育发展模式，以及能够充分鼓励学生出国（境）交流的学分转换制度。随着国际化的深入发展、联合培养项目和出国（境）交流人数的增加，以及联合培养模式的愈加多样化，之前的国际化教育发展模式渐渐不能满足社会发展的需要了。因此，需要对其进行阶段性的修改和完善，做出一些适合当前社会发展的调整，以便于后续学生国际交流和学分转换工作的顺利开展。

（一）联合培养项目的质量审核

新建和存续的联合培养项目是学校间选派学生进行交流的重要基础，在学分转换需要考虑的诸多要素中，培养项目本身的质量是其关键的一环。因此，不管是对新建项目的谨慎选择还是对存续项目的持续优化升级，都要把项目本身质量放在优先的位置。当学校要新建一个联合培养项目时，首先需要充分了解该项目合作方的资质和发展水平，包括对方大学的本科教学质量、教学计划、课程设置等基本内容。此外，还需要对本校和外校在本科教学、学术质量等方面存在的差异进行比较评估。只有经过充分的了解和评估后，联合培养项目的质量才能得到保证。而对于现有的联合培养项目，则需要进行质量的整理和分层。对于那些教学质量低下、学术水平较低、学生体验较差或长期不启动的项目，应该予以解除联合培养关系；而那些可以继续存续的项目，则应综合

考虑其课程设置特点、本科教学科研水平以及社会、机构和学生的评价，将其划分为多个类别或层级。划分的目的是更加科学且公平地实施学分替换。不同的层级划分对应不同的学分转换制度，这也能让学分转换过程变得更加高效。目前，四川大学学分转换有一个明确的总原则，但同时也为部分项目留有特殊处理空间。即大部分项目进行学分转换时实施的是"整体替代"原则，而个别项目会根据其课程设置的差异实施单门课程替代原则。

（二）完善行前课程审核机制

学分转换原则明确要求，学生出国（境）交流所修专业应与在本校一致，或者至少在专业吻合度上要达到一定的标准。除一些特殊情况，当前的学分转换体系对课程的要求和审核还存在着不小的提升空间。因此不论是欧盟还是美洲等国际上正在实行的那些学分转换体系，以及如北京大学这样知名的国内高校，都十分关注两校课程的审核和统一。为了更好地推动国际教育的发展，保证双校学习的连贯性和学习效果，及时完善行前课程审核机制就显得非常必要了。学生在出国（境）交流学习前，应该提前对相关课程进行了解，做好专业比对的提前准备。具体来说，学生需要充分了解对方学校相应学期的课程设置，然后根据本校的教学计划，安排自己的学习计划。确定学习计划后，学生需要将该计划提交学院审核，只有其学习计划被学院审核通过后才能被派出。这种行前课程审核既能让学生提前了解更多相关的学习信息，以便在国（境）外学校正式入学时有一定的准备，不至于仓促忙乱，又能为后续进行学分转换节约时间，简化流程，还能避免专业匹配度不够而不能进行转换的情况。当学生完成国（境）外学校的课程、回校进行学分转换时，只需要向学校提供原始成绩单，并附上课程大纲与简介即可。这些资料经学院审核通过后，认定可转换的课程学分将以交流成绩的形式载入学生学籍管理系统。

（三）启动信息化管理进行学分转换工作

人类社会从工业社会向信息社会过渡已经成为现代社会发展的普遍规律。伴随着互联网技术的日益普及，信息化的浪潮越来越显著地改变着人们的生活方式。国家非常重视信息化在教育领域的促进作用，高瞻远瞩，从宏观政策设计上进行了谋篇布局。在整个国家信息化战略蓝图中，教育信息化是其关键的一环，是国家信息化战略的主要阵地，而高校则应该成为教育信息化建设的排头兵。

高校管理信息化主要指利用信息技术来提高高校管理过程的效率和改变管

理的组织方式，以期加速管理信息的传递和反馈过程，最终提高管理效率。高校管理信息化是一项复杂的综合性工程，涉及整个学校各个部门的全面性的建设工作，包括教学管理信息化、科研管理信息化、人事管理信息化、学生管理信息化、实验设备管理信息化以及行政办公和公共服务的信息化等。高校管理信息化建设的核心，是充分利用当下互联网的各项技术，对学校各类信息资源进行全面、科学、规范的管理并对这些信息资源进行整合和集成。高校管理信息化不仅能让学校管理工作搭乘信息化的快车，还能将所有的工作资料以数字化的形式存储起来，方便资料的管理与保护。

随着时代的发展，国际化教育不断深入，出国（境）交流学习的人数也越来越多，大有井喷之状。面对越来越庞大的人群和各类烦琐的工作，启动信息化手段进行学分审核和转换工作是最经济，也是最高效的不二之选。除了可以显著提高工作效率、节约各项时间人力成本，还有一个很重要的因素，即能够充分利用信息数据化的强大优势减少出错率。目前，四川大学正在大力建设本科生国际化教育服务网络平台，平台建成后将充分发挥网络信息的优势，逐步实现出国留学网上申报、网上课程审批、网上接受国（境）外学校成绩单并转换和替代学分、网上打印成绩单等功能。届时，学生通过本科生国际化教育服务网络平台，足不出户就能办理出国（境）交流学习一系列事宜。

第五章 "平安留学"融入高校国际化人才培养的实践创新

在新形势下培育并吸引更多具有国际竞争力的高层次国际化人才是我国人才工作的重要方向。留学工作是教育对外开放事业的重要组成部分，也是培养我国现代化建设所需国际化人才的重要途径。因此，"平安留学"行前培训工作不仅关系到国家进一步扩大对外开放，还关系到国家高层次人才的培养工作。以四川大学为例，四川大学积极贯彻落实党的二十大人才强国战略，在组织架构、数字化赋能、爱国主义教育和"医学＋"等方面积极探索，寻求将"平安留学"创新融入高校国际化人才培养的有效路径。

人才是实现国家富强、民族振兴的关键，是增强国际竞争力的战略资源，是衡量一个国家综合国力的重要指标。2021年9月，习近平总书记在中央人才工作会议上指出，要把"坚持聚天下英才而用之"的理念作为做好人才工作的基本要求。党的二十大将人才工作的重要性提升到了新高度，再次强调了要实施更加开放、积极且有效的人才政策，加快建设世界重要人才中心和创新高地。当前，人才国际化在我国国际竞争力提升过程中的作用日趋重要，并且正在成为实现"十四五"规划和2035年远景目标的重要抓手。因此，在新形势下培育并吸引更多具有国际竞争力的高层次国际化人才是我国人才工作的重要方向。

一、国际化人才培养的内涵和现实

全球范围内的大规模人才流动、人才竞争是新时代下人才培养的重要特征。培养具有竞争力的国际化人才，既是世界各国教育发展的趋势，也是我国教育改革的重要目标。2020年《教育部等八部门关于加快和扩大新时代教育对外开放的意见》着力阐述了加快推进我国教育现代化，加快培养更具全球竞争力的人才，特别是要提升我国高等教育人才培养的国际竞争力，以便加快培养和储备具有全球视野的高层次国际化人才。

国际化人才培养的内涵可以从三方面来认识，分别是国家需求、社会发展要求和高校课程标准要求。根据《国家中长期教育改革和发展规划纲要》定义：国际化人才需要具有国际视野、通晓国际规则、能够参与国际事务和国际竞争。这是从国家层面对国际化人才培养提出的要求。从社会发展角度来看，经济合作与发展组织 2015 年发布的一份调研报告称，从企业、社会、用户的角度出发，国际化人才需要具备软技能，即包括人际交往能力、高水平语言、沟通能力和分析解决问题的能力。从高校课程标准来看，国际化人才培养所重点关注的能力侧重指向了国际视野与协同合作能力、跨文化理解与表达能力、分析和解决问题的能力。这三点都是国际化人才培养的核心能力。需要特别注意的是，国际化人才培养不同于高校的国际化，关键在于要以学生教育为中心，将教师国际化、国际课程教学、交换访学、出国留学等计划作为培养路径。①

能正确认识国际化人才培养的核心能力，便能更好理解留学工作是教育对外开放事业的重要组成部分，也能更好地理解留学工作是培养我国现代化建设所需国际化人才的重要途径。2016 年至 2019 年，我国出国留学人数 251.8 万人，回国 201.3 万人，学成回国占比达八成。留学已经进入一个新时代，留学归国人员将在创新创业、技术成果转化、民间交流等方面发挥越来越重要的作用。

二、"平安留学"的重要意义

教育部"平安留学"工作始于 2009 年。该项工作在教育部国际合作与交流司的指导下，由教育部留学服务中心在全国范围内开展出国留学行前培训。经过十余年的发展和完善，目前已形成以 36 家机制单位为支撑，覆盖全国各省、自治区教育厅、部/省属院校的自上而下、较为健全的工作体系。行前培训的服务对象也延伸覆盖到包括国家公派留学人员，校际交流、合作办学出国学习人员，以及自费留学人员等各类出国留学人员。

2020 年《教育部等八部门关于加快和扩大新时代教育对外开放的意见》强调，要下大力气完善"平安留学"机制，将应对新冠病毒肺炎传播期间摸

---

① 刘江桥，《日本高等教育国际化人才培养模式探析》，载《国外高等教育》，2022 年第 10 期，第 119 – 124 页。

索出的行之有效的做法进一步制度化、常态化，为广大学子实现留学梦保驾护航。目前我国出国留学规模空前，每一位出国留学人员未来都有可能成为国家发展的栋梁之材。在这个奋发向上的新时代，留学在外，代表的不仅仅是个人，还代表着中国青年的面貌，代表着中国的国家形象。因此，"平安留学"不仅包含物质层面上的平安，也还包含着精神层面上的平安。然而，留学之路绝非一帆风顺。在异国他乡的学习、生活道路上难免遇到坎坷艰难，通过"平安留学"行前培训的"春风化雨"，可以让出国留学人员树立正确的意识，提前具备国外学习和生活所需的各项能力和素养，从而实现健康留学、平安留学、成功留学的目的。

因此，"平安留学"行前培训工作关系到国家进一步扩大对外开放，关系到国家高层次人才培养工作。同时也是国家的民生工程，关乎人民的民生福祉。在"平安留学"理念已渐入人心的今天，充分认识到"平安留学"工作的重要意义是做好未来工作的重要前提。

三、"平安留学"融入高校国际化人才培养的有益探索和经验

（一）充分运用高校多学科优势，建立并完善较为成熟、高效、稳定的组织架构

作为教育部"平安留学"首批成立的机构单位之一，四川大学全校上下高度重视"平安留学"行前培训工作。学校大力宣传"平安留学、健康留学、文明留学、成功留学"的理念。经过十年的努力，通过对相应网站的逐步完善、对自身微信平台的大力维护，四川大学已逐步形成了一套完整高效的服务体系，同时也组建了一批拥有多学科背景的专家团队。可以说，四川大学已经发展成为一家培训内容专业丰富、培训形式多种多样、培训覆盖群体完整的、具有四川大学自身特色的行前培训机构单位。

四川大学依托教育部出国留学人员培训部来开展"平安留学"行前培训服务。在具体工作中，四川大学充分利用自身优势，集中力量打造一支强劲的队伍，并配齐、配强了相应的工作专班。学校领导大力重视"平安留学"的培训工作，在相关负责人的安排上做出了明确且务实的安排。该项工作由分管国际事务的副校长负责，国际合作与交流处则作为统筹协调机制和管理单位。在专班的工作安排中，由出国培训部书记、主任担任双组长，分管副主任担任副组长，同时还配备了业务能力强的执行负责人开展日常联络和组织实施具体

工作。此外，还定期安排工作人员接受专业的业务培训。再有，相关部门积极抓好多项举措，强化制度支撑和激励配套。例如，将部门教职工参与"平安留学"的相关工作纳入年底工作绩效考核，通过调动全员投入此项工作，来确保行前培训的稳步推进和发展。充分发挥四川大学学科门类齐全的学科优势，逐渐充实培训专家团队和培训内容。目前专家团队已包含了文、理、工、医、法、史、教、心理学等多学科在内的多位专家教授。行前培训内容覆盖爱国主义教育、国际传播能力建设、中国公民海外领事保护、海外安保常识、安全防卫技能、心理健康、生命急救及实践、海外法律法规、口腔健康保健、防疫健康知识、国际视野与跨文化交流等。在实际工作中，根据不同学生群体的特点，开展了丰富多彩的培训活动。十年来，线上培训覆盖 45 万余人次，线下培训上万人次，年均现场培训规模在 1500～2000 人次。

（二）数字化赋能"平安留学"行前培训和出国留学服务

数字化学习是信息时代重要的学习方式。当前，以信息技术为代表的科学技术迅猛发展，对人类的生产方式、生活方式、思维方式以及学习方式等都产生了重大的影响。在这个以多媒体和互联网技术为核心的信息技术时代，各行各业都开始借力信息科技的强大力量，以实现自身"互联网＋"的创新发展。信息技术以数字化为支柱，当其应用到教育教学过程后，会引起与学习相关的环境、资源、学习方式等向数字化方向发展，进而形成数字化的学习环境、积累数字化的学习资源和培养数字化的学习方式。

"平安留学"行前培训同样可以搭乘数字化的高速便车，通过数字化的赋能，实现其在新时代下的跨越式发展。四川大学积极联络西南地区各兄弟院校，于每年 5 月定期开展针对全省高校出国留学人员的系统性的"平安留学"行前培训会，以线上、线下相结合的方式，将行前培训覆盖全部公派学员和自费留学人员。同时，在公派学员中加强"选""派""管""回""用"全链条管理服务，实施数字化管理，并直接对接到学校信息管理中心的大数据库。目前，"四川大学学生出国（境）备案"平台已整合建设完成，国家公派留学服务实现"一网通办"。四川大学不仅高度重视"走出去"的培训准备，也充分考虑了"迎回来"的各项准备。在"回"方面做好留学回国各环节服务，提供"一端受理、后台分办"的学生服务模式，这不仅解决了传统线下模式中留学人员材料重复提交、办事周期长等问题，还实现了系统性的逻辑闭环，形成一套行之有效的体系。

（三）传承红色基因，弘扬报国传统，加强留学人员的思想教育和爱国主义教育

青年是国家的未来，民族的希望。早在百年前，梁启超先生在《少年中国说》里就曾说过："少年智则国智，少年富则国富，少年强则国强，少年独立则国独立。"当时的中国，内外交困、风雨飘摇，无数仁人志士于国弱民穷之际，毅然走出国门，勤奋苦读，上下求索，只为觅得救国良方，只为求得富强之道。而百年后的今天，中国经过了数十年的快速发展，在世界发展格局中占据了相当重要的地位。随着"一带一路"建设、构建人类命运共同体等深入推进，中国思考、中国方案、中国行动，正跟随中国青年遍及全球的脚步，在世界的每个角落掀起波澜。作为时代的追梦人，青年人既要有"初生牛犊不怕虎"的精神和干劲，又要有"天生我材必有用"的壮志豪情；要努力发奋学习、砥砺青春，培养深厚的家国情怀；要让自己的青春年华在为国家、为人民的奉献中焕发出最绚丽光彩。

为了应对新形势下自费出国留学学生可能面临的新问题，四川大学从人本位出发，持续创新工作方法。以教育部留学服务中心与英国苏格兰学历管理委员会共同举办的"CSCSE‐SQA3＋2/2＋2"项目为试点，率先将"平安留学"与"SQA"项目全过程管理进行深度融合。学校坚持以立德树人为根本任务，以践行社会主义核心价值观、爱国主义教育为统领思想，在自费留学项目学生中间扎实开展全过程教育和相关服务工作，并将"平安留学伴你行"与学生日常教育和思想政治引领相融合。通过凝聚政治共识、思想共识和情感共识，以此来增进自费留学学生的爱国情怀和报国之志。在"SQA3＋2/2＋2"项目课程中，四川大学还探索并实践了形势与政策教育课、主题班会课等与行前培训多线并进、紧密结合的方式方法（例如在行前培训中嵌融爱国主义教育、安全法治教育、国家安全日教育、五四青年学生座谈等内容）。此外，还将爱国主义思想教育和学校自身的人文底蕴、爱国传统结合起来，比如组织项目学生参观位于校内的江姐纪念馆，让学生身临其境感受红色文化，树立传承精神，弘扬报国传统。

（四）有机结合"医学＋"，扎实服务区域医学国际化人才培养

依托四川大学华西医院的优势资源，平安留学可以和"医学＋"进行有机结合。2019年我校借助川大"金牌口腔"资源，首次实现将口腔健康教育纳入行前培训工作，这也使得四川大学成为全国首家将口腔健康纳入行前培训

的承办院校。这在行前培训中充分体现了川大特色、川大品牌。

扎实推进服务区域医学国际化交流和访学工作，为医学国际化人才培养服务。学校专门为医学专业的学生举办了教育部"平安留学"行前培训会（医学专场）。培训充分结合当下境外疫情和海外安全形势，围绕出国（境）参加国际高级别学术会议的经验、国际传播能力、出国（境）参会学术演讲技能、中华优秀文化传承以及境外社会安全等热点话题，为300余名来自华西临床医学院、口腔医学院、公共卫生学院及生物治疗国家重点实验室的硕、博士生做培训，并为所有圆满完成培训课程的学员颁发了结业证书。四川大学也因此成为全国首家为行前培训学员颁发证书的机制单位。

（五）网上网下擘画"同心圆"，扩大主流影响"版图圈"，把握传播"制高点"

在教育部留服中心的指导下，平安留学宣传由点到面，步步推进，并着重在细节上下功夫。以2019教育部"平安留学"行前培训为例，学校凝聚了宣传报道的各方力量，包括新华社、中新社、中国侨网、今日头条、搜狐、网易、四川新闻网等众多媒体或网站。这次活动汇集了中央媒体和区域媒体优势，实现了多渠道、多平台、分阶段的全面宣传。会场当天采用场外大型桁架立体布展，通过留学目标规划、"平安留学"漫画手册展示、优秀学生案例展现等活动内容的呈现，将"理性留学、平安留学、成功留学"的主题具象化、生动化。同时，场内外Logo图标统一，随处可见，配合熊猫大使的现场互动，将"行前培训"的视觉形象化、整体化，最大限度提升了"行前培训"主题的传达效果。

整合协调各方资源，着力打造教育部"平安留学"品牌，可以充分利用地域媒体新平台，通过党媒直播平台的传媒优势实现其宣传效能的最大化。此外，采用线下培训＋线上直播的方式，配合教育部留学服务中心官微、学校官方微博等联动传播，也可以将媒体的势能最大化，进而达到理想化的宣传效果。2019教育部"平安留学"行前培训直播视频吸引了44.5万人次观看。当然，在具体的实践中需要注意的是，和新媒体的合作须体现出"平安留学"作为官方公益产品的严谨性，避免娱乐化和庸俗化，即传媒手段是多维宣传方式中的一种，它是为"平安留学"这个核心主题服务的，而不是单纯为了吸引眼球而沦为娱乐的附庸。因此，在具体操作过程中要认真审核每一个细节。例如，播出前要对材料进行严格的审核，且与专家进行充分的沟通；播出过程中要对网络舆论进行跟进，以确保全过程顺畅无误，无明显责任事故。当然，线上大型公共平台的直播必然会给"平安留学"行前培训工作提出更高、更严的要求，但与此同时也能让更多的人关注了解相应的信息，并加入这项培训工作。总之，学会研究社交网络新模式，充分发挥新媒体优势，用好新媒体流量，可以对"平安留学"活动的推广起到事半功倍的效果。

"平安留学"使命光荣、重任在肩。通过"平安留学"激励新青年拿稳接力棒，跑出好成绩，继承弘扬留学报国光荣传统；通过"平安留学"深入人心，为国家培养贯通中西、具有国际竞争力的国际化人才发挥应有的作用；坚持育人为本、注重政治引领、价值引领和品格塑造，提升出国留学学生的思想政治素质，厚植爱国主义情怀，增强综合素质，继续引导留学生在外讲好中国故事，树立好中国青年形象，做好中国名片；要以"支持留学、鼓励回国、来去自由、发挥作用"新时代留学工作方针为指引，深入贯彻落实党的二十大人才强国战略、全国教育大会精神，主动识变应变求变，不断创新服务模式，提高服务水平和质量，积极参与高层次归国人才引进、培养等各项服务，持续为留学人员回国发展和创业项目实施牵线搭桥，让留学生等国际化人才"回得来""用得好""留得住"，助推"成功留学"。

第六章 本科生"走出去"出国深造路径探索与实践

一、出国留学的好处

近年来，越来越多的学生和社会人士选择出国留学，留学的人数不断攀升。出国留学有哪些好处呢？针对这个问题，本小节将给出答案。

（一）提升学历背景，拓宽就业前景

在当前社会发展趋势的促使下，包括中国在内的各个国家对高质量人才的需求只增不减。出国留学是一个很好的提升学历背景、拓宽就业前景的方式。

从国家政策方面来看国内许多一线城市，如上海、深圳等专门出台了针对留学生的就业政策和落户政策。此外，国家为鼓励海外学子回国效力，在回国后购买交通工具层面也推出了相关优惠政策。而用人单位也在一定程度上对留学生提供了倾斜性待遇。

从留学生本身来看，留学生们在回国应聘外企时具备天然的语言优势。国外的留学经历让留学生们的外语水平有了极大的提高。在面试时，尤其在外企面试时，留学生能够更加流利地用外语和面试官交流。除了语言水平，留学生们在独立生活能力方面也有独特优势。他们在经历了留学生活的磨练之后，通常更具有独立解决问题的能力。

和国内学生相比，留学生们通常更具有突破性思维。他们通过与来自世界各地的人们一同生活、一同学习，因而思维更加开阔、看待问题的角度也更加多元。能够运用创新的多视角方法去思考问题、解决问题。这是企业，尤其是外企特别青睐的。

（二）培养基本技能，塑造独立自主的人格

在校园里，留学生们通过与来自不同国家不同地区的同学相处、与教授探讨、写论文、做项目等经历，既能锻炼自己的能力，也能或多或少地经受挫折的洗礼。

除了在校园里学习文化知识，留学生们还面临着在陌生国家生活的问题。在外期间，他们将会学习到各方面的技能，涉及生活、出行、社交、时间管理、金钱管理等方方面面。而这一系列的生活实践都能很好地锻炼留学生们独立生活、独自解决问题的能力。当然，在留学期间，留学生们的心理状态也相当重要。毕竟出国学习，在经历了最初的新鲜感之后，紧随而来的是心理上的巨大挑战——远离故土、远离亲人。这种由分离引起的焦虑和沮丧可能会导致学生的精神状态低落，从而学业，更甚者还会引起"文化休克"。因此，留学生们如何在留学期间战胜孤独，学习如何与自己相处、与孤独为伴，从心理层面构建起一定的坚实支撑，是老师、家长以及学生本人都应该充分重视的问题。

（三）扩展视野，感受文化的多样性

中国文化强调每个人都是社会关系中的一员，但是在西方文化中，人是社会功能的一员，即一个人的工作和他的私生活是可以完全分开的。西方人强调个人在集体中的独立，中国人则强调个人在集体中的联系。因此对于留学生来说，尊重、理解、适应西方文化也是个相当重要的课题。

在留学期间切身体验到的异域生活能开阔留学生的视野，给留学生提供了体验多元文化的机会。使其亲身感受教育体制、文化背景、生活习惯等方方面面的差异。这样的经历也有助于同学们在未来以更全面的眼光理解人性和社会。

（四）增加学识，提高学术造诣

U. S. News 全球最佳大学排名（U. S. News & World Report Best Global Universities Rankings）由美国《美国新闻与世界报道》（U. S. News & World Report）于 2014 年 10 月 28 日首次发布，目的是让人们了解全球顶尖学府在全球范围的发展及定位。

该排名不仅对每个大学的本科及研究生教育水平进行整合，还对学校的学术研究水平与业界声誉做出准确且综合的评价。在 2023 年度的 U. S. News 排

名中，全球排名前十的大学依旧由英美包揽，中国的清华大学、北京大学分列第二十三位、第三十九位。

外出留学为同学们能够更好、更及时地了解并参与世界先进技术、课题等的研究提供了一个很好的机会，使学生有更多机会与来自世界各地的人才共同交流学习，学习世界前沿的技术，以便更好地促进自身的发展。将来学成回国，也能够更好地为祖国的建设添砖加瓦。

二、做好出国留学前的准备

在了解出国留学的好处之后，下面我们就来看看出国留学前需要准备些什么。常言道，谋定而后动，只有做好充分的准备，学生才能申请到自己的理想学校，为后续更快更好地适应留学生活创造条件。

（一）提高 GPA

提到出国留学，首先我们想到的便是 GPA。GPA 全称 Grade Point Average，中文译作平均学分绩点，是大多数大学、高等教育院校以及少量中学所采用的一种评估学生成绩的制度，以取得一定的学分和平均学分绩点作为毕业和获得学位的标准。高的绩点是申请人申请学校的重要条件，它直观反映了申请人对专业知识的掌握能力。对于学生来说，一旦决定要出国留学，首要任务就是尽可能提高 GPA。

（二）一定的科研经历、实习经历

除了 GPA，国外高校较为关注的是学生的科研、实习经历。它反映了申请人的实践能力，尤其是对所学知识和技能的运用能力，以及面对具体问题时的应变能力。一定的科研经历或实习经历可以丰富申请人的简历，有利于申请人申请到更好的学校。因此，对于申请人来说，要抓住机会去丰富自己的简历。尤其要利用好寒暑假时间，完成有认可度的、专业对口的实习或科研。

（三）标化考试：托福、雅思、GRE、GMAT 等

标化考试包括托福、雅思、GRE、GMAT 等。申请人选择的国家、项目不同，对应的标化考试项目和成绩要求也不同。

1. 托福考试

托福考试（TOEFL）全称为"对非英语国家留学生的英语考试"（Test of

English as a Foreign Language），是由 ETS 测评研发的为申请去英语国家攻读本科、硕士或博士学位的非英语国家学生提供的一种英语水平考试。

组织机构：美国教育考试服务中心（Educational Testing Service，ETS）。

成绩有效期：2 年。

适用国家：主要适用于申请美国、加拿大等英语国家的学校。许多欧洲以及东南亚的国家和地区以及中国的香港和澳门的学校也逐渐承认托福考试成绩。

考试内容与计分规则：内容由四个部分组成，分别是阅读（Reading）、听力（Listening）、口试（Speaking）、写作（Writing）。每个部分满分为 30 分，总分满分 120 分。采用计算机考试的形式，其中口语考试为人机对话、录音。整场考试约需 4.5 小时，需在同一天内完成。

时间规划：对于有意向在本科期间参加出国交换或者联合培养项目的同学，建议尽早开始准备托福考试，因为绝大部分出国交换或者联合培养项目在大二或大三启动，这意味着申请人需要在大一下学期或者大二上学期申请项目之前，就准备好托福成绩；对于有意向在本科毕业后留学的同学，鉴于大三需要投入大量的时间在专业课的学习以及科研或实习、实践，推荐在大二升大三的暑假之前完成托福的学习，在暑假期间完成托福考试。

2．雅思考试

雅思考试（IELTS）全称为"国际英语测试系统"（International English Language Testing System），是认可度最广的国际性英语标准化水平测试。

组织机构：英国文化协会（British Council）、剑桥大学考试委员会、澳大利亚教育国际开发署（IDP）。

成绩有效期：2 年。

适用国家：雅思考试成绩被英国、新加坡、澳大利亚、新西兰、爱尔兰、德国、法国等国家和中国香港与澳门的众多院校接受。因此，雅思考试更适合用于申请赴英国及其他欧洲国家留学。目前也有许多美国的院校接受雅思成绩的申请，具体以项目要求为准。

雅思考试细分为三种类型，对于有意向参加出国交换或者联合培养或者留学的同学，只需关注学术类（Academic 类，即 A 类）和 UKVI 考试即可。这两类雅思考试的内容与形式完全一致，后者的报名费更贵，只有当目标院校明确要求需要提供 UKVI 成绩时，才需要报考。

考试内容：考试全程时间为 2 小时 55 分钟。

听力部分：40 分钟，共有 40 小题。题目包含 4 段语音，涉及生活和社会状态、人际关系不同情况模拟，以及教育性的、学术性、世界性的主题探讨（如学术报告）。

阅读部分：60分钟。题型分为学术类和培训类，各类皆分为三部分以及40道题目。题量分布上，第一部分有14道题，第二和第三部分各有13道题。每篇文章约1000词左右，阅读量大于托福，文章难度由浅至深。阅读材料都以"三大段"的文章为基本结构，文章的体裁多变，涉及的话题多样。

写作部分：60分钟。雅思学术类写作考试分为两部分第一部分，根据给出的表格或图表，写一篇约150词的文章；第二部分，针对某个问题或观点，写一篇约250词的短文，要求考生使用恰当语气以及语域讨论问题，并展开论证。

口语部分：采用"人人对话"的形式，15分钟左右的一对一谈话，每个部分的作答时间不会像托福一样严格限制，且主题较为轻松和生活化。

计分规则：考试成绩记录在成绩单上，包括总分及听力、阅读、写作和口语四个部分的单项分，均允许计半分（即最小计分单位为0.5分）。考生的考试成绩采用1~9分的评分制来测评，四个项目独立记分，最后所得的总成绩为四项成绩的平均值，当总分的小数部分小于等于0.25时，舍弃，否则进位半分，因此总分为6.375和6.5的同学，最终成绩单显示的总分都是6.5分，而总分为6.25和5.675的同学，最终成绩单显示的总分都是6分。

时间规划：与托福考试一样，对于有意向在本科期间参加出国交换或者联合培养项目的同学，建议申请者需要在大一下学期或者大二上学期申请项目之前，就准备好雅思成绩；对于有意向在本科毕业后出境留学的同学，推荐在大二升大三的暑假之前完成雅思的学习，在暑假期间完成雅思考试。

3. GRE

GRE全称为"Graduate Record Examination"，译作美国研究生入学考试。

组织机构：由美国教育考试服务处（ETS）。

成绩有效期：5年（个别学校的个别专业要求三年内的GRE成绩）。

适用领域：适用于申请理工科、人文社科等多个专业的硕士、博士以及MBA项目（不适用于法律与部分商科类专业）。美国众多研究生院和商学院均要求申请人提交GRE考试成绩，借此评估申请人的潜质，预测他们将来在学业中的表现。同时，GRE成绩也是各院校授予奖学金、助学金的重要参考因素。

考试内容分为三大部分。

分析性写作（Analytical Writing）：要求应试者对一个问题发表观点（Issue Task）和分析一个论点（Argument Task），满分为 6 分。

文本推理（Verbal Reasoning）：内容广泛，涉及天文、地理、人文、科学、艺术、政治及历史等领域。

数量推理（Quantitative Reasoning）：试题为数理方面的基本问题，包括几何、代数、统计图表、智力测验等，目的在于测验考生基本的数学能力和对数理方面问题的理解判断及推理反应能力。

时间规划：考生应在在具备雅思或托福考试成绩的前提下，准备 GRE 考试。学有余力的学生应尽早完成该项考试的准备并取得成绩。由于出国交换或者联合培养项目并不要求 GRE 考试的成绩，因此 GRE 考试主要适用于有意于本科毕业后出国（境）留学攻读硕士或博士学位的同学，因此不应晚于大四开学的第一个月取得目标成绩，否则会错过申请的窗口期。

4．GMAT

GMAT 全称为"Graduate Management Admission Test"，中文名称为"经企管理研究生入学考试"。

组织机构：由美国管理专业研究生入学考试委员会（GMAC）命题并组织，是全球唯一的专为商科和管理专业研究生入学设计的标准化考试。

成绩有效期：5 年。

考试内容：

GMAT 考试总共分为四个部分：数学（Quantitative）、语文（Verbal）、分析性写作（Anglytical Writing Assessment）和综合推理（Integrated Reasoning）。

数学：考试时间 62 分钟，题型为选择题，侧重于考查基础定量推理技巧以及分析数据和归纳总结能力。

语文：考试时间为 65 分钟，题型为选择题，测试考生阅读和理解书面材料、审视推理论据，以及改正书面材料使其符合标准书面英语规范的能力。

分析性写作：考生要在 30 分钟内完成一篇论证分析，要求考生基于一项给定的论证，分析论证背后的推理和假设，然后对该论证的有效性进行批判性评价。

综合推理：考试时间为 30 分钟，测试考生对不同来源、多种形式的信息进行评估的能力。题型一共四种，分别为图表解读、二段式分析、表格分析、多源推理。

时间规划：考生应在在具备雅思或托福考试成绩的前提下，准备 GMAT 考试。学有余力的同学，尽早完成该项考试的准备并取得成绩。由于出国交换或者联合培养项目并不要求 GMAT 考试的成绩，因此 GMAT 考试主要适用于有意于本科毕业后出境留学攻读硕士或博士学位的学生，因此不应晚于大四开学的第一个月取得目标成绩，否则会错过申请的窗口期。

注意：部分院校会要求学生在入学时提供有效的标化考试成绩单，因此较早参加考试的学生需要留意自己的成绩在申请和拿到录取通知时也许依然有效，但是很有可能在入学前恰好过期。所以必要时请在合适的时间安排一次加考。上述四类考试均无考试次数的限制，可多次报考。

5. 关于语言学习的建议

不论选择哪一种考试，考试的题型如何，除数学外，最终都会归于词汇和语法两大基石与听说读写四大技能。"千拳归一路"，在拥有充足的词汇量、完备的语法体系后，针对听说读写进行足够的练习，即可应对上述四类考试。虽然 GRE 和 GMAT 会考查数学能力，但是基于本科的数学基础和强化后的英文能力，足以应对。

以下针对词汇、语法、逻辑、语言习惯和听说读写以及微观的时间规划，分别剖析一些常见但被忽视的误区并介绍一些低成本的学习资源和自学的方法（鉴于版权原因，这里向大家提供一些关键词，大家根据关键词在主流搜索引擎和知识分享平台检索，即可获得大量资源）。需要注意的是，四大标化考试的真题（如"剑桥雅思"系列）是非常珍贵的，所以在训练时不要用它们来检验自己的基础，尽量用于最后的模考冲刺。

（1）词汇（vocabulary）。

误区：多数同学所理解的词汇仅仅是单词（word），其实词汇还包括短语（词组）、固定搭配和词伙（collocation）。词伙是母语使用者最习惯、最自然的表达。符合语法规则但不符合母语使用者习惯的一些表达，往往会让他们觉得奇怪，而这些往往是按照中文思维和习惯组织的表达。记忆单词本身的同时，记忆相关的短语固定搭配和词伙，可以加强对单词的记忆和理解，将更多单词转变为积极词汇（可以在写作或口语中熟练运用的词汇）。

搜集学习资源的关键词：短语（词组）、固定搭配、词伙。

（2）语法（grammar）。

学习资源：主流搜索引擎、知识分享平台、语法书已经可以满足以留学为目的的同学的语法学习的需求。然而部分同学仍然没有掌握必要的语法知识，甚至在同一个语法点多次失误，这是因为语法学习的方法出了问题。

学习关键点：

①正确判断自己的每一次失误是否属于语法范畴，并正确判断是单一语法

点掌握不牢，还是相似语法点的混淆；

②全面复习失误的语法点或者混淆的每一个语法点。

（3）听力（listening）。

误区：仅仅停留在知道自己错在哪，没有分析错误原因。

应对方法以及相应的资源：选择有对应文本的音频，或者有对应字幕的视频，例如分开演讲或已经练习过的四六级以及雅思或托福的真题或模拟题，进行针对性训练；听一句，写一句；每听 5～10 句后，对照文本或字幕批改，并根据自己的能力逐渐延长每次的训练时间；批改时需要特别注意自己没有写出来的单词。

（4）口语（speaking）和写作（writing）。

误区：盲目背诵模板和范文。

应对方法：第一，正确选择母语使用者分享的资源或者真题习题集提供的范文；第二，在背诵前，分析同一话题下不同文章或答案的共性，尤其分析其行文的逻辑、表达和高频常用词。

话题的模块化输入：以雅思口语为例，以星期为单位，一周专注一个常考话题，在主流知识分享平台搜集该话题的相关素材，对其进行灵活的改编，变成自己的素材。

（5）阅读（reading）。

误区：在词汇和语法基础不够牢固时盲目刷题。

应对方法：在阅读训练的过程中强化自己的词汇和语法，需要能正确判断自己弱项，然后记忆并理解相应的词汇，或复习巩固相应的语法知识。

（6）每天的时间规划。

考虑到大学的学习和生活的特性，建议规定每天的最短学习时长，但不限制每次学习的具体时间点。将听、说、读、写分为四大专项，在训练过程中，强化自己的词汇和语法。词汇基础薄弱的学生，应每天安排固定时间记词汇。

对于复习时间较为紧张的学生，除了词汇，每天应安排至少半个小时的学习，且仅学习一个专项，但务必保证这个专项今日的训练内容被吃透，如用 15 分钟练习听力，用剩下的 15 分钟分析错题。时间宽裕的同学，可以以半小时为单位，每天增加 1～2 个专项训练。

注意：为了避免英语学习成为负担，建议以知识点为专项单位来安排学习，每天至少训练一个专项，剩余的时间可灵活安排，根据当天具体情况增加 1～3 个专项训练都是可以的。

（四）基本的生活、社交技能

对于留学生来说，具备基本的生活、社交技能十分重要。掌握基本的生活技能能够帮助留学生们更好地适应留学生活。尤其对中国学生来说，吃什么是一个文化问题，毕竟光有三明治是不够的。因此，在出国留学前，学几个拿手菜或许也是很有必要的。留学期间偶尔与同学们欢聚一堂，每人贡献一道自己擅长的小菜，这也是一种与国内氛围完全不同的有趣社交方式。

此外，离开了国内的亲朋好友，留学生们需要与来自世界各地的陌生人打交道。具备一定的社交技能可以帮助留学生们交到更多朋友，能更好地适应特殊的留学生活。在与来自世界各地的人沟通交往时，首先要学会尊重他国文化，同时也要做到不卑不亢，努力将中国优秀的传统文化带到世界的舞台上去。

（五）语言交流能力

很多留学生因为交流障碍，不敢或者不好意思开口表达，这在很大程度影响了留学生们的交际。当你无法准确表达自己的思想时，你的人格魅力就无法表现出来，这会影响到大家和你交友的欲望。还有一些留学生担心自己出口成错，便抱着一种"少说少错，不说不错"的态度去生活，这不仅不能提高自身的语言能力，还对自身其他能力的发展也有一定的消极作用。

因此，留学生们需要克服语言障碍。大家一方面可以与本土学生共同学习，这样不仅能更加了解不同国家学生的学习方式和习惯，对于交谈能力和自我表达能力都有很大的促进作用。另一方面还可以多参与本土文化的活动，在校园里参与一些本土学生较为喜欢的社团，与他们一起参与体育运动，参与学生聚会和派对等。

（六）自我调节和疏导能力

留学生的必备技能就是要照顾好自己，我们所谈到的照顾可不仅仅是吃饱穿暖学习好，还包括心理方面的自我调节和疏导。身在异国他乡，留学生们更要关注自己的心理健康，选择适合自己的解压方式，必要时寻找专业人士的帮助。在身体健康、心理健康的前提下，努力学习，充实自己，尽可能做到不虚此行。

三、制定清晰并可行的留学规划

做好留学规划，能够帮助申请人更好地理清思路，以便在留学的准备过程中稳住阵脚，从容应对。对于有计划出国的在校大学生，可以按学年分为四个阶段进行留学规划。

在大一阶段，学生首先要了解自己所学的专业，要认真学习专业基础知识，保持课程均分。其次最好要通过大学英语四级考试，为语言考试打下良好的基础。除了必要的学习外，申请人还可以积极探索自己的专业兴趣取向，初步确立未来的留学目标，了解不同国家的留学政策、文化背景、课程设置等。当然，大一期间有足量的时间供学生参与各类个性化的活动，可以利用这个阶段锻炼自己的生活技能、社交技能等。

大二阶段，学生在课程学习上要继续努力，尽可能提高课程均分。根据自身的情况，选择性地参加校内的科研项目、专业比赛等，丰富自己的阅历。有计划留学的学生需要大致确定自己的留学方向，了解所申请项目的语言要求，努力通过大学英语六级考试，为后续语言考试做准备。此外，经过两年专业知识的学习，已经有了一定的理论知识的累积，可以利用大二的暑假进行一些暑期实习，这不仅有利于留学申请，还能帮助学生深入了解所选行业的发展方向、就业形势等。

大三阶段，仍然不能松懈，要继续重视均分。除此之外，要有针对性地进行高阶科研项目及实习，进行相关课题研究，进一步丰富科研经历。要针对性地参加认可度较高的学科竞赛，提升个人技能。按照相关要求获得所需的语言成绩，例如托福、雅思、GRE、GMAT等。明确申请项目的各项要求，如申请起止时间、学生背景要求、申请材料要求、语言成绩要求、是否需要面试、作品集要求等。在这个时节点，可以着手准备申请材料，为大四的申请做好充足准备。

大四阶段，首要任务就是完成文书的撰写，补充完善各类申请资料，并按时提交，等待申请的最终结果。特别要注意的是，在这一时期要根据不同国家的学制、申请时间的不同，针对性地对留学规划进行相应的调整。因此需要拿出足够的精力、认真对待，万不可有所懈怠。

下面补充一些有关不同国家的学制方面的信息。首先是英国。英国的硕士（Master）对应国内的硕士研究生，分为授课型和研究型两种。授课型为一年制，研究型为两年制。分别为理学硕士（Master of Science，简称MSc）、文学硕士（Master of Art，简称 MA）、研究型硕士（Master of Research，简称 MRes）、哲学硕士（Master of Philosophy，简称 MPhil）。英国博士（Doctor）学制一般为 3~4 年，并要求至少有硕士学位才能申请。

然后是美国。美国学制普遍比英国长。美国的项目一般学制为两年，也有一年的项目。博士则一般至少五年。

加拿大的硕士也分为授课型硕士和研究型硕士两类。授课型硕士时间一般为一年半至两年，研究型硕士时间一般为两年半至三年。其中授课型硕士包括理科硕士（Master of Science）和文学/艺术硕士（Master of Art）。研究型硕士包括哲学硕士（Master of Philosophy）和哲学博士（Doctor of Philosophy）。

新加坡的硕士也分为授课型硕士和研究型硕士两类。其中授课型硕士分为理科硕士（Master of Science）和文学/艺术硕士（Master of Art），一般学制为 1~1.5 年。研究型硕士包括哲学硕士（Master of Philosophy），招生较少，申请难度相对较大，一般学制为 2 年。

中国香港的硕士也分为授课型硕士和研究型硕士两类。授课型硕士时长一般为一年至一年半。研究型硕士时长一般为两年至三年。其中授课型硕士分为理科硕士（Master of Science）和文学/艺术硕士（Master of Art）。研究型硕士包括哲学硕士（Master of Philosophy）和哲学博士（Doctor of Philosophy）。

下面以 2023 年秋季的美国研究生申请为例，说一下更为具体的时间线。

2022 年 9 月—10 月，这一阶段申请人需要选择申请的院校及专业方向。在 2022 年 10 月—11 月期间，申请人需要收集相关素材，准备文书资料，开启头脑风暴。在此期间，部分专业需要提交第一轮申请。2022 年 11 月—12 月，大部分项目需要申请人在这一段时间递交材料，也就意味着网申正式开始，随后申请人需要跟踪申请进度、确保申请顺利进行。2023 年 1 月—2 月，在这一段时间内，部分学校部分专业可能会对申请人发出面试邀请。申请人需要及时准备面试相关的内容，增强面试能力。2023 年 2 月—4 月，这一段时间申请人要做的就是等待学院录取，随时准备补充资料。2023 年 5 月—6 月，在这一阶段申请人需要确定最终就读院校，收到录取材料等相关文件，预约签证，准备签证文件，完成签证面试，最终拿到签证。2023 年 7 月—8 月，申请人需要参加出国前体检，进行最终的行前准备。

四、选择适合自己的学校

在做好出国留学的决定之后，面对五花八门的学校以及专业，我们该如何选择呢？下面我们就从学校综合排名、专业排名、地理位置、回国意愿、经济文化因素这几个角度探讨如何选择学校的问题。

（一）学校综合排名

综合排名体系主要包括本科学术声望、本科学生续读率、教工资源、入学本科生背景、资金花费、毕业率、校友捐赠等。众所周知，名校受认可度高，自然会给你带来许多光环。相比非名校毕业的学生，名校毕业的学生可以获得更多的机遇，甚至更大的信任和尊重。而这种信任和尊重，还会给人带来另一种正向的心理价值，督促学生进步。

名校具有丰富的高校资源，其硬件设施、软件条件等绝对是一流的，专业学习的实验设备更是一应俱全。名校的学生有机会接触这些资源，从而获得更全面的发展。名校还会带给你更宽广的见识，让学生感受深厚文化的熏陶。名校大多是历经岁月的洗礼、积淀文化的精髓而发展起来的。因而那些良好而深厚的校园文化一定能使留学生在不知不觉的学习生活中受到更多潜移默化的影响。

名校会带给你雄厚的人脉资源。名校师生的社会影响半径更大，得到其他校友提拔与帮助的机会更多。因此名校出来的学生往往有更强的社会圈子，更多的社会资源。

世界大学的排名体系中，目前公认的较有影响力的排行榜包括国际教育研究机构（Quacquarelli Symonds）发布的 QS 世界大学排名、英国泰晤士高等教育（Times Higher Education）发布的 THE 世界大学排名、U. S. News 世界大学排名和上海交通大学世界一流大学研究中心发布的 ARWU 世界大学学术排名。

这四大榜单都有各自独特的量化标准和指标权重，覆盖学校方方面面的实际情况。从最基本的师资力量、教育投入、同行评议到博士比例、校友捐赠等均作为评价指标，各自占有不同的权重。从评分标准上看，ARWU, U. S. News 和 THE 更着重于学校的学术科研能力，无论是 THE 重视的论文引用率还是 ARWU 重视的研究人员数量都对高校排名有决定性的影响。另外，THE 和 QS 的评价标准中还包含评测学校国际学生人数和国际教职工人数，这同样深刻地影响着学校的排名。

因此，对于申请人来说，要结合自身的实际情况与需求，综合考虑来自不同榜单的学校综合排名，以此作为择校参考。

（二）专业排名

专业排名形成体系主要包括质量考核、学生入学背景、教工资源、学术活跃度等。选择专业排名高的院校，是学好专业知识的有力保障，也是职业发展的重要起点。专业排名能从一个侧面体现院校专业的整体实力。专业技能好，综合素质高，是用人单位关注的重点。

（三）地理位置

作为留学生，首先要保障自己的人身安全。尽量选择安全系数较高、交通方便的求学目的地。除了安全和便利，学校的地理位置还影响到留学费用、就业前景等方面。以英国为例，伦敦的消费水平要比其他城市高得多。我们在选择学校前，需要了解当地的消费水平，确保留学时期花费的费用在申请人的能力承受范围内。不同专业在不同地区的就业形势不同。以美国为例，纽约这类大城市为金融行业的学生提供了更多机会，而计算机行业的学生则更倾向于选择旧金山这类城市。因此，地理位置也是在择校时需要重点考虑的因素。

（四）申请人的回国意愿

若申请人希望留在海外，那么核心考虑是学校提供的实习机会、就业环境等。不同学校在实习机会、就业环境等方面有较大的差异，学生需要擦亮眼睛，仔细考虑。此外，不同国家的移民政策也有较大差异。像热门留学国家加拿大的移民政策相对宽松，英国和美国的移民政策要相对严格一些。若申请人希望回国，那么核心考虑是学校的综合排名、专业排名等。学校的综合排名、专业排名关系着国内的认可度问题。因此，打算回国发展的学生应该优先考虑国内认可程度高的学校。

（五）经济文化因素

不同的国家在教育方式、文化背景、留学花费上均有较大的差异。申请人需要结合自身的经济状况，在充分了解他国文化并能够接受文化差异的前提下，再去选择学校。毕竟，文化的适应也是非常重要的一个问题。不光是饮食、出行、消费等方面，还包括社会实践、交际等诸多方面。一个愉快健康的学习生活环境对自己的学习成长有着非常重要的帮助。

五、选择靠谱的留学中介

留学中介能够在择校、时间规划、流程处理等方面给申请人提供更加专业的建议与指导，可以节约申请人的时间成本，提高申请效率。但目前留学中介普遍存在着价格昂贵、溢价高、透明度低等问题。因此，面对市面上五花八门的留学中介，我们该如何选择呢？在选择留学中介时应注意以下几点。

（一）确保申请人与中介的基本条件是否匹配

不同中介提供的业务地区有所不同，确保中介的业务地区与申请人自身条件相符合，才能保证中介能够为申请人提供优质的服务。此外，不同中介的业务的收费标准不同，确保中介的收费标准与申请人的预算相符合，也便在价格合理的范围选择中介。

（二）选择经验丰富、有资质的机构

目前，市面上留学机构层出不穷，不排除有些留学机构浑水摸鱼的可能。因此，我们首先要考察留学机构是否具有相关资质，包括营业执照、公司信息、注册时间、是否通过国家从事专业留学中介服务资格证书认定等。要选择具有合法资质的留学服务结构。可以通过在网上查询往届学员给出的真实评价感受，从侧面判定机构老师的专业度、文书的质量、服务态度等。还可以根据留学机构提供的成功案例来判断机构是否具有足够的经验，当然要小心谨慎机构的刻意包装，总之，要通过多种渠道去选择经验丰富的留学机构。

（三）考察中介的业务熟悉程度

考察机构最重要的一点是中介的业务熟练度。通过询问签约后的流程、申请人目前的时间规划等问题，综合考察中介的专业能力。在择校方面，要了解中介是否会遵照申请人的意愿、是否会强制择校等。因为目前市面上的很多中介为了确保能拿到中介费会忽略申请人的意愿而为其强制择校。所以申请人一定要态度坚决，遇到这种情况要果断拒绝此类行为。以确保中介能够按照申请人的意愿填报学校。

（四）文书的质量

在留学申请中，一份优质的文书是申请成功的关键。市面上有很多机构，

存在文书套模板或者直接翻译的现象，所以要多关注文书翻译人员的背景、案例等。要事先咨询清楚申请人是否有查看和修改文书的权利，从而防止机构为批量产出流水线文书，而忽略院校和学生的匹配度，导致申请人无法申请到理想的学校。

（五）确认邮箱账户和密码、确保自己能够亲自查收院校信息

由于目前留学机构几乎都是一人负责多个申请人的多个项目，所以容易出现因错过截止时间而导致申请人失去录取通知的情况。因此申请人一定要确保自己能够拿到邮箱账户及密码，确保自己能够亲自查收信息、掌握申请进度。

（六）提前沟通费用，一切以合同为准

在签订合同之前，一定要了解中介是否已在当地政府教育部门备案、按顺序编号出国留学中介服务协议书，并留意协议书中两方权利、义务规范等是不是合理，有没有关于返还费用规定。不要轻易相信中介的口头承诺，一切以合同为准。

六、撰写一份优秀的文书

文书的实质是通过书面的形式，由申请者本人向大学介绍自己的一个方式。一份优秀的申请文书可以帮助申请人脱颖而出，那么怎么写出一份优秀的文书呢？

通常情况下，文书包括简历（CV）、推荐信（RL）、个人陈述（PS）。根据专业和学校要求的不同，有时还包括写作范本（Writing Sample）、研究计划（Research Proposal）等。

简历是留学文书的门面，要用精简的语言概括申请人的学历背景、科研、项目、实习经历、奖惩经历、兴趣特长等。简历起到的是提纲挈领的作用，要求精准简练，重点突出，格式要清晰明了，切忌使用各种花哨的模板。

根据不同学校和专业的要求，推荐信一般需要 2~3 封。推荐信的重点在于真实可信，能够从侧面为申请人的能力和品质做背书。另外很重要的一点是，不同推荐人所写的推荐信一定要有差异性。这个差异性分为内容和形式两个方面。内容上的差异性是指，不同推荐人所欣赏的被推荐人的品质是不同的。例如专业课老师赞赏申请人的学术能力，实习主管可以欣赏申请人的组织和沟通能力，从而从不同的角度将申请人的形象立起来。形式上的差异性是

指，推荐信在字体、字号、书信格式、习惯用语、称谓上要有所不同。每年都有学生贪图省事，几封推荐信在内容和格式上都高度雷同，轻则被学校判定为态度不端正，重则被学校认定学术造假，从而进入学校的黑名单。

个人陈述是留学申请文书中分量最重的一部分。可以说，个人陈述的优秀与否，在一定程度上能够决定申请人的申请结果。个人陈述一般包括三个问题：为什么选择该专业？为什么选择该学校？学校为什么要录取你？个人陈述的重点在于突出申请人的思考，强调申请人与专业和学校的匹配度。做到逻辑、结构清晰，写出真情实感。历年申请人常犯的一个错误是将个人陈述写成了大学四年生活的流水账，或是简单地将简历中出现的内容再写一遍，这都是非常不可取的。建议申请人在准备动笔前，先花一些时间对自身的经历以及优劣势做一个梳理，列出行文的大纲，再逐步去补充内容，反复推敲、修改和打磨。充分挖掘个人特点，撰写符合自身特点的文书。同时要紧扣专业，主线明确，避免盲目个性化。

总之，文书是招生官主观感受申请人的潜力、抱负、个人品质等方面的重要指标，申请人一定要珍惜这个机会，做好足够的准备去吸引招生官，从而在硬性的标化成绩之外争取更高的录取概率。

七、入学流程及注意事项

（一）办理签证

申请出国留学签证，是准留学生进入理想院校学习之前的最后一道程序。顺利申请并办理留学签证，与申请者按照计划顺利出国紧密相关。所以出国留学签证办理流程也成了广大申请者关注的重点。

出国留学办理签证的流程主要有了解留学签证申请条件、预约签证、填写签证申请表、提交申请材料、支付申请费、面试等，下面将分版块详细介绍。

1. 了解留学签证申请条件

大使馆对于签证的要求会经常变动，为了在办理过程中减少或避免出现错误，使得留学申请更加顺利，应该提前了解出国留学签证的办理流程和条件。通常必备的申请条件如下：

①确定申请学校有资格发放国外学生入学资格证书。只有向移民局恳求并获准的学校，才有资格招收外国学生和核发资格证书。比如，英国留学需要获得学校出具的学习录取确认函（CAS），通常年满16岁的学生去英国留学需要

申请 Tier 4 学生签证（普通）。

②一定的英语水平。为了确定学生到国外能够顺利地适应并进行学习，使领馆要求申请人达到一定的英语水平，可以提供托福、GRE 或 GMAT 等成绩证明。也有没有通过考试，去美国读语言的这类学生，其签证条件更加严格，需要出具学术机构、语言学校的相关证明或留学单位的面试证明。

③充足的经济支持。美国本科奖学金非常少，申请奖学金的要求也相对较高，大多数前往美国读本科的学生都是自费，因此是否有足够的经济实力支撑在美国的学习是本科美国签证中一个比较重要的问题。申请人必须提供能够证明自己有足够经济来源的材料，保证自己可以不依靠工作在美国完成学业，比如学校提供的奖学金资助或者申请人的父母或亲戚出具的书面承诺及具经济担保能力证明等。

2. 预约签证

所有申请人都必须提前预约，如果没有预约而直接到签证申请中心递交申请，申请中心有权拒绝受理。留学签证可以提前几个月申请办理，根据不同国家的要求，时间把握上也需要注意。例如，根据美国使馆规定，学生可在学校开学前 4 个月之内签证，如果条件允许建议提早准备签证；加拿大普通签证在材料准备充分的情况下，签证中心的审理时间一般为 1~3 个月，部分资料比较齐全的申请人可以在 1~2 个月内获得签证；英国签证建议提前 3 个月申请办理，需提前预约，再由申请人本人将签证资料递交到英国签证中心。预约签证的流程如下：

①注册账号。在对应国家留学签证的官网，用邮箱申请注册一个账号。

②选择预约使领馆及签证类型。注册完成后，选择要去签证的使领馆，预约网上预约中国的 15 家签证中心（北京、长沙、成都、重庆、福州、广州、杭州、济南、昆明、南京、上海、沈阳、深圳、武汉、西安）其中的一家。然后选择自己的学生类型，比如研究生/博士生或者其他学生（本科生）等，可以看到领馆可以预约的位置。如果没有，需要重新选择其他领馆，直到有空位为止。

③填写表格。填写过程中一旦退出，一定不要重新开始一张 DS－160 表格，因为你约签时已经和原 DS160 的码绑在一起了。如果你换了 DS160 的 A 码，则需要用新的 A 码去约签，否则会导致签证官找不到你的档案，最坏情况是签证提前失败。

④确定具体的约签时间。约签表格填写完成后，就可以付款并且确定具体

的约签时间。

　　3．申请表与申请材料的提交

　　在预约签证前后都可以登陆大使馆的官方网站填写签证申请表，由于签证申请表提交之后无法修改，所以申请者一定要按照护照和身份证信息准确填写，并在完成后检查无误再提交。提交之后需要将签证申请表打印出来，如果使用在线支付系统支付的签证费用，还需要将缴费凭证打印出来。

　　各国需要的申请材料不同，通常包含括护照、身份证、经济担保材料、成绩单、学历证明、签证申请表、照片、缴费凭证等，申请者在正式办理申请签证之前一定要提前将所需材料准备充分，如果申请材料不全或不真实，很有可能被拒签。以美国为例，所需要准备申请材料如下：

　　①有效的护照：护照如果将要在距离预计抵达美国的日期的六个月内过期、或已损坏、或护照上已无空白的签证签发页，必须在前去面谈之前先申请一本新护照。也就是说护照的有效期应该超过预计大大美国日期后的六个月。同时，如果有以前赴美签证的护照，包括已失效的护照，都必须一并带上。

　　②一张照片：于6个月内拍摄的2英寸×2英寸（51毫米×51毫米）正方形白色背景的彩色正面照。照片必须满足基本要求，否则申请会不予受理。

　　③DS－160表格确认页：从2010年3月1日开始，所有非移民签证的申请人必须在线填写DS－160表。DS－160表是英文表，但大多数栏会设有中文翻译。要使用中文翻译，可以到页面右上角的"Select Tooltip Language"（选择语言）一栏，从"ENGLISH"改选到"中文"。把光标移到英文文本上，中文翻译就会自动弹出。除了申请人全名这一项要用中文填写以外，所有问题的答案都必须要用英文填写。检查清楚所填写的信息准确以后，打印确认页。并且在签证申请的全程带上此确认页。在此确认页上面注明名字的电码、中文姓名、中文家庭地址。

　　④签证申请费收据原件：目前美国非移民签证申请费是131美元。所有在中国申请非移民签证的申请人都可以在中信银行于中国内的任何分行支付签证申请费904元人民币（自2008年7月24日起执行）。需要注意的是，无论签证签发与否，签证申请费都无法退款。中信银行开具的两联申请费收据要和其他签证申请材料一起递交。

　　⑤填写完整的学生和交流访问学者信息系统（SEVIS）表格以及准备SEVIS费收据：填写完整的I－20A－B表（发放给F1学生）必须由学校指定官员（DSO）和申请人本人签字。表格上的姓名必须与护照上的姓名完全一

致，并已被美国的学术机构输入 SEVIS 系统。在拿到 I20 号码以后就可以进行申请了，最晚不能迟于面签前三天。F 和 M 类签证的申请人必须支付维护学生和交流访问学者信息系统（SEVIS）的费用两百美元。交费完毕以后可以直接打印收据或保存页面后打印。在前去面谈时需要携带电子版收据或 I－797 收据原件。

⑥在中国有牢固约束力的证明：出示经济、社会、家庭或其他方面约束力的文件，以帮助证明在美国短暂停留后有意愿返回中国。比如房产证件、车子的相关证明、家族产业、营业执照等。

⑦资金证明：包含可准备存款证明。需要保证在签证当天还是处于冻结期的，不宜太接近或超过开学日期，以免临近开学还要去解冻；父母的工作证明：中英文版，用有公司抬头的信纸打印；其他财产证明：存折、房产证、车证、股票交易记录、基金证明等辅助材料。如果父母自己开公司则需要带上营业执照、公司介绍、税单等。

⑧成绩单：未拆封的在校成绩单原件：比如初三成绩单、高中成绩单、A level 成绩单等，也需中英文。

⑨语言成绩、SAT 成绩单：若有成绩单原件可带原件，若无可带成绩单复印件或者官网截图打印。

⑩个人简历：详细描述你过去在学术、活动或是实习等方面的经历。

⑪其他个人材料：比如发表的论文、画、活动相片或者个人的作品集等。

⑫收到的录取信：大使馆或领事馆将填妥的各种签证申请表格和必要的证明材料，呈报国内主管部门审查批准。有少数国家的使领馆有权直接发给签证，但仍须转报国内备案。

4. 面试准备

尽管程序各不相同，但许多国家的学生签证要求申请非移民签证必须面谈之后，才能决定是否给予签证，所以进行签证面试是很常见的。面试旨在确保申请人对出国留学计划足够认真，并衡量其在申请中的诚实程度。

面试过程中，除了对申请者的英语水平的考察，也会根据申请者表现出的性格特点，来判断是否具备适应海外生活的能力。在面试过程中申请者一定要尊重面试官，注重礼仪，态度礼貌，切忌不懂装懂。

可以提前为面试进行如下准备：

①申请材料齐全准备。有时候会需要面试者提供整个学习期间的资金证明、大学录取通知书、有效护照等等的申请材料。材料齐备，说服力度才大，

把握才大。

②关键性问题的答案。面试时间往往只有两三分钟的简短时间，每一个回答都很关键，需要事前针对自身状况，将签证官可能问到问题与回答的提前准备，才能心中有数而不慌张。

③穿衣打扮庄重大方。穿戴作为签证官留下的第一印象，整洁大方，颜色庄重，头发要梳洗整齐，不要化浓妆，符合学生身份即可。

肢体语言自然，沉稳大方自信。面试要求在言谈举止中要沉稳，有素质、有修养、有学生气。适当地用自然的肢体语言可以显得活泼生动，尽量少用一些不④太庄重的肢体语言。学生在面试官面前要表现得大方自信，谦虚谨慎而不是唯唯诺诺，切忌博取签证官的同情。

⑤被拒签也要保持风度。如果不幸拒签，可以询问签证官拒签的原因，有没有补救的机会。如果依旧被明确拒签，也要保持克制和冷静，最好不要与签证官争执，继而影响到第二次申请。

（二）学前准备

1. 资金及换汇

我国对于年度购汇有每人每年等值 5 万美元的额度限制。在年额度内换汇，使用本人身份证到银行申报用途即可。申请超年额度的外币，需要等待银行审核换汇目的后，才可以办理。

在出发之前，最好在手边准备足够应急用的少量外币，数额能够保证落地后短时间内的正常生活和购物需求即可。如果携带超过一万美元等值的外币，必须向海关申报，以减少被关小黑屋的风险。因为国外大多地方不流行电子支付，可以将一部分外币拆分成小面值纸币使用。

提前准备一张国际信用卡（Visa、Master 等），最好在落地后办理一张当地信用卡，会更加方便。

2. 行李准备

一般情况下，国际航班经济舱乘客可以免费托运 1~2 件行李，每件行李重量不得超过 23 公斤（50 磅），超大、超重、超数量均需支付相应的费用。另外，允许旅客自己携带一个登机行李箱和一个电脑包大小的随身行李。

3. 语言能力提升

语言能力是海外留学必备的能力，不仅与生活息息相关，也与学业是否顺利进行密不可分。

在出国前，通过与留学国家的学生或当地人结交并进行沟通、浏览各种相关的论坛、看英语电影等等方式，创造语言环境，可以更好地掌握当地的外语表达。

另外，建议在出国前提前掌握一些自己所选专业的学术性用语。根据过往经验，尽管申请的时候学生们大多都达到了雅思和托福的入学要求，依然会有不少同学会在学习上感到困难。无论是上课听讲、阅读参考文献，还是跟同学交流，都需要经过一段时间的适应才可以跟上进度。提前掌握专业的学术性用语，减少障碍，能加速理解和掌握的速度。

4. 生活能力提升

出国留学意味着一段新的独立生活的开始，具备丰富的生活技能为留学生活的体验质量提供保障。这也就意味着，大家需要提前学习各方面的生活技能，比如收拾房间、洗叠衣服、做饭洗碗、生活预算、疾病预防、简单维修等，提升出国后独居的幸福指数。

5. 学习能力提升

国外的学校教育制度更加注重学生的自主学习能力和综合素质提升，课堂多采用"讨论式"模式，倾向于培养活跃的、敢于大胆提问和具备创新能力的学生。融入当地教育有助于更好的学习，几点建议如下：

第一，从被动接受变为主动互动。国外高校非常注重学生对教学方法的反馈，并根据学生的反馈不断探索创新的教学方式，帮助学生更加高效地精进学术造诣。因此，对学生来说，只有主动与导师保持互动，才能让导师第一时间接收到来自学生的反馈，并对相应的教学方式进行调整，帮助学生最大化地汲取英式课堂的核心价值。

第二，学会批判性思维。20世纪80年代以来，美国、英国、加拿大、澳大利亚、新西兰、菲律宾等国家都把"批判性思维"作为高等教育的目标之一。对于需要解决的问题，导师并不会通过授课直接告诉大家答案，导师更多的将起到"领路人"的角色，问题也不只有单一的标准答案。这样的教育更倾向于鼓励大家批判地看待权威，甚至勇敢地对现存观点提出有理有据的质疑。因此，无论是论文还是考试，批判性思维都将是对学生学习成果的考核重心之一。想在留学期间顺利取得好成绩，批性思维的训练必不可少。

第三，注重学术诚信。英国高校对于学术诚信有系统的规范，并以尊重并保护他人的研究成果和知识产权作为基础。通过制定荣誉准则来规范大学生的学术诚信行为，对考试、论文抄袭等行为做了明确的说明，对不诚信行为进行明确的界定和分类，对惩罚条款和实施细则有详细的规定。

（三）入学就读

1. 报道事项

仔细查看入学通知，按要求准备好材料，及时报道并提交。一般需要学历证书、完整成绩单等原件以及英文翻译件、体检表 、学校录取、护照等，以备注册时核查。

几乎每个学校都会有接机服务，在机场将同学送到学校。需要接机的同学提前在学校官方通知上了解接机时间、地点与注意事项，方便学校安全接机。考虑到海关手续办理和行李提取等程序，航班到达时间最好比选择的接机时间提前至少 2 小时。

第一周一般是欢迎周，各大高校的学生会、学院、班级、宿舍甚至商店等等会举办新生周活动。参加学校和院系班级的欢迎会是最快熟悉同学的方式，也是熟悉环境、结交朋友与老师联系的好时机。美国院校一般会针对新生设置一定的训练营，时间基本上在一周左右。训练内容主要包含：学校简介、选课制度、导师详情等等，训练营的开设主要为了帮助学生更快地了解自己周围的环境，尽快适应学校生活。

需要提前了解学院是否有强制要求，并考虑清楚是在校内统一住宿、寄宿家庭还是校外租房住宿。选择校内住宿的同学，需要关注学校住宿通知，在规定时间内到学校网站申请，并提前了解宿舍规定，到达宿舍后直接办理入住手续即可。需要注意，国外学校住宿名额有限，先到先得，因此越早申请越好。

寄宿家庭可以让你超快速适应当地环境，快速提升英语水平，而且各种生活设施一应俱全，可以省下一大笔费用。大多数寄宿家庭的主人大都热情好客，可以为初来乍到的学生提供不少有用的帮助。但是，寄宿始终是寄宿，限制了一定的自由，言行举止也需要注意。

在外住宿的同学，可以去学校论坛积极寻找舍友和寻找合适房源，一些学校也会准备租房信息。一般在达到学校前在租赁网站上申请，并签订租赁合同，到达学校后，携带合同、缴费收据和租赁联系方式，按照约定流程办理入住。

2. 选课差异

一般来说，大学课程分为三种。基础课程：为专业课程打基础，也可以培养对其他课程的兴趣；选修课程：相对比较自由，但有难度梯次的选课要求，比如必须修完第一阶段的课程，才能选择第二阶段；专业课程：也就是跟专业契合度最高的课程，一般还分为普通学位难度和荣誉学位难度。

在开始选课前，大家需要先浏览计划就读的学校院系的官网，在被录取的研究生项目信息中，往往能够找到该专业研究生的学习计划和毕业要求（如Degree Requirements 字样）。除了在官网查看，也可以直接联系研究生项目的院系小秘或顾问，询问攻读要求和课程安排，确定入学后第一学期需要修读的课程。选课前需要与所在院系确定课程设置要求，了解清楚所学专业的必修和选修课程学分要求，以及学校毕业要求和学位要求。明确了需要注册的必修课和可选的选修课后，就可以根据自己的计划来选课了。基本上，你第一年选择的课程很大程度能决定你第一年留学生涯的心情、成绩以及未来对学习的热情及今后的发展方向。

国外选课非常灵活，学生可以根据自己的情况为自己设计一个合理的课表。比如不能早起就尽量避开较早的课程，注意力不集中就需要避开授课时间较长的课程。转学目标学校专业有前置课程要求的话，这些课程也需要安排进计划课表里面。做到尽早选课、合理选课、保险选课，充分利用学习资源。

3. 安全问题

了解信息。及时了解我国驻外使领馆的地址和联系电话，抵达学校之后，第一时间了解校内的应急求助机构的地址和联系电话。

住宿安全。刚刚抵达国外的新生，最好选择住在学校宿舍；如果选择在校外合租，必须谨慎选择合租人。

隐私保护。个人家庭情况、财产状况、人际关系、婚姻状况等等，对不了解的人有所保留。财不可外露，不要过多透露经济方面的信息，尽可能少带现金。

保险购买。及时购买意外伤害等保险。

谨慎交友。交友认真考察对方言谈举止，保护个人信息，不要轻信。

出行安全。每个城镇和一些学校会对各个区域历史上发生的安全事故进行统计，争取通过各个渠道，包括咨询辅导员和中国学长学姐，尽快了解所在城市的不安全街道，尽量避开。避免单独夜间出行，避开治安混乱地带。万一遇到重大危险，应舍财保命。

（四）校园生活

1. 学习建议

刚进入课堂，难以轻松地跟上教授的进度，是绝大多数留学生会遇到的问题。教授的教授风格不一样，有的讲课进度过快，有的有口音，很多时候会出现听不懂的情况。

这时候，预习过的学生课堂效果则会有明显提升。预习过程中，可以培养自己的学习习惯，帮助学生更好地理解课堂内容，也让学生在上课前有了独立思考的过程。这样的思维锻炼对未来学习非常有帮助，帮助学生能够举一反三，更好地完成课后作业。同时，预习对习题练习、考题测评、阅读文献都有帮助，也可以帮助学生形成良好的学术思维，对未来的学习生活是大有裨益的。

通过提前预习课程，也可以帮助学生了解专业相关的一些信息，让学生带着对学术领域与职业方向的思考去有目的地去完成未来的学习任务。

作为一名留学生，参加学习课程的小组工作（Group Work）或小组讨论（Group Discussion）是一件再平常不过的事了。小组工作是许多毕业生参加工作时的基础，所以能够在大学里学习这些技能是件好事。

小组任务的顺利推进，有几个关键流程能给到帮助，对团队内任何角色都同样适用：

小组的组成可能是随机组建或导师指定，积极的第一次会议对整体成功有很大影响，尽量确保大家在合适的时间地点线下见面。每个图书馆都有小组学习空间来支持小组学习，大学图书馆都有可预订的小组学习室和隔间，都配备了相应的设备，允许将笔记本电脑设备无线连接到一个屏幕上。在第一次会议上，学生可以讨论基本规则、任务整体策划、任务分工并定下下次开会讨论的时间，有效推进进度。

持续性跟进保证了任务节奏，每人都能及时更新个人进度。在每次会议之前，确保你的小组有一个议程，大家平等地分享想法、担忧、提出不足并一起进步，专注于任务本身。在每次会议结束时及时总结一致同意继续做的事情，并确保每个人都有明白自己下一步的计划与分工。

及时对任务进展进行复盘与评估也很重要。评估方法包括找出症结所在，讨论如何解决问题；准备好在任务中扮演更加积极的角色，调动团队氛围；确保每个人知道下一步的工作内容，与每个人在其中担任的角色；如果需要寻求导师帮助，尽快列出清单，约定时间请教导师。

在任务的后期，一些同学的凝聚力和行动力有所下降。如果希望团队成功地完成任务，大家需要在会议和会议之间保持良好的联系沟通，及时发现问题和不足，确保能按时完成。

尽管学生在申请国外大学之前都要提交自己的语言成绩单，但是一种学习语言的改变是需要一定的适应时间。很多同学反应第一学期结束时都因为语言不通导致学习吃力，部分新生甚至上课时根本听不明白授课内容，到了第二学期熟悉了英文教学环境之后才慢慢地融入课堂。

文科类项目的同学一开学也会面对大量的阅读和写作任务。除了听与交流，在很多需要课程汇报的情况下，演讲能力的提升也很重要。一些小经验总结如下：

- 利用早晨洗漱等零碎时间听英文新闻；

- 做报告之前多联系自己准备演讲的内容。一般提前一晚自己在屋里对着镜子练习 2~3 遍，直到自己可以熟悉的说出来大概的意思；稿件内容尽量选择熟悉的单词表达意思。

- 自言自语学习法：利用这种每日心理活动，在与自己对话，进行内心独白的时候，使用英语（或者是你正在学习的语言）就是自言自语学习法。利用这样的对话，可以筛查日常用语有哪些遗漏。

- 通过影视作品学习英语。不管是什么类型的剧都可以让大家有所学习和提升，每一类型的影视作品都有它值得学习的点，最重要的是要选择你喜欢的作品去看，才能真正集中注意力。

相信语言只是工具，别害羞，别胆怯。多说多练，配合一定的方法，沉浸在语言环境体系中，慢慢就会有进步。

2. 生活建议

国外最受欢迎的 5 个网上购物软件分别是亚马逊（Amazon）、网飞（NetFlix）、易趣网（eBay）、沃尔玛（Walmart）、宜家（IKEA）。网上购物需要注意的一点是退款的规定。在买之前要看明白他们的退货政策（return policy）或者条款和条件（terms and conditions）。比如多长时间内给退款，谁负责邮费，退货扣不扣手续费，商品在什么状况下可以退，穿过或者用过是否可以退货等等。

在保管好购物小票的情况下，在国外退货是一件很方便的事情，可以省下很多后顾之忧。在商场买品牌，在超市里买实惠，善用优惠券并抓住打折机会，能省下一笔零用钱。

食物和就餐方式的选择多种多样，对留学生来说主要有以下几种：

校内就餐以西餐为主，也有一些学校会提供一些中餐，但中餐一般都融合了当地人的口味，因此不是很地道。食物一般有面包、比萨、炸鸡、香肠、各种豆子、蔬菜沙拉、水果等，还会提供烧烤。

校外快餐店居多，连锁的西餐厅或者尝试当地特色菜品都是非常不错的选择。当然也有中餐馆，大多以川菜为主，吃到家乡的味道。

也可以选择自己做饭。华人超市的菜一般会比当地国外超市的菜便宜一点，这样自己回家做饭既满足了味蕾又可以吃得健康便宜。遇上周末还可以邀请同学朋友来家里一起吃火锅，既方便又美味。当然，想吃纯正的中国味道可以去到当地的华人超市，里面会售卖外国超市很难找到的东西，例如，各种调味料如酱油、辣椒酱、醋，一些特色食品如咸鸭蛋、松花蛋、紫菜、炼乳、馄饨皮、粉丝、米粉等等。

3. 关于租房

租房是许多留学生在外必经的事情，需要大家高度重视，有许多留学生吐槽他们在租房市场上任人宰割的悲惨经历，突显出两难的困境。

一般来说，国外留学解决住宿主要有三种方式：校内宿舍、寄宿家庭和校外租房。不同的方式各有利弊，校内宿舍费用昂贵但较为安全，寄宿家庭可以更好地融入当地生活和文化，而校外租房则更具灵活性。对于新入学的大学生，如果可以，建议第一年选择学校宿舍居住，既方便又有助于提高英语交际能力。

美国出租房常见的有独幢屋（Single House）、共管公寓（Condo）和公寓（Apartment）三种。可以去学校、贴吧、社交群、学生会、租房网站寻找相关租房信息。

常见租房流程如下，帮助大家少走弯路：

先通过适当渠道找到符合个人要求的房源，然后联系房东或公寓管理方前去看房。

就房租、水电煤气费、停车费、暖气费、家电家具维修、租期等内容达成意向的情况下，房东或公寓管理方一般会让你交二三十美元的申请费，填写申请表并提供驾照、护照、社安号、学校录取通知书、I-20 表等相关支持文件。

申请表被房东或公寓管理方批准后，会把正式的租赁合同交给你签字。

合同双方签字后，房东或公寓方会给你一个检查单，把房内所有设施和房屋状况都检查一遍，有问题的要写明，交房东或公寓方修理或更换，要求房东或公寓方确保入住前一切设施正常。

如房屋出租时还有部分问题未解决，签合同前最好请房东提供一份《房屋存在问题确认书》，以免将来维修时出现纠纷。建议最好将房子入住前状况或有问题的设施拍照留存作为证据。

许多房东签合同时要求房客先支付一个月的房租作为抵押金（Security Deposit）。押金将用于支付因房客过错带来的维修及清扫费用，同时也避免房客不告而逃造成的损失。

此外，有的房东或公寓管理方还强制要求租户在签合同时购买房屋保险，以避免火灾、偷盗、被水浸泡、人身伤害等损失。

租约到期前 2 个月或 1 个月，房东会通知租户下个租期的房租涨幅及租金。同意就可续签合同，如不同意须按合同要求提前一定天数告知房东或公寓管理方，以免违约给个人造成损失。

在住房问题上，留学生比较被动，会遇到如房东任意涨租，随时把他们扫地出门、无良业主甚至会拿根本就不存在的公寓照片来骗求租者，还有一些业主拒绝把押金返还给已经搬离的租客等情况。

最后，再次提醒同学们，租房一定要留意住地安全，别只图便宜。有些房屋便宜可能是因为不够安全或处于犯罪高发区，租房应首选治安好的地区。

4. 关于气候

《2014 年中国学生留学意向调查报告》显示，"气候环境"成为大家选择留学国家时上升最快的考虑因素。有 30% 的被调查者表示会考虑气候环境因素。同学们希望自己未来几年的学习生活有优质的环境，比如澳大利亚等环境优良的国家成为留学的选择热点。

了解所去国家的天气特征和对应城市的天气情况，有助于大家提前准备衣物并携带物品。

● 澳大利亚

澳大利亚全年大部分时间气候温和，但大陆幅员辽阔，不同地区的气候也会有差异。陆地的最高温度可达 50 摄氏度以上，最低气温约 2 摄氏度左右，很少降至 0 摄氏度以下。

南回归线贯穿了澳洲的各个城市，对于南回归线以北的地区，属于热带区，气温相对于澳洲其他地区要高很多，且日夜温差明显。但是南回归线以南的地方，气候偏温带类型，这里的四季分明，人们可以体会春、夏、秋、冬不同季节的风采。因为澳洲的地理位置和我们国家相对，所以四季的变换也是截然相反的。

● 英国

英国是一个岛屿国家，位于欧洲西北部的大西洋上，与法国隔海相望。英国夏季日间长，温度适中，天气清爽，精神倍感充沛。虽然会有降雨出现，相比于其他季节不会连绵不断，影响出行。冬季最低气温一般维持在－3 至 10 度，冬季昼短夜长，冬至日前后，下午三点半左右就天黑了。需要注意，英国的天气状况不稳定，英国的雨下得频繁，下雨时风偶尔也会很大，所以英国人交流的话题永远少不了天气。

- 美国

由于幅员辽阔和众多的地理特征，美国几乎有世界上所有的气候类型：美国东南部属亚热带湿润气候，西部沿海多为温带海洋性气候、地中海气候，东北及中部中央平原的气候基本上属大陆性气候。

- 加拿大

加拿大大部分地区属于大陆性温带针叶林气候，四季分明，气候宜人。夏季特别温暖，白天会特别长（日落最晚是在晚上九点钟），户外活动更是选择多样；加拿大最浓墨重彩的季节，空气中飘散的是香甜的气息，也是枫叶红透半边天的季节。有些地区 9 月末 10 月初可能会回温，炎热的天气会持续一到两周之间。秋季被认为是最美丽的季节，因为树上的叶子变幻出的美好色彩装点了整个国家；冬季的气温零下是常态，冷风来袭，会令人感觉要比实际温度冷。

- 新加坡

新加坡有两个不同的季候风季节，从 12 月到翌年 3 月吹东北季候风，相当潮湿；6 月到 9 月则吹西南季候风，最为干燥。这两个季风期，间隔着季候风交替月，那就是 4 月到 5 月（全年最热），以及 10 月到 11 月。在季候风交替月里，地面风弱多变，阳光酷热，形成下午至傍晚时分，全岛经常会有阵雨及雷雨。

- 中国香港

香港是我国华南区域的特别行政区，是沿海城市。一般我国华南地区的气候都属于亚热带季风气候，该气候的特点是冬无严寒，夏季炎热多雨。许多人认为 11 月和 12 月的天气最好，风和日丽，气温适中。

5. 风俗习惯与文化差异

中西文化有差异，各地的风土人情也不同。各个国家还有其独特的礼仪文化与风俗习惯，提前了解，帮助大家更好地适应当地生活。

- 打招呼

日常打招呼，中国人大多使用"吃了吗？""上哪呢？"等寒暄用语，来表达一种亲切感。但在私人边界感更强的西方，会感到对方在询问他们的私生活。所以在西方，日常打招呼他们只说一声"Hello"，或者按时间来分，说声"早上/中午/下午好"，而加拿大人有时见面会说："今天天气不错啊！"

- 称谓

在汉语里，一般只有彼此熟悉亲密的人之间才可以"直呼其名"。但在西方，"直呼其名"比在汉语里的范围要广得多。在西方，常用"先生"和"夫人"来称呼不知其名的陌生人，对十几或二十几岁的女子可称呼"小姐"，结婚了的女性可称"女士"或"夫人"等。

- 服饰礼仪

西方男士在正式社交场合通常穿保守式样的西装，内穿白衬衫，打领带。他们喜欢黑色，因此一般穿黑色的皮鞋。女士在正式场合要穿礼服套装。另外女士外出有戴耳环的习俗。

- 餐饮礼仪

在中国，吃饭时喜欢热闹温暖的氛围，而西方人喜欢优雅安静的环境，他们很看重餐桌礼仪。西方人认为弯腰，低头，用嘴凑上去等吃法不太礼貌，吃西餐的时候，也不提倡过量饮酒。

中西方宴请礼仪也各具特色。在中国，从古至今大多都以左为尊，在宴请客人时，要将地位很尊贵的客人安排在左边的上座，然后依次安排。在西方则是以右为尊，男女间隔而座，夫妇也分开而座，女宾客的席位比男宾客的席位稍高，男士要替位于自己右边的女宾客拉开椅子，以示对女士的尊重。

- 小费文化

英美国家有小费文化，不同消费场景下付小费的也有不同的讲究。

餐厅服务类中付小费的原则很简单，有餐桌服务的地方要付小费，没餐桌服务的地方不用付小费。小费费率各地有出入，大城市比偏远地区费率高，小费费率午餐一般在10%～15%，晚餐通常在15%～20%之间。如果少于10%或直接不给小费，会被认为你在表达对于服务的不满。

送餐服务类的小费一般是10%～15%，恶劣天气比如下冰雹、暴风雪等可以酌情多给。

酒店旅馆服务的小费一般是2～5美元，见不到服务人员的情况下，在离开前把小费放在床头柜或枕头边就好。

交通服务类的小费标准一般也是10%～20%作为打车以外的额外付费。

6. 心态调整

- 主动沟通，乐观自信

留学生活中，融入的过程伴随着交流和沟通。做好脱离舒适圈的心理准备，遇事比起被动接受或者悲观主义，乐观积极地面对挑战并主动沟通才能掌握生活的主动权。

考虑加入与自身专业、兴趣、爱好、文化、语言等等相关的俱乐部或者团体，或者多参加国外的一些留学生联谊会，同时参与一些国家的社会公益组织所组织学生到当地家庭生活都有助于建立自己的社交圈。

要学会让自己融入新的环境，善于表达自己并让自己的想法被人了解，这样双方才可能沟通，也才会逐渐地融入对方。强大的心态和积极的暗示，有助于同学主动、快速适应当地文化。

- 培养兴趣爱好

培养兴趣爱好，在放松身心的同时，保持一个好心情。比如尝试读书、听歌、绘画、户外活动等等。兴趣爱好的培养，除了益智、陶冶情操、休闲之外，更重要的是提供了一个转移注意力到需要专心的事情的机会，缓解忧伤与烦闷，用积极情绪对冲消极情绪，为烦恼找到短暂放下的出口。除此之外，冥想也是一个不错的放松办法。

- 学会独处

独处也是人生中很重要的课题，异国他乡语言文化不通的时候，独处更是需要学好的必修课。不论是学习还是生活中，需要独自去完成的事情是很多的，做好独处一段时间的准备，慢慢熟悉环境，调整心态，降低期望值，有助于审视自己的内心，了解自己的优势和不足，实现自我接纳。学会独处，敢于独处的人，都有着自己的智慧。

- 健康生活习惯

一个良好的身体健康与精神状态是高效学习工作的前提。不规律的生活作息会让人日夜颠倒，更加疲惫。做好倒时差的工作，抓紧白天的有效时间，早睡早起，多多运动，多吃蔬菜，养成健康的作息习惯。

- 寻求心理咨询

如果情绪长时间低落并有抑郁前兆，也可以前往正规医院进行心理治疗。不要因为暂时无法达到期待就否定自己，人生的道路还很长，无论环境如何变化，一个人的心理状态对自己的发展才是最重要的。与自我达成和解，接受自己的不完美。

计划赶不上变化，以不变应万变，随时关注国家留学政策以及申请院校的政策。

申请成功后要关注留学安全和生活等问题，必要时可参加相应的培训。

八、本科学生实践感悟分享

（一）用努力和汗水拥抱青春

青春是人生中最美好的时光。拥有青春，就拥有了一切可能性，但如果毫无梦想、浑浑噩噩地度过青春时光，那么就失去了奋斗与拼搏的机会。这样的青春也就变成了毫无意义的死灰。青春的确是一个需要努力奋斗的过程，而汗水就是努力最好的见证，用努力和汗水去拥抱青春，那么青春也一定会更加美好灿烂！

"世界这么大，我想去看看"一度引发热议。我想这句话之所以能够引发无数人的共鸣，就在于这其中蕴含的哲理。因为世界上有太多美好的事物值得我们亲眼见证，所以我们在生活中需要更加努力，这样才有更多机会去发现美好、创造美好。在这个全球化时代，对于我们大学生而言，出国留学或短期交流已经很常见，出国访学不仅能增加人生经历，还能与国外学术大牛们进行交流从而提升个人的学术能力。世界上有很多知名学府值得我们前往交流学习，因此我们也应该抓住机会开阔自己的视野，丰富自己的人生履历。作为"双一流"和985高校的学生，我们更需要加倍努力，在付出辛勤的汗水之后实现青春的梦想！

大二那年，因为一次机缘巧合，我萌生了出国留学的想法。那是在大二秋季学期的期末考试前后，我有幸聆听了一位来访我校的海外学术大师的学术报告。

第一次接触外国教授的我感到十分好奇，鼓起勇气用不太流利的英语与教授进行了友好地讨论。正是通过这次交流，我了解到了国外一些先进实验室的科研进展和理念，同时也第一次感受到不同国家高校之间存在的科研差异。从那时起我便下定决心：一定要争取到一次出国访学的机会，为自己增添一次开阔眼界的经历。在确定了这一阶段性奋斗目标后，我在学习方面也变得更加努力。尽管由于大一转专业的缘故，我的课表被安排得满满当当，但我还是尽最大努力抽出时间开始准备托福考试。时至今日，我仍记得那段时间的我仿佛又回到了高三，每天都过着寝室—食堂—教室三点一线的生活。虽然偶尔也会感到疲惫和倦怠，但更多时候只要一想到未来有机会加入顶尖课题组中参与科学研究，我的压力与疲累就瞬间被抛到脑后了。

在准备托福考试的过程中，令我印象最深的当属口语部分的练习。因为从小学习英语只是为了应付卷面考试，所以我的口语十分糟糕，甚至可以用"哑巴英语"来形容。"会看会听却说不好"是我在准备托福考试之初遇到的最大难关，口语能力的短缺让我倍感挫折。起初我每天朗读一小时左右的英语文章试图培养出所谓的"语感"，但持续了一个月后我发现自己的口语能力并没有发生明显变化。虽然遇到了困难，但我很快在托福备考前辈的指点下找到了问题的关键：发音不准是我口语难以更上一层楼的最大拦路虎。因此我开始每天一遍又一遍地跟随标准美式发音来练习我的发音，并且尝试学习和总结发音方式，就这样一天天坚持下来，我明显感受到了口语的突飞猛进，面对托福考试的口语问题我也不再感到慌乱。

经过一个学期的准备，2019 年 12 月底我第一次参加了托福考试，初次参加外语标化考试的我还是有些紧张，在遇到加试时比较慌乱，最终也只考了80 多分。我认为以下几方面因素影响了考试结果。首先，平时我都是在安静的环境中练习托福阅读和听力试题，然而真正考试时却是另一番景象，因为考生们做题速度不一，再加上我还遇到了阅读加试，导致在我进行听力考试时身旁其他考生已经开始进行口语答题了。习惯了在安静环境下答题的我自然受到了很大影响，听力考试的后半段发挥失常。其次，由于托福考试是在电脑上进行的，因此在写作时需要熟练地打字，然而我平时却疏于打字练习，最终导致写作部分惊险地卡点完成，差点拖了后腿。不过只有自己经历过才会真正认识到自身的不足。通过第一次托福考试我积累了很多宝贵经验，相信在未来的学习和备考中一定会发挥作用的。

托福考试后，我决定利用假期出国交流以丰富自己的人生阅历，也可以在英语母语环境中检验和锻炼我的英语水平。在申请访学项目初期，我一度对学校及项目的寻找和选择感到十分迷茫和彷徨，特别是如何申请到时间合适、专业兴趣匹配、不与自身其他课程时间及学校安排相冲突的项目实在是个大难题。就在我不知所措之际，同学向我推荐了"大川视界"大学生海外访学计划。当我将信将疑地打开"大川视界"网站时，出乎意料地发现原来这个计划提供给我们那么多访学项目，不仅涵盖学科广泛，而且不同国家和地区的学校选择也非常多样化，甚至还给予学生们丰厚的资金支持以减轻我们的家庭负担。这个计划于我而言，简直是在茫茫黑夜中无边海面上出现的一盏指路明灯！

　　经过深思熟虑后，我报名参加了 2021 年暑假"大川视界"的美国圣母大学 ISURE 暑期研修项目，希望能通过暑期科研训练感受海外名校的科研氛围，提升自己的科研素养。在准备申请这一项目时，我第一次接触到了国外大学的申请流程，学习到了很多英语申请常用的交流方式，也尝试独自完成了英文个人简历和个人陈述的撰写。不过非常遗憾的是，由于新冠疫情的影响，我未能如愿前往美国参加圣母大学的暑期科研项目。虽然错过这次机会十分可惜，但我相信在学校的政策鼓励支持下，未来我仍有很多机会通过"大川视界"前往世界各地的名校交流学习！

　　在准备出国留学的道路上，学校政策和平台的帮助以及个人的拼搏和努力都是十分重要的，这两方面也是我在求学路上一直前行的最大保障。尽管疫情的阴霾还未完全散去，但我明白人生之路不会永远一帆风顺。不经历风雨怎能见彩虹？我坚信只要坚持用努力和汗水拥抱青春，那么青春也一定不会辜负我们的期许。让我们行动起来，用自己最饱满的精神状态和昂扬斗志去点亮青春的"视界故事"，在世界的舞台上充分展现自己的魅力！

　　　　赵仟廷，四川大学生物医学工程学院 2017 级本科生

（二）仲夏"屠鸭"记

　　闷热的 7 月，绯红的荷花被太阳晒得低下了头，聒噪的知了在梧桐树上发出嗡嗡的鸣叫。我坐在凉亭长椅上读着一本书，看着斑驳的阳光映照着页面的英文单词，突然间，一份特别的夏天记忆浮现于脑海中……

　　那是两年前的夏天，我备战雅思考试的日子。

　　从小学一直到研究生，多年的求学生涯里我参加过无数场大大小小的考试，而备战雅思考试的经历让我至今仍记忆犹新。它不仅是我参加过的报名费最昂贵的考试，而且更像是一剂汤药，先是五味杂陈而后又苦尽甘来。

　　作为康复物理治疗专业的学生，通过课堂学习和翻阅资料，我深刻地认识到康复治疗在国内发展起步较晚，以致业内大部分的前沿概念、先进的治疗技术都局限在我国香港及国外的交流平台。想要在专业领域内取得更大的突破，更早地获取前沿资讯，就需要努力争取出国学习的机会。这成为我当初毅然决定参加雅思考试的初衷：获得一个优异的外语考试成绩来申请海外学校。

　　面对考试中听、读、写这"老三样"，身经百战的我，形成了一套自己的备考策略。听力及阅读两部分通过真题维持"题感"，掌握常规套路与提取关

键信息的方法。至于写作，则需要下狠功夫：不仅要锻炼思维逻辑，而且要合理、准确地使用国外的表达习惯来阐述自己对一个问题或现象的深刻看法。在备考写作的过程中，自己最大的感悟有两点。首先，无需将过多的时间花费在积累高大上的修饰语或高级词汇上，反而要把功夫放在前后句之间的逻辑关联上，逻辑才是硬道理！每一句话都要在逻辑上经得起推敲，要为每一段的主题句服务，既不能漫无目的地堆砌华丽辞藻，也不能过度解读、外推或给出浮夸的结论。必须抓住要点直接回答问题，这样才能更好地体现出我们对问题深入且合理的思考。我相信这种严谨的表达也是未来学习深造所必须具备的素养，能引导我们不断挖掘问题本质、发现更深层次内涵。其次，我认为写作部分最具有挑战性的莫过于小作文，它需要我们在短时间内通过题目中展示的不同类型数据用一句话合理、高效地对多种信息进行高度概括。在大量积累不同句式和数字表达形式的基础上，我们要对题目中的数据进行整体分析，哪些部分阐述的是同一件事的不同角度，是否可以合并表述？哪些部分又应当重点关注，需要单独列出并给予强调。这些分析往往都需要对数据有比较高的灵敏度，只有多下笔写、多思考并使用不同的表述，才能培养出对数据的感知力及抓重点的能力，同时避免表述过于单一、不知道如何表达的情况发生。

　　此外，我印象深刻的还有口语环节的备考。在以往的英语考试中，我从未正式地被国外考官以面对面的方式考查口语。面对海量题库，以及第一次备考经验的缺乏，自己走了不少弯路。刚开始备战时，我每天和"战友"按季度题库上的话题进行口语对话练习，听对方描述完自己观点后，顺着对方所述作进一步提问，尽可能模仿考场情景。由于雅思考试时间和专业考试相近，为了更好地兼顾两边课业，复习时间非常有限。在多次练习形成语感后我便决定单独准备自己的素材，每隔一段时间和"战友"相约练习不熟悉的话题，听听对方的建议。然而，迫于时间仓促，考虑到自己准备文字素材将耗费大量时间，在纠结了一阵后，我决定参加所谓的口语速成班，得到了配套的名师素材，心里想着好好看、好好背，一定没问题，内心负担顿觉减轻了不少。可在准备过程中，我发现尽管能从素材里获得一些地道的英语表达和一些吸引人的故事来帮助自己更连贯地表达想法或巧妙地回答问题，但因为这些素材都是来源于别人的生活，很难引起我的共鸣，对自己来说也仅仅是一篇故事而已。有句话说得好，生活是我们最好的导师，我们的记忆是对自己经历过、发生过的事情的印象，它是立体的、有色彩的、有感情的、有思考的。当我们强行把他人的经历和故事塞到自己脑中，即使能流利地将50多个长素材一字不漏地背诵下来，在向考官阐述时他们也能轻而易举地从语调、语速和情感上判断出这并非是你的真实故事，结果将事与愿违。我清楚记得那天考口语的场景——小房间里摆着一张洁白的桌子，我看着考官，流利地将"别人的故事"复述出来，他面带微笑，但从他的眼神中，我看出了一丝遗憾和无奈。拿到成绩单的那一刻，不太理想的口语分数印证了我当时对考官反应的判断。这时，我才深刻地认识到"别人的故事"终究是"别人的"，倘若自己能再加把劲，不心存侥幸，懂得将自己的亲身经历通过突出不同重点融会贯通在几个题目当中，也许就能少走一些弯路，更高效地备考口语，甚至能为在别人面前用英语分享自己的故事、想法而感到自豪，真正地感受交流的乐趣而不是背诵的痛苦。

每当回想起那个夏天，脑海中便浮现出刺眼的太阳下，额头冒汗的我和小伙伴一起徘徊在教学楼楼梯口，焦头烂额念着英语的场景。尽管整个备考过程中波折不断困难重重，甚至一度让我萌生了放弃的念头，但我仍然庆幸自己咬紧牙关坚持到了最后。未来还有无数挑战，希望我能时常用这段经历勉励自己刻苦学习、脚踏实地，日后还能时常想起，在这个不轻易言弃的夏天里，熬过酷热后那一阵沁人心脾的凉风。

宋康平，四川大学华西临床医学院 2019 级硕士研究生

（三）"飞扬青春，逐梦视界"——记我的三次托福备考路

缘起

我出生在四川省凉山州的一个小县城，在 18 岁来成都读大学以前，从来没有出过县城。现在很多初高中生都很熟悉的托福、雅思等出国留学英语考试，那时的我从未听说过。一方面是消息闭塞，另一方面，英语也从来不是我喜欢的科目。

后来进了大学，每个人都在为自己的生活和学业忙忙碌碌，而我却没想好自己到底想要什么，那时的我找不到努力的方向。但大学接触到的信息量毕竟比高中大很多，我看了很多书和电影，尤其是在一部电影里看到了夕阳下洛杉矶那美丽的黄昏，逐渐产生了出去看看的想法。王尔德曾经说过："我们都生活在阴沟里，但仍有人仰望星空。"我开始有些向往国外的大学，期待有一天能在洛杉矶的黄昏下散步。所以我跟妈妈说："我想出国！"妈妈当时就否决了我，理由是家里经济条件不允许。我不甘心，从各种渠道了解到，想要出国留学，不论国外哪个大学哪个专业，首先都要参加英语语言标准化考试——托福或雅思。托福是机考，雅思是纸笔考试。综合考虑之下，我选择了看起来更

先进的托福考试。

备考

首先让我打退堂鼓的，除了托福昂贵的考试费用外，还有这个考试的难度。托福一次考四个小时，满分 120，涉及听、说、读、写四个单项，每项分值都是 30 分，这意味着我不能在任何一个单项上有所偏科。而且，托福对听力的考察极其严苛。不仅在听力内容上十分学术化、专业化，而且必须听完整个对话或整篇文章才会出现问题。这和我从小参加的英语听力考试完全不一样，更别提听力在口语、写作部分也会大量出现了。这意味着一直以来学习哑巴英语的我，只能在阅读部分有一点胜算，其他几项基本需要从零开始。

直到今天，当我平静地回忆往事时，仍然认为那时立志通过自学去考托福是很勇敢的。因为我不可能去向父母要几万块的培训费，我能依靠的只有自己。

于是，除了上课、吃饭和保证必要的睡眠，我把所有时间都用在备考托福上。100 分是我立志要达到的分数，因为这是欧美很多顶尖大学录取的基本线。学英语肯定要背单词，但我英语基础不好，只能先买一本四级词汇来背诵。那时候经常想起一句话："当你下定决心出发的时候，最难的那部分，其实已经完成了，剩下的只是需要坚持而已。"于是我夜以继日地背诵，直到书都被翻烂了。但是背完单词之后呢？该怎么学习，我不得而知。记得有一天晚上我背完单词从图书馆出来，望着漫天星空，感觉听、说、读、写这四个测试部分就像是四座大山矗立在我面前。我站在山脚处仰望，却始终看不到爬上去的路。没有办法怎么办，那就用最笨的办法：我买了一本托福考试官方指南，一个单词、一个单词地查询，一句话、一句话地诵读，一页纸、一页纸地记忆。我认为自己真的已经尽到全力了。2017 年 1 月 7 日，我第一次参加了托福考试，但总分只有 70。

我永远记得在考场考口语时大脑那一片空白，30 分的作文也只考了 14 分。但我不想就这样放弃，因为我下定决心要考到 100 分。于是我去论坛网站上一点点找寻学习方法，一点点试错，走了很多弯路。每天早上我吃完早餐的第一件事就是听写一篇英语讲座，从未间断。虽然进展很慢，但确实有进步，从开始一倍速地听还跟不上，到后来可以直接听两倍速了。写作呢？我老老实实找了一本作文书，把英文翻译成中文，再把汉语翻译成英语，再对照英文修改。我没有走过捷径，学英语的每一步都是靠毅力坚持下来的。我记得图书馆的每一个角落，知道哪一层楼的饮水机有问题，了解哪一层楼的角落可以在练习口语时少受打扰。

我也不是没有感到崩溃过。那时我正处于瓶颈期，无论怎么努力，成绩都没有进步。早上走在去食堂的路上，我觉得自己好像漂浮在一片痛苦的海洋上。记忆最深刻的是在备考第二次托福时，我深深地觉得自己就像一个长跑运动员，跑到最后已经没力气了，没有办法再提高成绩了。2017 年 11 月 12 日，我第二次参加了托福考试，得了 94 分，我仍然没有达到自己设定的目标。

的确，我也想过放弃。有时候甚至怀疑自己当时的选择是不是正确的。也许，我并不适合学英语？虽然最终我坚持下来了，但那并不是因为什么高远的理想，就是觉得自己学了这么久，如果轻言放弃，实在太可惜了。

于是我开始了第三次备考。那时我每天晚上学习到八点，然后在校园里一边听英文歌曲一边散步，看着电子科大漫天的银杏叶缓缓飘落，想起歌曲的评论……虽然内容我已经记不太清了，但大意是说，当你学习的时候，当你努力的时候，你认为的那些离你很遥远的事物，比如北极的星光、洛杉矶的晚霞，其实它们正一步一步向你走来。

2018 年 4 月 21 日，我终于考了 103 分。

结尾

故事到了这里，我出国了吗？其实没有，家里确实没有经济实力供我出国。好像这么一个努力的故事，并没有一个激动人心的结局。

但是，我的人生却实实在在地因为托福考试打开了一个新篇章。本科毕业后因为英语不错，我去新航道当了一名托福、雅思写作老师，有着不错的收入。但仍然很喜欢自己的老本行——设计专业，所以我花费了两个半月时间，以初试第一、复试第一的成绩考上了四川大学。如果不是经历过比考研更艰难的托福，我是不可能在那么短的时间内考上的，也不可能在读研后，利用自己的英语优势，打开了一片广阔的研究领域。现在回想起我做出参加托福考试决定的那天，确确实实是我人生的一个重大转折点。

我仍然没有看过洛杉矶的晚霞，但我知道，我所期待的那些事物，正一步一步向我走来……

杨扬，四川大学艺术学院 2019 级硕士研究生

参考文献

陈昌贵，翁丽霞. 高等教育国际化与创新人才培养［J］. 高等教育研究，
　2008，29（6）：77-82.

方光华. 高等教育如何回应新时代的新要求［N］. 光明日报，2018-01-09
　（13）.

何晓清，刘黎. 本科生国际化教育中学分转换机制的建立与完善——以四川大
　学为例［J］. 赤子，2016（12）：12-13.

何晓清，伍红雨. 新时代中国高等教育国际化内涵发展的思考［M］//张红
　伟. 立德树人——四川大学全课程核心价值观建设的思考与探索. 成都：四
　川大学出版社，2018：429-434.

贺凯丰，王卫，蒋晓涛，等. 高校学分转换机制的研究与探索——北京大学学
　分转换机制的个案分析［J］. 北京教育，2011（1）：51-52.

李时骏，杨文. 高等教育国际化的双重影响及应对策略［J］. 南昌高专学报，
　2005，10（5）：69-70+72.

刘宝存. 加快培养具有全球竞争力的国际化人才［J］. 神州学人，2020（7）：
　25-26.

彭石玉，王存文，韩高军，等. "E+"实验区学生国际化培养的多维思考
　［J］. 化工高等教育，2012（5）：1-4.

任敏. 四年来我国出国留学251.8万人，回国占比约8成［EB/OL］.（2020-
　12-22）［2023-02-12］. http://www.moe.gov.cn/fbh/live/2020/52834/
　mtbd/202012/t20201222_506971.html.

翁丽霞，陈昌贵. 中美研究型大学国际化比较分析［J］. 高等教育研究，
　2010，31（12）：94-100.

席酉民，郭菊娥，李怀祖. 中国大学国际化发展特色与策略研究［M］. 北京：
　中国人民大学出版社，2010.

杨建国，李茂林. 提升大学创新能力　培养高端国际化战略人才——北京外国语大学的人才培养之道 [J]. 大学（学术版），2010（9）：68 - 73.

周玲，刘甘雨. 工科优势高校国际化人才培养路径研究 [J]. 化工高等教育，2021（38）：16 - 20 + 99.

KNIGHT J. Internationalization：elements and checkpoints [C] //Research Monograph（No. 7）. Ottawa：Canadian Bureau for International Education，1994.

KNIGHT J. Perspectives on the internationalization of higher education in Canada [J]. Journal of Studies in International Education，1997，Spring：123.

OECD. Fostering talent and skills for innovation [EB/OL].（2015 - 10 - 14）[2023 - 01 - 12]. https://doi. org/10. 1787/9789264239814 - 5 - en.

WENDE M V D. Missing links：the relationship between national policies for internationalization and those for higher education in general [C] // KALVERMARK T，WENDE M V D. National policies for the internationalization of higher education in Europe. Stockholm：Hogskoleverket Studies，National Agency for Higher Education. 1997：18.